배터리 전쟁

KB119548

BATTERY WAR

리튬부터 2차 전지까지, 누가 새로운 경제 영토를 차지할 것인가

배터리 전쟁

루카스 베드나르스키 지음 | **안혜림** 옮김

위즈덤하우스

항상 이 프로젝트를 믿어준 동반자 애나에게

그리고 내게 읽는 즐거움을 알려주신 부모님과 조부모님께

한국어판 서문

이 책이 제일 먼저 한국어로 번역된다는 사실을 알고 매우 기뻤다. 한국은 진정한 '배터리의 나라'다. 배터리를 발명하지는 않았지만, 상용화 수준을 새로운 단계로 끌어올렸다. 한국의 기업들은 다른 나라의 기업들이 원가절감을 밀어붙이던 코로나19 팬데믹의 암흑기에도 생산량을 늘리고 더 나은 내일을 준비하며 전기화에 대한 믿음을 드러냈다.

나는 오래전부터 런던에 살고 있지만, 국적을 유지하고 있는 폴란드인으로서 사회적·경제적 차원에서 한국과 모국 간의 긍정적인 관계 형성을 관심 있게 지켜보았다. 폴란드에서 진정한 배터리 시장의 싹을 틔우게 한 것은 한국 배터리 기업들의 과감한 투자였다. 이 기업들의 노하우가 폴란드뿐 아니라 더 넓은 유럽에 파급효과를 일으키길 바란다.

한국 고유의 배터리 공급망은 이 나라를 배터리 강국으로 자리 잡게

한 유일무이한 가치를 창출하는 플랫폼이다. (일본의 덕목으로 유명한) 품질과 (중국의 덕목으로 유명한) 규모를 동시에 구현한다. 물론 한국의 소중한 독자들은 자국 배터리 산업에 대한 찬사를 넘어 중국부터 라틴 아메리카까지, 리튬부터 전기 모빌리티e-mobility까지 더 넓은 배터리 세계의 약동하는 변화를 알고자 이 책을 집었을 것이다. 나는 그 세계를 이렇게 정의한다. 모든 것이 변하지만, 아무것도 변하지 않는다.

우선 배터리 산업은 여전히 강한 성장세를 보이고 있다. 가장 신중한 이들조차 이제는 자동차 산업의 전기화가 돌아올 수 없는 길이라는 사실을 받아들인다. 리튬을 포함한 배터리 광물들은 수요와 공급이 빠듯하게 균형을 이루고 있어, 공급망의 참여자들을 애타게 한다. 최근 현물 시장에서 리튬은 코로나19 팬데믹 전보다 1000퍼센트 높은 가격을 기록하기도 했다. 1000퍼센트! 실수로 0을 몇 개 더 붙인 게 아니다. 가격이 폭등하면서 리튬 광산과 가공 시설의 확장에 힘이 실렸고, 관련 산업에서 성공하려는 신생 기업들에 긍정적인 물결이 일었다.

하지만 이 책이 출판된 후 새롭게 대규모 생산을 시작한 리튬 광산은 하나도 없다. 전체 배터리 공급망의 시작 단계라 할 수 있는 리튬 채굴조차 넘어야 할 장애물이 많기 때문이다. 리튬은 언제나 부족해질 위험이 크다. 이때 핵심은 리튬 '부족'이지 리튬 '고갈'이 아니다. 리튬 고갈에 대한 우려는 원유 고갈에 대한 우려와 마찬가지로 역사라는 커다란 바구니에 던져두려 한다.

최근의 1년 남짓한 기간에 배터리 광물들은 지정학적 쟁점이 되었다. 글의 소재로는 훌륭하지만 배터리 산업의 발전에는 그다지 긍정적이지 않은 상황이다. 여러 나라가 리튬을 국유화하겠다던 위협을 행동으로 옮겼다. 그 과정에서 외국 자본의 투자 시도는 좌절되거나, 또는 완전히 금지되었다. 한쪽에서는 자원민족주의가 기승을 부린다고 불평하고, 다른 한쪽에서는 배터리 광물이 국가의 경제와 안보 관점에서 무시할 수 없는 중요한 자원이 되었을 뿐이라고 주장한다.

유럽과 미국은 전기자동차 판매량에서 중국을 따라잡기 위해 애쓰고 있다. 특히 유럽의 배터리 공급망은 확실히 자리 잡았다. 그 계기는 한국의 유럽 내 배터리 공장 건설이었다. 그러면서 관련 업체들이 유럽으로 몰려들었다. 중요한 고객을 따라온 것이다.

미국은 그간 배터리 산업에 대한 투자가 뒤처져 있었지만, 정부가 변화를 위한 부양책을 내놓았다. 대표적인 예가 인플레이션 감축 법안 Inflation Reduction Act, IRA이다. 완제품은 물론이고 배터리를 이루는 부품과 물질 모두 미국이나 미국과 FTA를 맺은 나라에서 만들어야 한다. 이런 조건을 만족하는 나라는 많지 않다. 예를 들어 일본과 EU는 미국과 FTA를 체결하지 않아 최혜국대우를 받지 않는다. 그런 점에서 (배터리 산업과 관련해서는) 한국이 이 법안의 혜택을 볼 전망이다. 더 중요한 사실은 이로써 미국에서 셰일 혁명shale revolution•에 비길 만한 배터리 혁명

• 셰일은 모래와 진흙이 오랜 세월 쌓여 단단하게 굳어진 퇴적암이다. 수압 파쇄 등 기술 발전으로 이 셰일층에서 원유와 천연가스를 대량 생산하게 되면서, 2018년 미국은 사우디아라비아와 러시아를 제치고 석유 매장량 1위 국가가 되었다.

이 일어날 수 있다는 것이다. 셰일 혁명은 미국의 에너지 독립을 가능하게 했고, 배터리 분야에서도 비슷한 일이 일어날 수 있다.

이러한 변화를 선도하는 이들과 변화에 참여하는 이들 모두에게 흥미진진한 미래가 기다리고 있다. 독자 여러분이 이 책에서 접할 정보들은 상당히 최근 것으로, 현재 배터리 산업에 몸담고 있는 이들과 이 주제에 익숙하지 않은 이들 모두에게 '편향되지 않고' '포괄적'이라는 평가를 받았다. 배터리 산업을 처음 접하는 이들을 위한 안내서를 염두에 둔 나로서는 만족스러울 따름이다. 이 책이 한국의 독자들에게도 새로운 시대의 로드맵으로 다가가길 바란다.

2022년 12월
런던에서
루카스 베드나르스키

머리말

꺾이지 않는 성장세

주기율표를 보면 리튬은 188개 원소 중 세 번째 자리를 차지하고 있다. 주기율표의 앞쪽에 있다는 이유로 특정 원소에 관한 책을 찾아 읽어야 하는 건 아니다. 하지만 이 원소는 양성자가 세 개밖에 없어서 아주 단순한데도 21세기에 인류가 에너지를 생각하는 방식을 재정의하고 있다.

우리는 수십 년 전부터 태양전지판과 풍력발전소에서 재생에너지를 생산해 왔다. 1979년 지미 카터 미국 대통령은 건물 전체의 에너지 효율을 높이고 시민들에게 사용을 권장할 목적으로 백악관에 태양전지판 32개를 설치했다.[1] 지금까지 화석연료가 재생 가능 자원들을 압도해 온 장점은 에너지원인 동시에 에너지를 저장하는 매체로도 기능한다는 것이었다. 연료 탱크를 채우면, 즉 자동차에 휘발유를 넣으면 조그마한 공간에 가득 저장한 에너지를 필요할 때마다 얼마든지 쓸 수 있다. 재생 가능 자원으로 생산한 에너지는 비교적 최근까지도 이런 방식으로 사용할 수 없었다. 하지만 리튬이 상황을 바꿨다. 리튬 기반 배터리는 재생에너지를 바탕으로 하는 폐쇄 시스템closed system *의 마지막 퍼즐 조각이다.

우리는 재생 가능 자원으로 만든 에너지를 저장해 놓고 자동차와 휴대용 전자 기기들을 작동하는 데 사용할 수 있는 획기적인 변화의 출발점에 서 있다. 언젠가는 이런 녹색 에너지가 당신이 매일 사용하는 소비재를 운반하는 화물선의 연료가 될 것이고, 휴가철이면 탄소발자국** 걱정 없이 비행기를 타고 외국으로 떠날 수 있게 해줄 것이다. 아직은 현실이 되지 않은 일이지만, 어마라의 법칙Amara's Law ***에 따르면 우리는 특정 기술의 영향력을 단기적으로는 과대평가하면서도 장기적으로는 과소평가하는 경향이 있다.[2]

오늘날 전 세계에서 소비되는 원유의 약 79퍼센트가 자동차와 비행

• 외부 환경과 어떠한 상호작용도 하지 않는 시스템을 의미한다. 배터리는 기본적으로 밀폐 용기 안에서 화학반응이 일어나는 물건이므로 폐쇄 시스템이다.

•• 일상에서 자동차를 운행할 때 발생하는 배기가스부터 공장에서 내뿜는 온갖 대기오염 물질까지, 개인이나 단체가 배출하는 모든 온실가스의 총량을 의미한다. 비슷한 개념으로 '생태발자국'이 있다.

••• 미국의 과학자이자 미래학자 로이 어마라(Roy Amara)가 내놓은 법칙이다. 신기술은 처음 소개될 때 많은 기대를 받는다. 다만 오류와 시행착오 등을 겪으며 그 영향력이 대단치 않은 것으로 평가되고, 대중의 관심 또한 식는다. 하지만 실제로는 시간이 흐를수록 완성도가 높아지며 결국 세상을 바꾸게 된다는 법칙이다.

기, 선박의 연료로 쓰인다.[3] 교통수단을 배터리로 가동시켜 석유 수요의 50퍼센트를 대체할 수 있는 기술이 이미 존재한다.[4] 최신형 전기자동차는 단 한 번의 충전으로 500킬로미터 이상 주행할 수 있고, 충전에 걸리는 시간은 급격히 단축되고 있다.[5] 업계에 정통한 이들 대부분이 더는 전기자동차가 내연기관차를 대체할 수 있을지 묻지 않는다. 대신 언제가 될 것 같냐고 질문한다.

바로 다음 10년의 이야기

화석연료로 가동되는 엔진에서 리튬 이온 배터리로 가동되는 전기 모터로의 전환은 카를 벤츠Carl Benz가 처음으로 가솔린엔진을 만들었던 19세기 말 이후 교통 분야에서 일어나는 가장 큰 변화다. 산업과 국가 경제, 안보 차원의 전략적 이해관계는 물론이고 기후변화의 충격을 멈추거나 적어도 최소화하려는 노력에까지 심대한 영향을 미치고 있다. 먼 미래까지 내다볼 생각은 없다. 이 책에서는 진행 중인 변화와 코앞에 닥친 일들을 다루는 데 집중하고 30년 후의 세상을 예측하는 일은 미래학자들에게 남겨둘 것이다.

우리의 바람과는 관계없이 오늘날의 정치적·경제적 환경에서는 거대 기업들과 기술 관료적 권위주의 정부들이 엄청난 영향력을 발휘한다. 전문가들의 예측을 바탕으로 대개 5년에서 10년짜리 계획을 수립하면서 수십 년을 미리 설계하는 정부와 기업이 미래를 만들어 가고 있다. 그들은 목표를 달성하기도 하고 달성하지 못하기도 하지만, 대부분

진척 상황을 신중하게 평가한다. 2015년 봄 리커창 총리와 내각이 중국을 세계의 공장에서 기술 강대국으로 변모시키기 위해 내놓은 전략 계획 '중국제조 2025 中國製造 2025'는 전기자동차와 배터리, 리튬 산업 육성을 최우선 과제로 삼았다.[6] 매년 1080만 대 이상의 차량을 판매하는 세계 최대의 자동차 생산 업체 폭스바겐은 2016년 내놓은 '투게더-전략 2025 TOGETHER-Strategy 2025'에서 2025년까지 리튬 이온 배터리로만 가동되는 모델을 30종 내놓겠다고 밝혔다. 또한 그해에 이미 전 세계에서 판매되는 모든 차량 중 순수 전기자동차의 비율이 25퍼센트에 달할 거로 전망했다.[7]

중국과 폭스바겐이 자신들의 계획을 세상에 내놓았을 때는 이 책이 나올 수 없었다. 당시에는 리튬이 '새로운 석유'가 될 것이라는 주장을 뒷받침할 만큼 수요가 많지 않았다. 2015년까지만 해도 리튬 생산은 배터리 산업보다 도자기와 유리 산업에 재료를 공급하는 데 집중되어 있었다.[8] 하지만 중국 공산당의 책략가들 그리고 이 문제에서만큼은 기민했던 폭스바겐의 두뇌들은 분명히 2025년을 겨냥한 계획을 세우며 리튬의 전략적 중요성을 예견했다.

리튬과 배터리 산업의 성장세는 초기부터 지금까지 꺾인 적이 없다. 리튬 이온 배터리의 수요는 2000년부터 2015년까지 30배 이상 증가했고,[9] 2015년부터 2025년까지 10배 더 늘어날 것으로 전망된다.[10] 전 세계가 코로나19 팬데믹을 겪고 있는 지금도 이 분야의 기업들은 향후 5년에서 10년 사이 예상되는 수요를 감당할 수 있는 생산능력을 확보하기 위해 수천만 달러에서 수억 달러를 투자하는 과감한 결단을 내리고 있다. 이들은 한층 치열해진 경쟁에서 우위에 서기 위해 위기를 기회로 활용하고 있으며, 아직 오지 않은 세상에 운명을 걸고 있다.

아시아로 이동하는 축

석유 산업의 역사는 미국이 주도하는 가운데 서구 세계와 중동을 중심으로 흘러왔다. 반면에 리튬 산업은 아시아와 라틴아메리카에 집중되어 있으며 그 선두에는 중국이 있다. 중국, 한국, 일본이 리튬 이온 배터리 산업에서 차지하고 있는 위상은 정치적·경제적 영향력의 중심이 서구에서 아시아로 이동하고 있다는 또 다른 신호다.

지난 수십 년 동안 서구 국가들은 탄화수소hydrocarbon*의 원천을 확보하고 장악력을 유지하기 위해 정치적 판단을 내리곤 했다. 영국 정부가 이란에서 유전을 찾겠다는 사업가 윌리엄 녹스 다시William Knox D'Arcy의 모험을 격려했던 20세기 초의 일부터 가스프롬Gazprom의 천연가스 수송 파이프 노르트스트림 2Nord Stream 2를 둘러싸고 벌어진 가장 최근의 논란까지 모두 마찬가지였다. 유럽과 아메리카, 중동의 정치를 떼어놓고 석유 산업의 역사와 현황을 설명하기는 어렵다. 그와 비슷하게 당신이 쥐고 있는 이 책에서는 아시아의 시사 문제를 주로 다루면서 그 맥락 속에 존재하는 리튬 산업을 그려낼 것이다.

• 말 그대로 탄소와 수소만으로 이루어진 화합물이다. 대표적으로 석유와 천연가스가 있다.

개개인의 주도권과 자유 시장을 특징으로 하는 미국식 자본주의가 석유 산업에 흔적을 남겼듯이, 공동의 노력과 수뇌부에서 지정한 우선순위가 중요한 아시아식 자본주의는 세계로 뻗어나가며 배터리와 리튬 산업에 커다란 영향을 미치고 있다.

리튬 이온 배터리는 일본 기업 소니에서 최초로 상용화했고[11] 일본이 핵심 부품 생산에서 여전히 확실한 우위를 지키고 있지만, 이 책은 중국에서 시작한다. 중국은 기술의 품질이나 우아함에서는 일본에 뒤처질지 몰라도 지금 당장 신에너지 혁명을 대중에게 전파하는 측면에서는 대단한 성과를 올리고 있다. 중국은 배터리 기술이 정점을 찍기 전부터 대대적인 전기자동차 보급에 나섰다.

실제로 중국에는 산업계와 소비자들을 위한 전반적 체계가 이미 마련되어 있다. 리튬과 기타 핵심 자원들을 채굴하고, 화학물질로 가공하며, 부품으로 만들고, 자국 내에서 생산된 배터리에 설치하는 모든 단계가 중국 국경선을 넘지 않고 이루어진다. 이렇게 완성된 배터리들은 아마 외국인은 들어본 적도 없을 여러 전기자동차 브랜드에 공급된다. 중국의 배터리 산업을 지켜보며 가장 감탄하게 되는 사실은 정부가 대부분의 생산공정을 면밀하게 감시해 EU의 중앙 집중식 시장에서도 경험하기 어려운 수준의 투명성을 확보한다는 것이다.

중국에서는 다양한 고객층에 맞춘 다종의 전기자동차 중 하나를 골라 구매하면 도시 밖에서라도 쉽게 충전소를 찾을 수 있다. 실제로 2019년 한 해에만 매일 새로운 전기자동차 충전소 1000개가 설치되었다('충전기'가 아니라 '충전소'다).*12 전기자동차 배터리는 차종과 사용 강도에 따라 5년에서 8년까지 사용할 수 있다.13 중국에서는 새 배터리에 돈을 낭비하는 대신 기존 배터리를 재생하는 새로운 사업이 호황을 누리고 있다. 이 나라의 법은 배터리의 수명이 다하면 반드시 재활용해야 한다고 규정한다. 중국은 이미 자국 내에서 발생한 것들뿐 아니라, 수입한 폐배터리들을 가공해 수익을 올릴 수 있는 규모의 재활용 시설을 보유하고 있다.

중국의 배터리 산업은 어떻게 이토록 발전할 수 있었을까. 이 책은 경제 변화의 물결 속에서 부자가 되려고 노력했던 개인의 관점 그리고 (여전히 중국의 정치적·군사적·경제적 영향력이 미미한 중동과 러시아의 석유에 의존하는 대신) 국가 경제를 다변화하고 심각한 환경오염에 대처하며 궁극적으로 에너지 안보를 강화하려 했던 정책 결정자들의 관점을 모두 살피며 답을 찾는다.

누가 기회를 포착할까

1~2장에서는 리튬과 배터리 산업이 거시적 수준에서 어떻게 운영되는지 소개한다. 20세기에 태어난 사람이라면 석유와 관련해 유조선이나 정유 공장, 사우디아라비아 왕자 같은 이미지를 떠올릴 수 있을 것

• 중국전기차충전인프라촉진연맹(中國電動汽車充電基礎施施促進聯盟)에 따르면, 2022년 말까지 500만 개 이상의 충전소가 설치될 것으로 보인다.

이다. 신문, 영화, 또는 간혹 책을 통해 석유 산업에 관한 정보를 쉬이 접하므로, 관심도에 따라 틀리거나 불완전한 사실을 알고 있더라도, 어쨌든 완전히 낯설지는 않다. 하지만 리튬에 관해서는 '백지상태'다. 이 주제에 특별히 관심이 있는 독자가 아니라면 탄산리튬당량lithium carbonate equivalent, LCE•이나 기가와트시gigawatt hours, GWh•• 같은 단위를 본 적이 없을 것이다. 중국의 리튬 가공 시설들이 어떤 역할을 하는지, 배터리에서 양극재가 왜 그렇게 중요한지도 모를 테다. 기술에 능통하지 않은 사람들도 괴롭지 않을 정도로 이런 문제들을 살펴본 뒤 더 재미있는 내용으로 넘어갈 것이다.

3~4장에서는 해외에서 최고 품질의 리튬을 확보하려는 중국의 노력을 다룬다. 탄화수소를 두고 다투던 과거에 이 나라는 순수한 상업 거래와 정치 수단 양쪽 모두에서 그다지 힘을 발휘하지 못했다. 하지만 리튬의 국제적 분배가 걸린 테이블에서 가장 중요한 자리를 차지할 기회는 놓치지 않을 것이다.

아우구스토 피노체트Augusto Pinochet•••의 사위가 장막 뒤에서 라틴아메리카 최대의 리튬 생산 업체를 지휘했던 사정 그리고 볼리비아의 '리튬

- • 리튬 광석은 종류에 따라 실제 함유된 리튬의 함량이 다르다. 하여 시장에서는 일반적으로 탄산리튬을 기준으로 리튬의 수량을 환산해 계산한다.
- •• 1초 동안 소비하는 전력량을 1와트(watt, W)라 한다. 한 시간 동안 소비하는 전력량은 1와트시(watt hours, Wh)로, 1기가와트시는 10억 와트시가 된다. 이때 1기가와트시는 4인으로 구성된 10만 가구가 하루 동안 사용할 수 있는 전력량이다.
- ••• 1973년 쿠데타를 일으켜 대통령에 오른 뒤 17년간 칠레를 강압 통치한 군부 독재자다.

쿠데타'를 둘러싼 짜릿한 이야기는 5~7장에서 공개된다. 리튬 시장 관계자들, 정책 입안자들과 가진 인터뷰에 믿을 수 있는 정보원들이 제공한 자료를 더해 정리했다.

8장에서는 리튬과 환경문제 그리고 전기자동차로의 전환이 이산화탄소 배출량에 미치는 영향을 살펴본다. 리튬 채굴은 모든 광업 활동이 그렇듯 일련의 환경문제를 유발한다. 다른 금속과 달리 리튬은 대체로 물이 부족한 지역에서 엄청난 양의 물을 소비해 얻는다. 업계 사람들은 염수鹽水에서 리튬을 추출하는 것을 '물 채굴'이라 부를 정도다. 이 장에서는 색도 냄새도 없는 이산화질소가 폐를 좀먹는 도시 지역에서 전기자동차가 우리를 구해준다고 해도, 그것을 충전하는 전기에너지는 선진국에서조차 대부분 석탄을 태워 만들어진다는 사실을 지적한다.

9장에서는 재활용과 도시 광업에 초점을 맞춘다. 리튬은 이론적으로 무한정 재활용할 수 있는 금속이므로, 납이 걸어온 경로를 따라갈 수 있다. 과거에 납은 주로 광산에서 캐냈지만 지금은 시장 수요 대부분을 재활용으로 채운다. 주위의 버려진 물건에서 원소들을 추출하는 이른바 도시 광업을 통해 배터리 경제의 완결적 순환closed-loop 체계 ••••를 만들어 내는 것은 개성적이고 혁신적인 여러 스타트업의 신앙과 같은 목표가 되었다. 특히 1980년대에 도호쿠대학東北大學을 중심으로 선구적 연구가 진행되었던[14] 일본에서 관심이 컸다. 2020년이 되자 도시 광업이

•••• 사용된 제품을 확보하고 재활용해 다시 생산에 투입하는 체계다.

라는 구상은 괴짜들이 모인 지하실과 차고를 떠나 정부와 지방자치단체, 거대 기업이 추진하는 사업이 되었다.

마지막 10장에서는 미래를 바라보며 전기를 동력으로 삼는 비행기나 화물선을 현실로 만들기 위한 프로젝트들을 논의한다. 또한 전기자동차로의 전환이 내연기관 중심의 기존 공급망에 어떠한 영향을 미칠지도 살펴본다. EU에서 규모가 가장 큰 독일 경제의 성공은 자동차 산업에 힘입은 것이고, 이러한 구조가 지난 수십 년간 유지되었다. 메르세데스-벤츠와 BMW 같은 브랜드에 전기화는 기회일까, 아니면 위협일까. 폴란드, 체코, 헝가리처럼 힘차게 성장 중인 중동부 유럽 국가들은 세계적 경쟁력을 자랑하는 독일 자동차 산업에 부품을 공급하며 막대한 이익을 얻었다. 이런 나라들은 전기화가 만들어 낸 기회를 포착할까, 아니면 과거의 성공에 매몰될까.

나는 이 업계의 일원이자 지지자지만 긍정 편향을 억누르려 한다. 전기화와 배터리가 이끄는 미래로의 전환은 순차적으로 진행되지 않을 것이다. 발전이 이어지겠지만 막다른 길도 많다. 중국의 여러 지방정부는 중앙정부가 설정한 목표치를 따라잡기에 급급한 나머지 자국 내 경쟁에 휘말렸다가 표준화를 간과하고 말았다. 성省마다 생산한 전기자동차의 플러그 규격이 달라서, 다른 성으로 가면 충전하지 못하는 일도 있었다. 근본적으로 장거리를 이동하기 위해 구매하는 상품이라는 점을 생각하면 최악의 실수다.

몇 년 전만 해도 EU의 의사 결정권자들과 거대 기업들은 배터리는 하나의 상품일 뿐이라고 공개적으로 떠들었다. 업신여기는 태도로, 배터리 산업은 규모와 노동력에서 경쟁력을 갖춘 아시아 국가들의 작업장에 떠넘기는 게 낫다고도 했다. 하지만 오늘날 그들은 배터리 생산량을 늘리고자 필사적으로 노력하고 있다. 연구개발 계획에 자금을 대고, 지역 내 배터리 산업에 아시아 국가들의 투자를 유치하려 한다. 그 과정에서 몇 년간 수억 달러를 들여 개발한 새 리튬 광산들이 리튬 가격의 변동성과 과도한 채굴 비용 탓에 몇 달씩 상업적 규모의 생산에 실패하기도 했다. 이러한 리튬 산업 이야기의 극적인 반전들은 독자들에게 더욱 큰 재미를 선사할 것이다. 게다가 이 이야기는 현재진행형이다. 《블룸버그》《이코노미스트》《파이낸셜타임스》, 심지어 황색신문인《데일리메일》까지 표지와 1면에 리튬과 배터리에 관한 기사를 싣는다. 독자들이 이 책을 읽으며 점점 더 중요해지는 이 매력적인 산업을 이해하고 재미까지 느낄 수 있기를 진심으로 바란다.

차례

1잠

메이드 인 차이나

BATTERY WAR

중국은 한때 혁신의 원천이었다. 종이와 화약, 인쇄기, 나침반이 이 나라에서 처음 만들어졌다. 시진핑 국가주석은 2012년 정권을 잡은 후 한 유명한 연설에서 중화 민족 부흥이라는 목표를 밝혔다.[1] 부흥의 열쇠는 중국인들이 독창적으로 사고한다는 믿음으로 돌아가는 것이었다.

중국이 질적 도약을 이루고 경제구조를 바꾸려면, 즉 세계의 공장에서 기술 강대국으로 변모하려면 혁신이 필요하다. 중국 공산당 지도부의 길고 이념적인 연설에 귀를 기울이는 관찰자들은 요지를 파악하기 위해 가장 자주 반복되는 단어와 문구를 헤아리는 습관이 있다. 마침 지난 몇 년간 중국 공산당원들이 특히 자주 언급했던 단어가 '혁신'이었다. 통계에서 높은 순위를 차지한 또 다른 단어는 환경문제와 관련해 자

주 사용된 '생태'였다.[2]

재생 가능 자원으로 생산한 에너지를 저장해 어디든 필요한 곳에 쓸 수 있게 하는 배터리는 환경문제 해결을 도와주는 혁신이다. 중국 당국이 대중적으로 더 알려진 '일대일로一帶一路'[•] 구상만큼이나 중요하게 여기는 '중국제조 2025'에 따라 강력히 지원하는 10대 전략산업 중 세 가지 산업의 핵심 요소이기도 하다. 해당 산업들은 (친환경 자동차를 포함하는) 친환경 에너지, 전력 설비, 신소재 산업인데,[3] 이 중 신소재 산업과 배터리의 연관성은 모호하게 느껴질 수도 있겠다. 다만 새로운 세대의 화학물질이 없었다면 오늘날의 리튬 이온 배터리도 없었을 것이다. 특히 양극재와 음극재[••]는 배터리의 심장과 영혼이라 할 수 있으며, 전기자동차 생산 업체들이 10년 전만 해도 기대하지 못했던 수준으로 배터리를 기능하게 한다.

- [•] 중국을 시작으로 '중앙아시아-유럽'을 잇는 육상 실크로드(일대)와 '동남아시아-유럽-아프리카'를 잇는 해상 실크로드(일로)를 건설하겠다는 야심 찬 계획이다. 궁극적으로는 두 실크로드에 놓인 60여 개국과 중국을 하나의 경제 벨트로 묶고자 한다.
- [••] 리튬 이온 배터리의 기본 요소는 양극재와 음극재, 전해질이다. (셋 사이에 들어가는 분리막까지 기본 요소로 보기도 한다.) 이때 리튬 이온을 가득 품고 있는 양극재는 배터리 용량과 평균 전압을, 음극재는 충전 속도와 수명을 결정하는 핵심 소재다. 리튬 이온은 배터리가 충전될 때 양극재를 빠져나와 음극재로 이동하고, 배터리가 방전될 때 음극재에서 다시 양극재로 이동한다. 그러면서 전기가 '흐른다.'

미국의 전기자동차와 중국의 전기자전거

제너럴모터스의 브랜드 쉐보레에서 내놓은 볼트Volt는 2011년 이미 미국에 전기자동차 혁명을 일으킬 제품으로 주목받았다.[4] 볼트가 대량으로 판매되었다면 미국이 배터리 물질 개발에 본격적으로 뛰어드는 원동력이 되었을 것이다. (이 책도 중국에서 시작하지 않았을 테다.) 네바다와 노스캐롤라이나, 사우스캐롤라이나, 사우스다코타, 캘리포니아에서 2020년까지 개발될 예정이었던 리튬 광산들이 더 일찍 운영되어 '새로운 석유'를 뱉어내고 있었을 것이다. 캘리포니아 밖에서도 촘촘한 충전망의 혜택을 누리게 되었을지 모른다.

하지만 볼트의 배터리에는 고급 양극재와 음극재가 없어, 한 번 충전으로 고작 64킬로미터밖에 가지 못했다.[5] 미국자동차서비스협회 교통안전재단AAA Foundation for Traffic Safety에 따르면 미국인들은 하루 평균 51킬로미터를 운전한다.[6] 볼트에 대한 실망은 한 번 충전으로 최대 500킬로미터까지 달릴 수 있게 하는 배터리 덕분에 전기자동차를 대량 도입해도 아무런 문제가 없는 오늘날에도 여전히 미국 소비자들의 마음에 주행거리 불안증을 유발한다.

중국에서는 전기화 혁명이 전기자동차를 광범위하게 채택하는 것이 아니라 전기자전거가 점차 인기를 얻는 방식으로 서서히 뿌리를 내렸다.[7] 2015년 세계적으로 인기를 누린 영국의 싱어송라이터 케이티 멜루아Katie Melua의 노래 〈자전거 900만 대Nine Million Bicycles〉는 그가 베이징을 방문하고 영감을 얻어 쓴 곡이다.[8] 오랫동안 중국을 방문한 이들은 최근의 베트남 방문객들이 느끼듯 도시가 자전거로 가득 차 있다는 인상을 받곤 했다. 이때 전기자전거는 상대적으로 저렴한 가격 덕분에 자동차보다 인기가 많았다.

전기자전거 산업의 시작은 마오쩌둥이 후원했던 1960년대까지 거슬러 올라간다. 놀랍게도 이 산업은 석탄, 시멘트, 비료, 철강 생산과 같은 중공업에 집중했던 중앙 계획경제의 빈틈에서 시장을 찾아냈다.

1960년대에는 전기자전거가 큰 성공을 거두지 못했다. 1970년대 말과 1980년대 초는 중국 내 경공업과 중공업의 불균형한 발전이 적나라하게 드러났던 때다. 근교에 시멘트와 철강 생산 시설이 밀집한 탓에 베이징에 자주 산성비가 쏟아졌지만, 정작 시내에는 연필 공장도 하나 없었다. 그러자 공산당은 처음으로 기업들이 정부의 계획을 벗어나 시장의 요구에 대응할 수 있도록 허락했다. 개방적인 분위기에서 중국산 전기자전거의 꿈이 되살아났지만, 기술 개발 노력이 부품 부족으로 좌절되자 열기가 가라앉았다. 정부의 반응도 미적지근했다.

초기의 전기자전거는 내연기관차에서 엔진을 점화하는 데 쓰이는 납축전지로 움직였다. 리튬 이온 배터리는 1990년대에나 등장했고, 그마저도 소니와 아사히카세이旭化成라는 화학 기업에서만 판매했기 때문이다. 그런데도 배터리로 교통수단에 동력을 공급한다는 발상이 중국 기술 업계에 자리 잡았고, 소비자들의 열렬한 관심 덕분에 점차 힘을 얻었다. 물론 이러한 발상이 꽃을 피우려면 경제적 자유가 더욱 확대되고 배터리 기술이 성숙할 때까지 기다려야 했다. 일단 납축전지가 리튬 이온 배터리로 대체되자 비약적 발전이 있었고, 기존보다 6분의 1 크기의 배터리로 32킬로미터를 주행할 수 있게 되었다. 기술 발전이 판매량에 영향을 미쳐 1998년 5만 6000대였던 전기자전거가 2008년에는 2100만 대 이상으로 폭증했다.[9] 전기자전거가 성공을 거두면서 리튬 이온 배터리 수요도 증가해 관련 시장이 확대되었고, 이후 중국이 전기자동차와 배터리 강대국으로 변모할 수 있게 한 자본도 축적되었다.

합작과 보조금의 쌍두마차

한편 중국의 자동차 시장은 1980년대 중반부터 폭발적으로 성장했다. 1985년 중국의 1인당 GDP는 294달러에 불과했지만, 수입 자동차가 인기여서 일본에서 들여오는 경우가 많았다.[10] 다른 공산주의 국가들과 마찬가지로 중국 시민은 대부분 빈곤했으나, 그래도 대개 당과 인연이 있는 부유층이 존재했다. 1985년 자동차 수입에만 30억 달러가 쓰이자 중국의 지도자들은 적자를 걱정하기 시작했다.[11] 결국 엔이나 달러를 통한 자동차 구매를 어렵게 하고자 통화 관리를 더 엄격히 하는 것부터 심지어 2년간 자동차 수입을 거의 모두 금지하는 것까지 다양한 대책을 도입했다.[12]

방어적 조치와 함께 중국 자동차 업계에 혜택을 주는 반격도 진행되었다. 하지만 아직 쓸 만한 전기자전거를 만들기 위한 기술조차 확보하지 못한 상황이었으므로, 중국 정부는 국제적 수준에 이르지 못한 일부 첨단 기술 분야에서 오늘날까지 적용되고 있는 전략을 택했다. 일본 기업들이 중국에서 거둔 성공을 목격한 외국의 자동차 생산 업체들은 10억 명 규모의 시장에 발을 들일 생각에 침을 흘리고 있었다. 하지만 강력한 수입 금지 조치가 이들의 꿈을 막아섰다. 그래도 이를 빠져나갈 방법이 한 가지 있었다. 중국에서 자동차를 팔고 싶다면 중국 내 협력사와 합작해 현지에서 생산해야 했다. 폭스바겐, 시트로엥, 푸조, 다임러크라이슬러*가 이 기회를 잡았다. 이들은 현지에서 간단히 조립하기만 하면 되는 키트 형태로 부품을 들여오는 등의 전략을 활용해 중국 협력사들을 상대로 비밀을 유지하고 자신들의 경쟁력을 보호하려 했지만, 이런 형태의 합작은 중국으로 노하우가 이전되는 계기가 되었다.

중국의 전략은 불완전하게나마 성과를 거뒀다. 이후 태양광발전이나 풍력발전 산업 등에서 이러한 과정이 여러 차례 성공적으로 반복되었는데, 시작은 자동차 산업이었다. 중국은 지금도 반도체나 인공지능과 같은 분야에서 같은 전략을 활용하려 하나, 다른 국가들은 합작에 수반되는 대가에 더욱 주의하게 되었다. 미국은 도널드 트럼프가 대통령이 된 후로 합작 관행을 산업 기밀 탈취로 간주하기 시작했고, 이러한

---

* 현재의 메르세데스-벤츠는 1926년부터 1998년까지는 다임러-벤츠, 1998년부터 2007년까지는 다임러크라이슬러, 2007년부터 2022년 1월까지는 다임러라는 이름을 썼다.

인식 변화는 무역 전쟁을 초래한 중요한 이유 중 하나가 되었다. 중국은 여전히 자신들의 전략을 투명하고 공정한 합의로 본다. 계속 성장 중인 자국의 거대한 시장에 접근하는 대가라는 것이다.

중국이 자국 산업을 일으켜 세우는 데 성공한 비결은 이뿐이 아니다. 방정식의 또 다른 요소는 보조금이다. 기술 이전이 끝나면 중국은 산업 전체에 체계적으로 재정 원조를 시작한다. 외국 기업들은 중국에 본사를 두더라도 이러한 지원에서 제외되는 경향이 있다. 중국 정부의 금고가 얼마나 풍족한지를 고려할 때 보조금 전략은 적절한 시기에 실행되기만 하면 자국 시장에서 외국 경쟁자들을 몰아낼 수 있을 뿐 아니라 국제 무대에서도 궁지에 몰아넣는다. 태양전지판 산업에서 바로 그런 일이 벌어졌다. 어느 시점부터 중국의 중앙정부는 지방정부가 추진하는 대형 태양광발전 프로젝트에 자국산 태양전지판을 80퍼센트 이상 사용해야 한다고 요구하기 시작했다.[13] 외국 기업들은 중국 내 생산을 위해 합작회사를 설립하고 기술을 공유했다. 이후 중국은 자국 기업에 엄청난 보조금을 지급하기 시작했다. 물론 그 기업들은 해외 시장에 수출하기 위한 제품도 생산하고 있었다. 현재 세계에서 가장 큰 태양전지판 생산 업체 10곳 중 8곳이 중국 기업으로, 중국은 시장에서 60퍼센트 이상의 점유율[••][14]을 차지하고 있다.[15]

•• 국제에너지기구(International Energy Agency, IEA)에 따르면, 2022년 기준 중국은 국제 태양전지판 시장에서 80퍼센트 이상의 점유율을 기록하고 있고, 몇 년 안에 95퍼센트를 넘어설 것으로 예측된다.

공동의 꿈, 공동의 이익

초기에 중국에서 성공을 거둔 자동차 생산 업체 대부분은 사기업이 아니었다. 현재 중국에서 소위 4대 자동차 생산 업체 중 하나로 꼽히는 창안자동차長安汽車는 1937년의 중일전쟁에서 중국군에 무기를 납품했던 오랜 역사의 방위사업체[16]에서 분리된 기업이다. 그래서 창안자동차는 여전히 중국병기장비그룹中國兵器裝備集團이 완전히 소유한 자회사로 운영된다. 내연기관차로 성공을 거둔 이 기업은 2025년까지 판매량의 100퍼센트를 전기자동차로 채운다는 목표를 세웠다.[17] 친환경 자동차를 판매하는 국유 방위사업체라는 존재가 서구의 지속 가능 펀드° 관리자들을 당황하게 할 수도 있지만, 중국에서는 전혀 논란거리가 되지 않는다. 역시 중국 자동차 시장에서 중요한 기업인 창허자동차昌河汽車는 2010년까지 군용 비행기를 생산하는 중국항공공업그룹中國航空工業集團의 자회사였다.[18] 창허자동차는 일본의 스즈키와 합작회사를 설립해 자동차 만드는 법을 배웠다. 지금도 이 회사의 최신 모델에서 스즈키의 영향을 발견하는 이들이 있다. 창허자동차도 전기자동차로 전환해 가고 있지만 창안자동차만큼 열정적이지는 않고, 여전히 가솔린과 디젤로 가

° 지속 가능 산업에 투자하는 펀드를 의미한다. 오늘날 투자자들은 단순히 돈이 되는 산업뿐 아니라, 환경(Environment)을 보호하고 사회(Social)에 보탬이 되며 투명한 지배 구조 (Governance)를 갖춘 산업에 투자하기를 바란다. 이를 ESG 산업이라고 하는데, 지속 가능 펀드는 주로 이런 산업에 투자한다.

동되는 모델들을 앞세워 미얀마, 라오스, 니카라과 등의 시장을 개척하고 정복하려 한다. 또 다른 자동차 생산 업체인 허페이자동차合肥汽車도 중국항공공업그룹의 자회사여서 비슷한 패턴이 드러난다.[19]

중국에서 일찌감치 자리 잡은 자동차 생산 업체들은 (냉장고 생산 업체로 시작한) 지리吉利[20]와 만리장성자동차長城汽車를 제외하고 모두 과거 국유기업이었거나 지금도 국가 소유로 남아 있다. 2019년 50만 대에 가까운 판매고를 올린 체리자동차奇瑞汽車는 1990년대 후반 안후이성의 기관원 한 무리가 공동 창립했다. 이 기업은 2003년까지 승용차를 생산하는 데 필요한 면허가 없었기 때문에 사실상 불법으로 운영되었다.[21] 2007년《월스트리트저널》은 체리자동차의 조직 문화를 "공산당 국영기업과 기업가적 스타트업의 기묘한 혼종"으로 묘사했다.[22] 체리자동차는 다른 자동차 생산 업체들의 인기 모델을 모방했다는 혐의로 많은 비난을 받아왔다. 한국지엠은 지엠대우** 시절 체리자동차를 고소했고, 이 사건은 중국 국가지식산권국國家知識産權局 부국장이 공개적으로 자국 기업을 변호하며 크게 주목받았다.[23]

(1980년대와 1990년대 초까지 벤처 캐피털***이 없었던 중국처럼) 투자자를 모을 기회가 극히 제한된 나라에서 자동차 생산과 같은 자본 집약적

•• 2002년 10월 제너럴모터스가 대우자동차를 인수하며 출범한 지엠대우는 2011년 3월 회사명을 한국지엠으로 바꿨다.

••• 경쟁력 있는 벤처기업(주로 첨단 기술 산업에서 두각을 드러내는 중소기업)을 발굴해 투자하는 사모펀드(소수의 투자자에게 모은 자금을 공격적으로 운용하는 펀드)를 의미한다.

프로젝트가 정부와의 철저한 협력을 통해 성사된다는 사실은 놀랍지 않다. 가령 국방 산업은 미국에서 혁신을 이끄는 분야이며 다른 나라에서도 비슷한 역할을 한다. 물론 당시 중국에서는 자동차 생산이 혁신이었을 것이다.

중국 자동차 산업은 중국식 자본주의의 전형이라 할 만한 경로를 따라 발전해 왔다. 먼저 공산당이 거시경제의 불균형을 바로잡기 위해 특정 산업 분야를 발전시켜야 할 전략적 필요성을 인식한다. 지식 이전이 필요하다면 강제성과 인센티브를 섞은 법률을 마련한다. 노하우를 확보하게 되면 보조금을 쏟아붓는다. 하지만 중국에서는 시장의 주요 참가자 중 너무 많은 수가 국가 소유거나, 경영자들의 정치적 관계, 또는 정부의 자금 지원으로 공산당과 긴밀히 연결되어 있다. 따라서 특정 기업을 국가가 장려하는 산업에 참여시키는 결정은 단순히 경제적 계산만으로 이루어지지 않는다.

세계 어디에서든 거대 기업들은 내부 수익률뿐 아니라 기회비용과 기회이익까지 따져서 새 프로젝트를 평가한다. 하지만 아메리칸드림과 달리 중국몽中國夢은 시진핑이 지적했듯이 공동의 것이고, 국유기업의 경영자들은 투자를 결정할 때 자국의 꿈을 고려해야 한다. 그래야 중국 정부의 비전에 맞춰 빠르게 움직이며 국가 경제의 구조를 바꿀 수 있다. 경제 발전에 대한 이런 하향식 접근법은 자연스레 과잉 설비와 시장의 거품으로 이어지고 종종 상품 품질 저하를 부르기도 한다. 중국의 전기 자동차와 배터리, 리튬 산업도 이런 문제들을 피해 가지 못하고 있다.

편지 한 통으로 시작된 신에너지 혁명

전기자전거가 시장에서 성공하는 것을 목격한 중국 정부는 일찌감치 전기자동차 산업의 발전에 베팅하려 혈안이었다. 그럴 만한 이유는 많았다. 이 나라에서 전기자동차 산업이 발전한다면 도시의 오염을 줄일 수 있을 뿐 아니라, 중국이 국제 무대에서 경쟁력을 가지는 완전히 새로운 시장을 개척할 수 있었다. 이 새로운 영역은 채굴과 화학 처리에서 시작되겠지만, 리튬 이온 배터리나 자율주행 같은 신기술을 개발하는 것도 포함할 터였다.

신에너지 혁명의 시작은 '863계획'까지 거슬러 올라간다. 1986년 3월 3일 중국의 물리학자 네 명이 덩샤오핑에게 편지를 보냈다. 왕다헝王大珩과 왕간창王淦昌, 양자츠楊嘉墀, 천팡윈陳芳允[24]은 원자력과 인공위성 활용을 포함하는 민군 겸용 기술의 연구에서 명성을 쌓은 과학자들이었다. 덩샤오핑은 중국을 대표하는 정치인으로 현대 중국의 건축가로 불린다. 서구에는 아마 중국의 경제특구 실험으로 가장 잘 알려졌을 것이다. 그는 특별히 지정한 연안 지역에 시장경제와 외국인 투자를 받아들임으로써 중국에서 사실상 자본주의 실험을 벌였다. 선전을 비롯한 여러 도시의 경제특구가 성공하면서 국가 경제 개혁의 길이 열렸다.

물리학자들은 편지에서 중국이 더는 외국에 의존하지 않고 경제적으로 독립하기 위해 몇 가지 핵심 분야에서 첨단 기술의 발전을 이끌 국가고기술연구발전계획國家高技術研究發展計劃을 개략적으로 설명했다. 덩샤오핑은 이 계획에 만족한 나머지 이틀 만에 승인한 다음, 공산당 동료들에게 "이 문제에 관해서는 지체 없이 빠른 결정을 내려야 한다"라고 알렸다.[25] 많은 역사서가 이 계획이 1983년 로널드 레이건 미국 대통령이 제안했고, 이후 '스타워즈 계획'으로 불린 전략방위구상Strategic Defense Initiative의 영향을 받았다고 서술한다. 하지만 이는 매우 서구 중심적인 관점으로, 863계획과 전략방위구상을 직접 비교하기는 어렵다. 전략방위구상은 특히 소련이 시도할 수 있는 핵 공격에서 미국을 보호하는 미사일 방어 체계를 개발하는 계획이었다. 전략방위구상이 다양한 첨단 기술, 가령 레이저 무기처럼 환상적인 기술의 발전을 자극하고, 자금을 제공한 것은 사실이다. 하지만 미국 내 첨단 기술 산업에 긍정적인 영향을 미쳤다고 해도 명확한 목적과 군사적 활용 방안은 따로 있었다.

바로 이것이 863계획과 구분되는 지점이다. 863계획은 중국은 아직 발전 중인 나라고 따라서 과학적 노력을 분산할 수 없다고 인정하며 시작되었다. 그리고 더 나아가 외부 세계와의 격차를 줄이기 위해 자금을 투입하고 인재를 길러내야 하는 소수의 핵심 분야가 존재한다고 선언했다. 중국이 적당한 때에 아직 경쟁이 치열하지 않은 완전히 새로운 기술 영역에 진입한다면 선도 국가로 자리매김할 가능성이 있다는 판단이었다. 이 최초의 계획에서 핵심 분야로 제시한 일곱 개 산업 중 신소재와 에너지는 배터리 개발과 직접 관련이 있었다.[26]

863계획은 5년 주기로 총 45년간 이어질 예정이었으나, 2016년 복수의 다른 계획으로 대체되면서 예상보다 빨리 종료되었다. 그때까지

863계획은 상업적으로 활용될 가능성이 있는 기초연구에 집중했다. 수익을 내기 위해 그저 기존의 해결책을 모방하는 나라라는 중국의 이미지와는 대조적이라 흥미롭다. 일본의 첨단산업은 기초연구에 대한 투자 덕분에 여전히 우위를 지키고 있으며 배터리나 디스플레이, 반도체 산업에서 빼놓을 수 없는 다양한 특허를 보유하고 있다. 중국은 비슷한 야심을 품고 기초연구에 크게 의존하는 몇몇 산업을 택해 정부의 지원으로 육성하는 방법을 택했던 것으로 보인다. 따라서 863계획은 온전히 중국의 발명품이었다.

시행 첫해에는 100억 위안이 투입되었다. 그해 중국 정부 총지출의 5퍼센트에 해당하는 금액이었다.[27] 전기자동차는 2001년 핵심 분야에 포함되었다. 순수 전기자동차와 하이브리드 자동차를 개발하기 위한 기초연구가 시작되었고 특히 배터리, 전기모터와 관련된 문제를 해결하는 것이 주요 목표였다.[28] 기초연구와 응용연구에서 기반이 다져지자 16개 국유기업에 전기자동차협회를 구성하고 베이징에 본부를 두라는 지시가 떨어졌다. 노하우를 교환하고 이 산업의 성장을 촉진하기 위한 장場을 만들라는 것이었다. 실제로 회원이 된 국유기업들은 전기자동차 산업의 발전을 위해 147억 달러를 투자하겠다고 약속했다. 이러한 결정은 시장의 필요나 개별 기업의 미래 비전에서 나온 것이 아니었다. 공산당 지도부가 세운 '더 친환경적이고 석유에 덜 의존하는 중국'이라는 비전을 따르기 위해 그렇게 많은 돈을 내놓기로 한 것이었다.

거대한 실험실

중국 정부의 계획은 아주 야심만만했다. 2008년 중국은 2012년까지 자국 내 자동차의 10퍼센트를 대체에너지로 가동한다는 목표를 세웠다. 2008년 베이징 올림픽은 중국 전기자동차의 발전을 보여줄 완벽한 기회였다. 하지만 2008년 중국 내 전기자동차 판매량은 1000대에 한참 미치지 못했고, 중국인들은 올림픽이 열리는 동안 자국을 미래에 전기자동차 산업을 이끌 국가로 포장하는 데 실패했다.[29] 그 결과 서구에서는 중국이 세계 최대의 전기자동차 시장으로 떠오르리라는 것을 알아채지 못했다. 2008년에는 도요타의 프리우스Prius와 테슬라의 첫 번째 모델인 로드스터Roadster가 모든 관심을 집어삼켰다. 이때 향후 10년간 어느 나라의 전기자동차 시장이 가장 클지를 두고 내기가 벌어졌다면, 아마 미국이나 일본에 거는 사람이 가장 많았을 것이다.

중국의 전기자동차 산업을 키운 것은 베이징 올림픽이 끝나고 1년 만에 시행된 '10개 도시, 1000대 전기자동차＋城千輛' 시범 프로그램이었다.[30] 사실 이 계획에는 미심쩍은 부분이 있었다. 중국 정부는 국가적으로 전기자동차 산업을 발전시키기 위해 상위의 세 개, 또는 다섯 개 기업을 지원하는 대신 분권적 접근법을 택했다. 선택된 도시들에 자금을 나눠 주고 각 도시의 도로에 전기자동차 1000대를 다니게 한다는 목표를 세웠다. 목표를 달성하기 위한 세부 전략은 각 지방정부에 맡겼다.

이러한 정책은 불길하게도 마오쩌둥이 1958년 중국을 농업국가에서 산업국가로 바꾸겠다며 밀어붙였던 대약진운동을 닮아 있었다. 그는 한 나라의 산업화 수준은 철강 생산량과 밀접한 관계가 있다고 믿었고, 당시 세계에서 가장 산업화된 나라(영국)의 철강 생산량을 따라잡으려 했다. 하지만 이 과정에서 대형 제철소를 지원하는 대신 철강 생산을 극단적으로 분권화했으니, 평범한 시민들에게도 뒷마당의 용광로에서 수저를 녹여 강철을 생산하라고 격려했다. 이렇게 생산된 강철의 품질은 어디에도 쓸 수 없는 수준이었기 때문에 마오쩌둥의 계획은 분명히 역효과를 냈다.

하지만 사회에 커다란 변화를 도입할 가능성을 염두에 두고 일정한 구역을 정해 사회적·경제적 실험을 벌이는 전통은 중국에서 긍정적 의미를 가진다. 한 예로 덩샤오핑이 연안에 지정한 경제특구는 이러한 접근법이 한동안 존재해 왔고, 또 성공을 거둔 적도 있었다는 사실을 상기시킨다. 지역을 제한한 시범 프로그램들은 새로운 해결책을 전국에 확대 적용하기 전에 초대형 실험실이라 할 만한 규모로 안전하게 시험해 보고 평가할 수 있게 했다.

중국에서는 시범 프로그램이 진행될 도시를 무작위로 고르지 않는다. 일반적으로 경제적 특성이 프로그램의 목적에 적합한 동시에 정치적 저항은 약하고, 아울러 중국이라는 나라를 대표할 만한 도시나 지방이 선택된다. 또한 위험부담이 클수록 프로그램이 잘못되더라도 정치적 반발을 최소화할 수 있게 베이징에서 가장 먼 곳에 도입한다.

특정 지역에 한정된 시범 프로그램은 오늘날에도 활용된다. 이 글을 쓰는 현재 코로나19 팬데믹 상황이 허락하는 선에서 국제 전자상거래 시범 구역이 조성되고 있다.[31] 중국의 전자상거래 플랫폼이 저렴한 물건을 구할 수 있는 창구로 주목받으면서 외국에 거주하는 사람들이 이를 직접 이용하는 사례가 점점 늘어나고 있다. 시범 구역의 전자상거래 기업들은 세금 혜택을 받으며 중국 밖에 있는 창고를 공유하는 등의 방식으로 협업하게 될 것이다. 헌혈 같은 '선행'과 식당을 예약하고 나타나지 않는 등의 '악행'에 따라 개인의 점수를 매기는 중국의 악명 높은 사회 신용 시스템社會信用體系은 2009년에 이미 시범 구역에 도입되었다.

시범 구역의 활용은 덩샤오핑이 중국의 발전을 꾀하며 중시했던 좌우명을 떠올리게 한다. '돌다리도 두들겨 보고 건너라.' 즉 서서히 조심스럽게 변화를 도입하라는 것이다. 시범 프로그램의 성공은 반복 평가되며 진행 과정에서 나온 피드백에 따라 초기의 목표와 방법이 수정된다. 국민을 변화의 옹호자로 만들어, 새로운 아이디어가 하향식 강압이 아니라 일반 대중의 지지를 통한 이상적인 방식으로 점차 전국에 퍼져 나가게 하는 것이 궁극적인 목적이다.

10개 도시, 1000대 전기자동차

'10개 도시, 1000대 전기자동차' 시범 프로그램은 정치적 위험이 적은 데다가, 중국 주요 도시의 심각한 환경오염 탓에 처음부터 베이징과

상하이에 적용되었다. 프로그램이 시작되자 대상 도시들은 각자의 강점을 활용할 수 있는 독특한 접근법을 찾아냈다. 자본이 모이는 상하이는 높은 수준의 민간 투자에 의존했고, 관료들의 도시인 베이징은 세금과 규제를 활용해 장려책을 제공했다. 혁신을 상징하는 선전은 비야디比亞迪 같은 첨단 기술기업과 협업했다. 세계 최대의 수력발전 프로젝트인 싼샤댐이 있는 충칭은 저렴한 재생에너지와 탄탄한 전력망을 이용해 급속 충전 배터리와 충전기 보급에 집중했다.[32] 실용적 접근법에 피드백이 더해지면서 (1만 대라는) 수량만을 앞세웠던 목표가 수정되었고, 각 도시가 국가 규모로 진행되는 신에너지 혁명의 서로 다른 영역에 이바지한다는 질적 차원의 방향성까지 띠게 되었다.

2012년이 되자 베이징에는 배터리와 전기자동차 기술을 발전시키기 위해 기업들이 과학자들과 협업할 공간으로 세 곳의 산업 캠퍼스가 조성되었다. 민관 협력에 힘입어 전기로만 가동되는 택시 200여 대도 운행되기 시작했다. 전기자동차는 세금이 매우 적었고 무엇보다 자동차 신규 등록 허가를 받기가 더 쉬웠다. 중국의 여러 거대 도시에서 꿈꾸던 자동차를 손에 넣을 수 없게 하는 가장 큰 장벽은 돈이 아니다. 이나라는 2011년 이후 교통 혼잡과 환경오염 때문에 매년 일정 한도 내에서만 자동차 신규 등록 허가를 내주고 있다. 물론 한도보다 더 많은 신청자가 몰리기 때문에 두 달마다 추첨을 통해 대상자를 선정한다. 따라서 대부분 몇 년씩 기다려야 자기 차를 가질 수 있다. 2020년 베이징의 자동차 신규 등록 허가 한도는 10만 대로, 그중 4만 대는 내연기관차에,

6만 대는 전기자동차에 배정되었다.[33] 이 비율만 추적해도 베이징이 지난 11년간 전기자동차 보급을 위해 얼마나 긴 여정을 거쳐왔는지 알 수 있다. 처음에는 내연기관차보다 전기자동차의 신규 등록 허가가 훨씬 빨랐다. 요즘에도 전기자동차의 신규 등록 허가를 받는 게 더 빠르긴 하지만, 운이 나쁘면 몇 년씩 기다릴 수 있다.

전기자동차 산업 초창기에는 배터리 가격이 지금보다 훨씬 높았다. 2010년 1킬로와트시kilowatt hour, kWh 배터리의 가격은 1100달러였다.[34] 지금은 같은 성능의 배터리가 150달러에서 160달러 사이에 불과하다. 배터리에 저장된 에너지의 양을 상상하는 가장 쉬운 방법은 100와트짜리 전구를 떠올리는 것이다. 이 전구를 10시간 동안 켜두려면 1킬로와트시의 에너지가 필요하다. 배터리의 가격은 전기자동차의 대량 도입을 막는 가장 중요한 요인이었다. 중국의 시범 도시들은 배터리를 소비자들에게 판매하는 대신 임대하는 방법으로 이 문제를 해결했다.

상하이와 베이징, 선전, 충칭에서는 수치로 정리된 성과가 목표에 한참 못 미치긴 했지만, 시범 프로그램이 어느 정도 성공을 거뒀다. 선전의 목표는 2012년 말까지 전기자동차 4000대를 보급하는 것이었으나, 실제로는 목표치의 절반을 살짝 넘기는 데 그쳤다. 그런데도 차량 대수로만 보면 선전이 가장 성공한 도시였다. 상하이는 2000대 이하 보급이라는 더 소박한 목표를 내세웠고 약 70퍼센트를 달성했다. 다만 몇몇 도시는 완전히 실패했다. 베이징 근교의 해안 도시 탕산唐山은 2012년까지 2000대 보급을 목표했으나, 실적은 100대도 되지 않았다.[35]

중국의 시범 프로그램에 병적인 측면이 있었던 것도 사실이다. 지방 정부의 관료들은 동료들에게 위신을 세우고 추가 자금을 끌어들이기 위해 대개 자신들의 성공을 과장했다. 물론 성공을 증명하는 실체는 거의 없었다. 2012년에는 이미 25개 도시가 프로그램에 참여하고 있었는데, 일부 도시는 초창기부터 의심의 대상이 되었다. 예를 들어 네이멍구 자치구의 후허하오터呼和浩特는 (전기모터의 재료를 생산하는) 중국 최대의 희토류 광산과 가깝긴 해도 산업 기반이 아주 허약했고, 협업을 위한 사회적·경제적 환경도 마련되어 있지 않았다. 이 도시 최초의 전기자동차 충전소가 2018년 2월에야 문을 열었다는 사실이 상황을 잘 말해준다.[36] 결국 프로그램에 처음부터 참여했던 10개 도시가 후발주자들의 과장된 미사여구에 질린 나머지 다른 도시의 진전 상황을 점검하는 위원회를 조직하려 나서기도 했다.

또한 지방정부들은 통계를 부풀리기 위해 지역 보호주의에 발을 담그기 시작했다. 이런 전략 중 하나는 지역 내에서 생산되는 제품을 구매할 때만 보조금을 지급하는 것이었다. 그 결과 선전에서 생산한 비야디의 전기자동차는 성능이 아주 뛰어난데도 베이징에서는 팔리지 않는 식으로 시장이 왜곡되었다. 이런 국지적 접근 방식은 당연히 전국적으로 가장 뛰어난 브랜드와 제품의 발전을 저해했다. 또한 지역별로 다른 표준을 정해 고의로 호환성을 떨어뜨리기도 했다. 예를 들어 플러그의 규격이 달라서 한 도시에서 타던 전기자동차를 다른 도시에서는 충전할 수 없었다.

그래도 일찌감치 대중에게 전기자동차를 알렸다는 점에서 시범 프로그램은 성공이었다. 시범 도시들은 해당 도시의 주민들에게 그리고 나중에는 나머지 중국 국민에게 전기가 이끄는 미래가 도래했음을 알렸다. 같은 시기 미국과 유럽에서 전기자동차는 부유한 괴짜들과 캘리포니아의 상류층 정도나 도전할 만한 대안으로 남아 있었다.

2장

더 많은 배터리,
더 많은 리튬

BATTERY WAR

경쟁력 있는 전기자동차를 생산하려면, 주행거리와 충전 속도, 가속 능력, 안전성을 결정하는 배터리를 우선 정복해야 한다. 중국 전기자동차 이야기가 전기자전거에서 시작된 것처럼 중국 배터리 이야기는 휴대전화에서 시작된다. 중국에서 휴대전화가 컴퓨터나 다른 전자 기기보다 먼저 대중화될 수 있었던 이유는 적당한 가격 덕분이었다. 하지만 휴대전화 제조 업계의 호황이 절정에 달했던 2000년대 초에도 중국은 여전히 일본에서 수입하는 배터리에 크게 의존하고 있었다. 일본은 리튬 이온 배터리를 최초로 상용화한 나라였고 기초과학 역량과 생산라인에서의 로봇 활용에 힘입어 세계 배터리 산업을 이끌고 있었다. 그 덕분에 중국에서의 호황을 제대로 이용할 수 있었다. 중국에서 생산하는 충전식 전자 기기들은 일본산 배터리가 없으면 작동하지 않을 터였다. 물론 중국 기업들도 배터리 산업에 진입하고자 했으나, 노하우와 사업을 시작하기 위한 비용이 문제였다. 일본처럼 자동화된 생산라인을 마련하려면 1억 달러 이상이 필요했다.

하지만 안후이성 출신의 한 이상주의자는 상황을 다르게 보았다. 화학과 재료공학을 전공했던 왕촨푸王傳福는 불리한 조건에서도 배터리 산업에 진입하기로 했다. 그리고 '당신의 꿈을 키워라build your dreams'라는 영어 문장에서 각 단어의 첫 글자를 딴 다음 중국어 발음으로 부른 '비야디'를 사명으로 정했다. 처음에는 일본산 배터리를 구매한 뒤 학계에 있는 동료들과 분해하며 모방했다고 한다.[1] 또한 배터리 기술을 더 잘 이해하기 위해 일본 기업들의 특허를 찾아보기도 했다. 당시 중국에서는 시내 중심가에서 합법적으로 운영되는 가게마저 불법 복제된 영화와 음악, 책을 취급했다. 지적재산권법은 걱정거리가 아니었다. 팀원들과 함께 상업용 배터리가 어떻게 작동하는지 알아낸 왕촨푸는 자체 생산라인을 건설하기로 했다. 그는 값비싼 일본산 로봇을 인간으로 대체했다. 왕촨푸가 사업을 시작했던 시기 중국은 숙련 노동자와 비숙련 노동자의 인건비가 모두 저렴했다. 사실 일본에서도 생산라인의 일부 작업은 사람이 마무리해야 했다.[2]

배터리 생산라인에서의 노동은 지루하고 건강에 해로웠을 것이다. 실제로 이직률도 높았다. 하지만 일본산 배터리의 소매 단가가 8달러이던 시절 왕촨푸의 회사에서 생산한 배터리의 단가는 3달러였고 그만큼 잘 팔렸다.[3] 투입되는 자본의 측면에서나 운영비의 측면에서나 자동화된 생산라인보다 인간의 저렴한 노동력이 더 효율적이었다. 오늘날의 독자들은 비야디의 시작을 접하고 얼굴을 찌푸리거나, 인간적이지 못한 노동 관행을 개탄하며 산업 혁명기의 영국을 떠올릴지 모른다. 하지만 '할 수 있다'는 정신으로 자수성가한 비야디의 창업자는 오늘날 중국의 우상이자 신에너지 혁명의 아버지 중 한 명으로 평가받는다. 그리고 비야디는 워런 버핏이 대주주 중 한 명인 수십억 달러 규모의 기업으로 성장했다.

비야디의 성공과 수직 계열화

일본산 배터리를 분해해 모방하고 값싼 노동력을 활용한 것만으로는 비야디의 성공을 설명할 수 없다. 끊임없이 변신하며 막대한 수요에 편승하는 능력도 중요하게 작용했다. 자그마한 주택에서 휴대전화용 배터리를 생산하며 초라하게 시작한 이 회사는 중국 3대 자동차 생산 업체 중 하나로 성장했다. 서구에서도 비야디의 성공에 주목했다. 2010년 《블룸버그비즈니스위크 *Bloomberg Business Week*》는 연구개발에 수십억 달러를 쓰는 비야디를 세계에서 가장 혁신적인 기업 8위로 꼽았다.[4] 몇십 년간 같은 업계에서 군림해온 포드, 폭스바겐보다 높은 순위였다.

시장에서 수요가 증가하는 인접 영역, 또는 완전히 새로운 영역으로 사업 방향을 과감히 트는 능력은 중국 기업가들의 특징이다. 서구의 경영대학원에서는 기업의 규모가 크든 작든 전문화와 핵심 역량에 대한 투자를 강조한다. 중국식 접근법은 더 실용적이다. 모든 것을 아예 바닥부터 새로 배워야 하고 초기 생산품의 품질이 완벽하지 못하더라도 수요가 있는 시장으로 빠르게 움직인다. 이러한 사고방식을 가장 잘 보여주는 예로, 현재 중국에서 가장 큰 배터리 물질 생산 업체 중 하나인 닝파삼삼寧波杉杉이 있다. 2006년만 해도 이 회사의 매출 중 93퍼센트가 의류 판매에서 나왔다.[5] 닝파삼삼이 처음으로 큰 수익을 올리고 자본을 축적한 분야는 남성복, 특히 신사복이었다. 그로부터 10년 후 닝파삼삼은 매출의 75퍼센트를 배터리 물질에서 만들어냈다.[6]

비야디가 닝파삼삼처럼 완전한 미지의 영역에 뛰어들었다고 하기는 어렵다. 하지만 역시 핵심은 다각화였다. 비야디는 새로운 영역에서 수직 계열화*에 성공했다. 시작은 중국의 공장들에서 각종 부품을 공급받던 외국의 휴대전화 생산 업체에 배터리를 파는 것이었다. 중국의 각 공장은 서로 다른 사양의 부품을 주문받아 생산했고, 조립은 또 다른 공장에서 이루어졌다. 문제는 전자 산업에서 사용되는 가장 엄격한 사양의 부품에도 어느 정도 오차를 허용했다는 것이다. 대부분은 문제없이 넘어갔지만, 공급 업체가 너무 많고 각 업체에서 납품한 부품이 계약 조건을 만족하는 한도 내일지라도 원래 사양과 차이가 나면 최종 제품이 기

* 한 기업이 특정 제품의 생산부터 판매까지 모든 과정을 통합해 운영하는 것이다. 이로써 시장 지배력을 높일 수 있다.

대만큼 잘 작동하지 않을 수 있었다. 게다가 공급망이 지나치게 세분화된 탓에 납품이 지연될 위험마저 컸다. 이런 문제를 알아챈 비야디는 자신들의 휴대전화 배터리를 구매하는 기업들에 다른 부품까지 납품하겠다고 제안했다.[7] 이렇게 비야디는 휴대전화 생산 업체가 되었다.

비야디는 창립하고 10년도 채 지나지 않아 국제 배터리 시장의 절반 이상을 차지하게 되었다. 이 회사는 세계에서 네 번째로 크고, 중국에서는 가장 큰 배터리 생산 업체다.[8] 전기자동차 시장의 성장과 전기 모빌리티 분야에 대한 정부의 지원을 목격한 왕촨푸는 휴대전화 배터리 사업에 만족한 채 확장을 멈춰서는 안 된다는 사실을 깨달았다. 마침 비야디의 가장 큰 자산이었던 배터리는 전기자동차의 핵심 성능을 결정하는 기본 구성품이었다. 이런 판단하에 2003년 비야디는 국유기업이었던 시안진촨자동차西安銀川汽車를 인수했다. 배터리는 만들 줄 알았으므로, 자동차 만드는 법을 최대한 빨리 배워야 했고, 가장 빠른 길은 기업 인수였다.

2013년에는 비야디의 전체 매출 중 51퍼센트 이상이 자동차 판매에서 나왔다. 그에 앞서 비야디가 자동차 산업에 진출한 지 7년 만에 이 회사의 'F3'가 중국에서 가장 잘 팔리는 자동차가 되었다. 제일 먼저 성공을 거둔 비야디의 모델들은 전기자동차가 아니었다. 초기에는 배터리 기술이 아니라 소비자의 취향을 간파하는 능력이 빛을 발했다. 왕촨푸는 인터뷰에서 자주 '체면'을 언급했다.[9] 그는 중국인에게 자동차는 무엇보다 위신을 세우는 도구라는 사실을 잘 알고 있었다. 따라서 적당한 가격의 자동차라도 중국인의 정서를 반영해 설계했다. 또한 중국에서는 보통 자동차 한 대에 많은 사람이 끼어 타므로, 뒷자리가 무척 넓고 편안해야 했다. F3에는 이러한 특성들이 잘 반영되었다.

비야디의 창업자는 중국에서 손꼽히는 부자가 되었는데도, 여전히 고객들의 주머니 사정을 꿰뚫고 있다. 중국 중산층의 평균 소득수준은 여전히 서유럽 국가들이나 미국, 일본보다 한참 낮다. 비야디는 소형차부터 대형 세단까지 다양한 선택지를 제공하며, 가격도 4400달러에서 1만 5000달러까지 분포되어 있다.

'진'이 중국을 통일하다

압도적으로 우월한 배터리 기술에도 불구하고 비야디의 첫 번째 전기자동차는 대단한 성공을 거두지 못했다. 주행 중 휘발유에서 전기로 동력원을 바꿀 수 있게 한 비야디의 'F3DM'(DM은 듀얼 모드를 의미한다)은 2008년 처음 생산되었다. 하지만 첫해에는 48대밖에 팔리지 않았고, 그마저도 이 프로젝트를 지원해야 한다는 압박을 받은 정부 기관과 국유기업들이 사들인 것이었다.[10] 비야디는 2013년까지 F3DM을 만들었는데, 총판매량은 3500대에 못 미쳤다.[11] 당시 중국에는 전기자동차의 성공을 막는 두 가지 장애물이 있었다. 일단 아직 충전망이 갖춰지지 않은 상태였고, 도시 지역에는 밤새 전기자동차의 플러그를 꽂아

둘 수 있는 단독주택에 거주하는 이들이 많지 않았다.

　두 번째 문제는 가격이었다. 휘발유로만 가동되는 F3는 분명히 성공적이었다. 하지만 8750달러짜리 내연기관차와 정확히 같은 설계에, 동일한 외양으로 만들어진 전기자동차의 가격은 2만 1900달러부터 시작했다. 힘겹게 생존경쟁 중이던 중국 중산층이 후자를 선택할 리 없었다. 2010년 중국 정부는 '10개 도시, 1000대 전기자동차' 시범 프로그램에 참여하는 도시의 전기자동차 생산 업체에 보조금을 지원하겠다고 발표했다. 선전에 기반을 둔 비야디도 지원 대상이었고 전기자동차가 팔릴 때마다 대당 약 7600달러의 보조금을 받았다.[12] 자연스레 대리점에서 판매하는 가격도 낮아졌다. 나중에는 개인적으로 전기자동차를 구매하는 소비자를 위한 추가 보조금도 도입되었다. 하지만 정부의 뒤늦은 지원은 F3DM에 성공을 안겨주지 못했다.

　게다가 F3DM의 배터리는 경쟁 업체들의 최신 전기자동차들보다 성능이 떨어졌다. 배터리 용량이 16킬로와트시로 테슬라가 내놓은 새 모델의 4분의 1도 되지 않았고, 전기 모드에서의 주행거리는 60킬로미터에 못 미쳤다.[13] 연료 탱크에는 480킬로미터까지 달릴 수 있는 휘발유가 들어갔다. F3DM의 배터리는 리튬 인산철Lithium Ferro-Phosphate, LFP •

•　인산과 철로 만든 양극재다. 희소금속인 데다가, 정치가 혼란한 콩고에 거의 전적으로 채굴을 의존해야 하는 코발트를 쓰지 않아 비교적 저렴하다. 또한 폭발과 화재의 위험이 적고, 주기가 길다는 장점이 있다. 하지만 에너지 밀도(부피, 또는 질량 단위당 에너지의 양)가 떨어져 높은 전압을 내지 못한다. 다만 최근에는 전기자동차에 쓰일 정도로 성능이 개량되어 귀추가 주목된다.

양극재를 썼다. LFP 양극재를 포함해 배터리의 핵심 부품들은 지난 몇 년간 꾸준히 개선되었고, 덕분에 가장 최근에 등장한 전기자동차에도 사용되고 있다.

간단히 설명하면 리튬 이온 배터리에서 가장 많이 활용하는 양극재는 LFP, 니켈·망가니즈·코발트Nickel Manganese Cobalt, NMC,[*] 니켈·코발트·알루미늄Nickel Cobalt Aluminium, NCA,[**] 리튬 코발트 산화물Lithium Cobalt Oxide, LCO[***] 이다. 전기자동차와 다목적 에너지 저장 시설을 위한 대형 배터리 시장에서는 여전히 NMC 양극재와 LFP 양극재가 점유율 싸움을 벌이고 있다. 이 책의 여러 부분에서 언급하겠지만, 두 양극재는 각각 장단점이 있다. 지난 2~3년간 적어도 전기자동차 분야에서는 대체로 성능이 뛰어난 NMC 양극재가 승리를 거두는 듯했다. 하지만 특히 비야디가 관련 연구를 주도한 결과 LFP 양극재 또한 꾸준히 개선되었다. 이 회사가 LFP 양극재에 감상적인 애착을 품고 있는 것은 아니다. 더 저렴하고 안

- [*] 니켈, 망가니즈, 코발트로 양극재를 만든다. 전기자동차에서 쓰이는 중대형 배터리에 들어간다. 최근에는 니켈의 양을 늘리고 코발트의 양은 줄여, 에너지 밀도는 높이면서도 가격을 최소화하는 쪽으로 개량되고 있다. 특히 니켈의 비율이 60퍼센트를 넘는 것을 '하이니켈(high-nickel)'이라고 한다. 재료들의 순서를 바꿔 NCM으로도 부른다.
- [**] 니켈, 코발트, 알루미늄으로 양극재를 만든다. 테슬라가 사용하는 원통형 셀(cell: 배터리의 구성 단위)에 쓰인다. 보통 니켈의 비율이 80퍼센트이기 때문에, 하이니켈의 한 종류로 분류된다. 다만 니켈이 너무 많이 들어가다 보니 에너지 밀도는 높지만 안정성이 낮아 보통 소형으로 만든다.
- [***] 리튬과 코발트로 만들며, 리튬 이온 배터리에 쓰이는 가장 기본적인 양극재다. 스마트폰에 들어가는 배터리의 양극재가 대부분 LCO다. 가격이 비싸고, 에너지 밀도가 비교적 낮아 전기자동차처럼 큰 전자 기기를 움직이는 데는 적합하지 않다.

전한 대안이어서 힘을 실을 뿐이다. LFP 양극재에는 비싸고 가격 변동성이 큰 코발트가 들어가지 않는다. 이는 코발트 채굴의 부정적인 영향을 알고 있는 고객들을 안심시키는 동시에 가격에 민감한 신흥 시장의 소비자들을 끌어들이는 이점이 된다.

비야디는 F3DM의 후속작이자 중국을 최초로 통일한 왕조에서 이름을 딴 '친秦'으로 전기자동차 시장에서 첫 번째 성공을 거뒀다. 2016년 친의 판매량은 5만 대를 넘어섰다.[14] 처음 출시된 후 2년간은 중국에서 가장 잘 팔리는 전기자동차였다. 이 모델도 LFP 양극재를 사용했는데, 에너지 밀도가 더 높은 새로운 버전이었다. 하지만 이렇게 많은 판매량을 기록한 친조차 사실 배터리만으로는 70킬로미터밖에 가지 못하는 하이브리드 자동차였다. 온전히 전기로만 구동되는 '친 EV300'은 하이브리드 모델이 출시되고 3년이 지난 2016년 3월에야 공개되었다. 이 모델은 300킬로미터의 주행거리를 자랑했는데, 보조금이 붙지 않은 원래 가격이 3만 6600달러부터 시작했다. 보조금이 적용되면 가격은 절반 정도인 1만 7000달러까지 떨어졌다.[15] 친 EV300의 사례는 전기자동차 산업을 순조롭게 궤도에 올려놓기 위해 중국 정부가 얼마나 많은 재정을 투입할 수 있는지 잘 보여준다. 중국 다음으로 많은 지원금을 제공한 나라는 독일인데, 2020년에야 관련 계획이 발표되었다. 코로나19 팬데믹 이후의 부양책이기도 했던 이 계획은 전기자동차 구매 시 최대 9000유로를 지원한다고 내세웠는데, 중국과 비교하기에는 부족한 수준이었다.

비야디의 방식을 따라야만 중국 배터리 산업에서 성공한다는 것은 아니다. 톈진리선天津力神은 완전히 다른 접근법을 택했다. 비야디의 시작이 어설픈 모방과 자체 해결을 기반으로 했다면 톈진리선은 2억 7200만 달러의 초기 자본금과 국가의 전폭적 지원을 누렸다. 그 결과 이 국유기업은 개인이 세운 배터리 회사들은 꿈도 꿀 수 없는 일을 해냈다. 일본에서 최첨단 배터리 생산라인을 사들인 것이었다.[16] 비야디의 노동자들이 생산라인에서 힘겹게 일하는 동안 톈진리선은 완전히 자동화된 생산라인을 운영했고, 몇 년 지나지 않아 모토로라, 필립스와 협력 관계를 맺었다. 비야디에서 생산한 제품 중 30퍼센트 가까이가 폐기되는 사이에[17] 톈진리선은 아주 효율적으로 운영되며 고품질 배터리를 생산해냈다.

배터리 생산량은 기가와트시로 측정한다. 경영학 교과서의 가르침과 달리 품질과 기술에 매달린다고 해서 항상 시장에서 승리하는 것은 아니다. 2019년 비야디의 생산량은 28기가와트시였고,* 닝더스다이宁德时代, CATL와 함께[18] 중국의 대형 배터리 시장을 이끌었다.[19] 생산량이 10기가와트시인 톈진리선은 주요 생산 업체 중 하나로 꼽혔지만, 선두권과는 거리가 있었다.[20]

---

* 재생에너지 산업을 전문적으로 분석하는 시장조사 기업 SNE리서치에 따르면, 비야디의 2021년 배터리 생산량은 80기가와트시였다. 당시 LG에너지솔루션의 배터리 생산량은 140기가와트시였는데, 비야디의 성장세가 가팔라 2022년에는 비등한 수준이 될 것으로 전망된다.

새로운 영토, 새로운 자원

중국은 배터리 산업의 호황을 밀어붙이기 위해 리튬이 필요했다. 리튬은 어떠한 종류의 양극재든, 즉 LFP 양극재든 NMC 양극재든 NCA 양극재든 LCO 양극재든 반드시 들어가는 유일한 금속이다. 다른 금속들은 양극재의 종류에 따라 들어가기도 하고 들어가지 않기도 한다. 예를 들어 니켈은 NCA 양극재와 NMC 양극재에는 들어가지만, LCO 양극재와 LFP 양극재에는 들어가지 않는다. 코발트도 LCO 양극재, NMC 양극재, NCA 양극재에는 쓰이지만, LFP 양극재에는 쓰이지 않는다. 하지만 리튬은 모든 양극재에 들어가고, 심지어 음극재의 경우에도 마찬가지다.[21]

배터리 산업이 발전하던 초기에 중국은 광대한 영토에서 리튬 수요의 대부분을 충당할 수 있었다. 하지만 곧 자국 내 생산량만으로는 부족하다는 사실이 분명해졌고, 외국에서 리튬을 확보할 방법을 찾기 시작했다. 중국 내에서 이뤄진 탐사 이야기도 흥미진진하다. 이 나라의 역사를 알게 하고, 국가의 지나친 감시와 위구르족 재교육 센터로 악명 높은 신장 지역에 대한 중국의 태도를 더 깊이 통찰할 수 있게 하기 때문이다.

지도를 보면 신장은 중국 북서부에 있다. 이 지역은 '스탄' 국가들(카자흐스탄, 타지키스탄, 키르기스스탄) 및 티베트와 국경을 맞대고 있다. 과거에는 소련과 긴 국경선을 공유했다. 산맥으로 둘러싸인 신장은 녹지와 사막, 초원으로 이루어져 있다. 풍광은 숨이 막힐 만큼 아름다운 동시에 적대적이다. 1954년 신장성 당 서기였던 왕언마오王恩茂가 남긴 말이 그곳의 자연을 가장 잘 요약해 줄 것이다. "신장의 땅 위에는 거의 아무것도 없다. 많은 지역은 그저 불모지다. 하지만 그 아래는 무한히 공급되는 보물이 매장되어 있다."22 실제로 신장에는 석유가 풍부할 뿐 아니라 비철금속과 각종 귀금속이 묻혀 있고 리튬도 있다.

신장은 중국어로 '새로운 영토'라는 뜻이다. 이 지역이 19세기 말에야 청淸 왕조에 의해 중국에 완전히 편입되었다는 사실을 생각하면 아주 적절한 이름이다. 처음에는 아무도 지하에 숨겨진 보물들의 가치를 깨닫지 못했다. 신장은 중국, 페르시아, 러시아, 유럽을 아우르는 유라시아에서 거대 권력들의 활동이 중첩되는 지역으로, 주로 지정학적 관점에서 중요하게 여겨졌다. 또한 위치 때문에 베이징이 통제하기 매우 어려운 지역으로 남아 있었고 외국, 특히 러시아의 영향에 취약할 수밖에 없었다. 청 왕조의 마지막 황제가 물러나면서 시작된 중국의 혼란기는 내전과 중일전쟁을 치르고 1949년 마침내 중화인민공화국이 수립될 때까지 이어졌는데, 이 또한 신장을 통합하는 데 도움이 되지 않았다. 이 지역의 관리자들은 소련, 중국 공산당, 국민당 그리고 비록 단명했으나 동투르키스탄공화국까지 건국한 지역 내 이슬람 세력의 정치적 야심 사이에서 위태로운 균형을 지켜야 했다.

신장이 단호하게 자기 목소리를 내게 된 것은 지도자들의 야심 때문만이 아니었다. 거대한 지역이었지만, 무척 가난한 탓이 컸다. 베이징이 제공하는 경제적 이득은 간헐적이었고, 그조차도 없을 때가 더 많았다.

중국에서 가장 빈곤한 지역 중 하나로 꼽히는 산시성 옌안延安에서 4만 명의 인구가 내는 세금이 신장성 주민 400만 명이 내는 세금보다 많을 정도였다. 따라서 신장의 권력자들은 주민들을 굶기지 않기 위해 이 지역에서 나는 것들을 사들이는 이라면 누구든 협력 관계를 맺을 준비가 되어 있었다. 처음에는 모피와 양모를 팔았고 나중에는 지하자원을 내놓았다. 지리적으로 가깝고 교역로도 비교적 잘 닦인 소련이 이 지역의 지하자원을 주로 거래하는 파트너가 되었다.

성스차이, 스탈린, 장제스

베이징은 1938년 마오쩌둥의 동생 마오쩌민毛澤民을 신장의 회계 담당자로 임명할 정도로 소련의 영향력을 우려했다. 마오쩌민은 형에게 보낸 편지에서 당시 신장성을 장악했던 군벌 성스차이盛世才가 소련의 차관을 끌어들이는 경향이 있다며 "그가 하늘과 땅에 저지른 죄가 얼마나 더 많을지 아직 모르겠다"라고 적었다.[23]

소련은 베이징이 줄 수 없는 것들을 제공했다. 자본, 광물자원을 개발하기 위한 공학 지식 그리고 국제 자원 시장에 진입하는 경로였다. 성스차이는 모스크바에서 돈을 빌린 후 현물로 갚았고, 직접 이오시프 스탈린을 여러 차례 예방하기도 했다. 1938년 둘이 만났을 때는 스탈린이 신장의 주석에 관해 물었다. 성스차이는 신장에 주석이 있긴 하지만 채굴할 계획은 없다고 답했다.[24] 그는 주석이 있다는 사실을 확인해 준 것만으로도 소련의 전폭적인 지원을 얻어낼 수 있었다. 산업 기반을 확장하는 중인 데다가, 특히 제2차 세계대전을 맞아 군사력을 키워야 했던 소련은 성장의 연료가 될 광물자원이 부족했다.

성스차이와 소련의 이해관계가 맞아떨어지면서 놀라울 정도로 빠르고 긴밀한 협력이 이어졌다. 신장은 스탈린에게 석유와 금뿐 아니라, 베릴륨 beryllium,* 탄탈룸 tantalum,** 몰리브데넘 molybdenum,*** 텅스텐 tungsten **** 처럼 군사적으로 중요하게 활용되는 금속들도 주었다. 특히 이 지역은 적진인 독일 및 일본과 매우 멀어서 소련의 군수를 지원하기에 이상적이었다. 1940년대에 이런 이점을 알아챈 소련은 기꺼이 더 많은 돈과 뛰어난 인력을 신장 지역에 쏟아부으려 했고, 중국 공산당 정부가 종전 후 건설하게 될 기반 시설들을 앞서 구상했다. 하지만 이런 계획에는 위험이 따랐다. 우리가 가진 기술을 마음대로 활용할 수 있는 오늘날에도 광

---

* 무게가 알루미늄의 0.7배, 철의 0.23배 정도밖에 되지 않으면서도, 강성이 철의 1.5배나 되어 민간뿐 아니라 군수산업에서도 쓸모가 많은 금속이다. 원자력발전에도 쓰인다.

** 매우 단단하고 고온에도 잘 견디며 부식에도 강한 금속이다. 희소금속이고 아프리카의 분쟁 지역에서 주로 채굴되는 탓에 가격이 비싸다. 하여 비슷한 성격의 텅스텐만큼 쓰이지는 못하지만, 총알, 초경도 공구, 진공관, 심지어 휴대전화에도 들어간다.

*** 열에 강하고 지구상에 고루 퍼져 있어 상대적으로 저렴한 덕분에 여러 공업 분야에서 쓰이는 금속이다.

**** 합금을 만드는 데 주로 쓰이는 금속으로, 순수 텅스텐은 실톱으로 잘릴 만큼 매우 무르지만, 합금이 되면 가공이 어려울 정도로 단단해진다. 전차부터 전투기, 미사일까지 첨단 무기를 만드는 데 많이 쓰인다.

업은 극도로 모험적인 사업이다. 전문가들은 금광을 찾아 나서는 신생 기업 중 단 2퍼센트만이 광산 개발에 성공한다고 추정한다. 실제로 청 왕조의 지질학자들과 사업가들도 신장의 알타이산맥에서 금을 캐는 상상을 하며 흥분했다. 하지만 이들은 곧 탐사 결과에 낙담했고, 광업 투자 거품도 얼마 가지 못한 채 사그라졌다.

소련은 자신들의 영향력과 자원 기지를 지키기 위해서라면, 성스차이에게 기꺼이 물리력도 지원하려 했다. 인공적으로 그어진 경계에 있는 지역들이 대개 그렇듯 신장도 민족 간의 갈등이 고조된 상태였다. 사실 이 지역은 중국에 편입되기 전부터 톈산산맥을 경계로 역사적으로나 민족적으로나 완전히 구분되는 두 영역으로 나뉘어 있었다. 18세기 중엽 청의 건륭제乾隆帝가 신장 지역을 정복하려 했을 때 북쪽의 중가리아Dzungaria분지에는 불교도인 중가르족이, 서쪽의 타림Tarim분지에는 튀르크어파의 언어를 쓰고 이슬람을 믿는 위구르족이 살고 있었다. 그리고 위구르족의 독립 열망을 꺾는 데 소련군이 동원되었다. 소련군은 오늘날 러시아군이 시리아나 리비아, 우크라이나에서 비밀 작전을 펼치는 것처럼 이 지역에서 첩보 활동을 펼치곤 했다.

성스차이가 소련을 선호한 이유는 이데올로기 때문이 아니라 현실적인 이유에서였다. 실제로 스탈린이 서부 전선에서 나치에 밀리는 듯하고, 특히 소련의 비밀경찰이 여러 동맹국에서 숙청을 자행한 1942년부터는 점점 신변의 위험을 느껴 동맹 관계를 바꾸기 시작했다. 그 결과 공산주의를 반대하는 장제스와 손잡았다. 장제스는 중국 공산당과의 전쟁에 필요한 신장의 석유 그리고 당시 이미 미국이 중국에서 수입하고 있어 달러를 바로 안겨줄 수 있는 텅스텐을 간절히 원했다.[25] 장제스는 중국 역사에서 빼놓을 수 없는 인물로, 쑨원孫文의 뒤를 이어 국민당의 지도자가 되었다. 뛰어난 군사 전략가이기도 했던 그는 국민당을 이끌고 잠시 중국을 통일하기도 했으나, 결국 내전에서 마오쩌둥의 공산당에 패했다.

성스차이는 어려운 상황을 헤쳐 나가야 했다. 오랫동안 소련에 기울었던 탓에 지위와 목숨이 위태로웠다. 그를 살려준 것은 지하자원 분야에 없어선 안 될 소련의 기술과 투자가 계속 흘러들게 하면서도, 동시에 각종 공공건물에 걸려 있던 스탈린의 사진을 장제스의 사진으로 바꾸는 처세술이었다.[26] 국민당은 자체적으로 신장의 지하자원을 채굴해 시장에 내놓을 돈이나 지식이 없었기 때문에 어쩔 수 없는 일이었다. 하지만 이러한 균형 상태는 오래가지 않았다. 새로운 영토의 문을 열어젖히고 신장을 본토와 다시 연결하려는 장제스의 열정은 소련인들을 대하는 지역 주민들의 태도를 바꿔놓았고, 소련인들도 점점 적대적으로 변해가는 분위기가 불편해졌다. 그들은 각종 장비를 챙겨 소련으로 돌아갔다.

급감하는 수입과 일본군에 밀리는 장제스를 지켜본 성스차이는 다시 마음을 바꾸어 신장 지역의 국민당 관리들을 체포해 버렸다. 이 판단은 그의 권력을 앗아간 치명적 실수였다. 장제스는 여전히 버텼고 1944년에는 성스차이의 후임자를 임명하기까지 했다. 하지만 곧 신장 지역을 하나로 묶어온 유일한 원동력은 소련의 지원을 등에 업은 성스차이의 무자비함이었음이 밝혀졌다. 그가 사라지자 위구르족이 봉기했다. 중국 내륙과 신장을 잇는 기반 시설이 부족한 가운데 정세마저 불안해지자 지하자원에서 얻던 수익이 위태로워졌다. 소련은 중국의 통제가 약해진 틈을 놓치지 않고 국경에서 가장 가까운 광산들의 운영을 불법적으로 재개했다. 1947년까지 범죄적 채굴이 이어졌고 리튬, 베릴륨, 텅스텐 총 1000여 톤이 주로 이르티시Irtysh강을 통해 국경 너머로 옮겨졌다. 그리고 중화기로 무장한 소련 군대가 국경 밖에서 이뤄지는 작업을 보호했다.[27]

중국 최초의 리튬 가공 시설

1949년 말이 되자 내전에서 공산당을 이끌고 승리한 마오쩌둥이 중화인민공화국을 세웠다. 곧 소련을 향한 태도가 따뜻해졌다. 게다가 마오쩌둥은 소련의 도움 없이는 신장의 풍부한 자원을 활용할 수 없다는 사실을 잘 알고 있었다. 1950년 신장의 광물을 상업화하기 위한 합작회사 두 개가 만들어졌다. 중소석유회사Sino-Soviet Oil Company와 중소비철희금회사Sino-Soviet Non-Ferrous and Rare Metals Company였다.[28] 이 중 후자가 주로 리튬과 베릴륨, 탄탈룸 채굴을 맡았다. 중국은 두 회사의 운영에 최소한으로만 참여했다. 다시 소련에서 자본과 기술, 인력이 왔다. 채굴된 금속들은 중국 제조업에서 사용되지 않고 원형에 가장 가까운 형태로 소련에 수출되었다. 그 중심에 커커투오하이可可托海의 광산들이 있었다. 이 지역에서 채굴되는 페그마타이트pegmatite는 스포듀민spodumene* 함량이 높아 리튬과 베릴륨을 많이 얻어낼 수 있었다. 1950년부터 1954년까지 1만 1000톤이 넘는 베릴륨과 4000톤이 넘는 리튬이 커커투오하이를 떠나 소련으로 운송되었다.

리튬, 베릴륨, 탄탈룸, 니오븀niobium** 같은 희소금속을 자국 영토에서 충분히 확보할 수 없었던 소련으로서는 중국과의 협업이 아주 중요했다. 소련이 중소석유회사와 중소비철희금회사에 투자하는 금액은 매년 폭발적으로 증가했다. 하지만 1954년 니키타 흐루쇼프와 마오쩌둥의 관계가 악화하자 모두의 예상을 깨고 중국이 두 회사를 단독으로 소유하게 되었다. 그러면서 공개적으로 그동안의 노력에 대해 소련인들에게 감사를 표했다. 하지만 실제로는 아무것도 변하지 않았다. 소련 전문가들은 중국 소유가 된 회사들에서 계속 일했고, 광물자원은 보통 차관을 상환하는 수단으로 소련의 공장에 실려 갔다.[29]

1950년대에 중국은 자국 내 중공업 기반을 다지는 데 주력했다. 하

- 페그마타이트는 마그마가 엉겨 굳는 과정에서 만들어지는 광물 지대다. 보통 철과 마그네슘 함량이 높은 휘석(輝石)을 많이 포함하는데, 그중 리튬 함량이 높은 휘석을 스포듀민, 또는 리티아 휘석이라고 한다.
- 용도가 매우 다양한 금속이다. 철과 합금하면 강도와 가공성, 용접성이 좋아져 용접봉이나 철 파이프 등으로, 티타늄과 합금하면 초전도성을 띠어 초전도 전자석이나 핵융합 실험로 등으로 쓰인다. 구하기 쉽고 알레르기를 거의 유발하지 않아 피어싱 액세서리로도 많이 쓰인다.

지만 정부의 설계자들은 곧 이 나라에 광물자원이 부족하다는 사실을 깨달았다. 농업에 치우친 사회를 산업사회로 바꾸려면 꼭 필요한 요소였다. 내부에서 확보할 수 있는 것들은 대체로 양이 부족하거나 품질이 떨어졌다. 희소금속은 특히 첨단 기술 산업에 중요하게 쓰였다. 그러면서 커커투오하이 광산이 중국을 산업화하려는 노력의 중심지로 부상했다. 신장에서 광물자원과 관련된 중국의 활동이 증가하는 것에 발맞춰 이 지역의 세력 기반을 장악하려는 베이징의 정치적 노력이 진행되었다. 우선 중국 공산당을 향한 위구르족의 태도를 누그러뜨릴 목적으로 1995년 신장성의 이름을 신장위구르자치구로 바꿨다. 또한 이 지역 출신의 한족 노동자들과 보안 인력들을 곳곳에 배치했다.

사실 1950년대에는 중국의 산업이 그리 발전하지 않았던 탓에 리튬처럼 정교한 기술이 필요한 산업에 사용되는 광물의 수요가 많지 않았다. 리튬과 다른 희소금속들은 단지 소련에서 빌린 돈을 갚는 수단이었다. 중국은 이들의 생산량을 늘리기 위해 커커투오하이 광산을 노천 광산으로 바꿨다. 이러한 변화에 힘입어 1956년에는 전해의 두 배에 달하는 1만 6600톤의 리튬을 소련에 수출할 수 있었다.[30] 또한 커커투오하이 광산에서는 베릴륨보다 리튬을 중점적으로 생산하게 되었다. 1950년부터 1962년까지 이 광산에서 소련으로 운송된 리튬은 10만 톤에 달했는데, 베릴륨은 3만 4000톤에 그쳤다.[31]

당시 커커투오하이 광산은 중국에서 유일하게 리튬을 생산하는 곳이었다. 1950년대 말과 1960년대 초에 리튬은 주로 유리와 도자기 생산에 쓰였다. 유리 생산에 투입된 리튬 중 70퍼센트는 급격히 발전한 텔레비전과 전자 산업에서 소비되었다. 같은 기간 소련에서는 텔레비전을 향한 열기가 점차 사그라졌다. 물론 소련의 모든 가정에 텔레비전이 놓이기까지 커커투오하이 광산의 리튬이 결정적 역할을 했다. 1958년에는 신장의 우루무치烏魯木齊에 중국 최초의 리튬 가공 시설인 115공장이 문을 열었다. 이 공장은 중국에서 채굴한 스포듀민을 산화리튬lithium oxide*이나 리튬염lithium salt**처럼 부가가치가 더 높은 제품으로 가공했다. 첨단 기술뿐 아니라 핵무기 관련 기술에도 사용할 수 있는 제품들이었다. 리튬은 신장 지역 내 고속도로와 창고 시설 개발에도 불을 지폈다. 1960년대 초 신장의 석유를 내륙으로 옮기기 위해 건설된 란저우蘭州-신장 철도는 미래에 각종 금속을 운반할 길이 될 운명이었다. 지방 지역의 산업화를 궁극적인 목표로 삼았던 대약진운동은 국유기업인 중국비철금속공업中國有色金屬工業에, 특히 신장 지부에 유리하게 작용했다. 1960년이 되자 신장 지부가 고용한 인력만 초창기의 여섯 배인 2만 4000명까지 늘어났다.[32]

- 리튬과 산소가 결합한 화합물이다. 리튬은 반응성이 크고 불안정한 원소이기에, 보통 순수한 형태가 아닌 화합물의 형태로 존재한다. 배터리를 만들 때는 안정적인 산화리튬의 형태로 양극재에 주입한다. 탄산리튬, 또는 금속 상태의 리튬을 가열해 만든다.
- 배터리의 전해질을 구성하는 화합물이다. 리튬염의 '염'은 말 그대로 소금으로, 리튬 이온의 이동 통로 역할을 한다.

핵무기 개발이 대세를 바꾸다

소련에서 흘러오던 차관은 1960년대 초부터 줄어들기 시작했다. 소련과 중국은 이데올로기적 이유와 실용적 이유 모두에서 멀어지고 있었다. 시작은 마르크스-레닌주의에 대한 해석을 달리한 것이었는데, 마오쩌둥은 블라디미르 레닌과 스탈린에 대한 개인숭배에서 벗어나려는 소련의 움직임을 위협으로 받아들였다. 그사이 소련이 인도와 밀접한 관계를 맺으면서 중국의 권내 지배력이 약해졌다. 엎친 데 덮친 격으로 미국이 공산주의자들에게서 타이완을 보호하기 위해서라면 핵무기까지 사용할 수 있다고 협박한 제1차 타이완해협 위기가 벌어졌다. 이런 이유들로 중국은 1955년부터 핵무기 개발에 노력을 기울였다.

중국 최초의 핵 시설은 신장에서 시작되는 철도의 종착지인 란저우와 희토류 매장량이 많다고 알려진 바오터우包頭에 건설되었다. 리튬은 중국의 핵무장 계획에 중요한 역할을 해왔다. 리튬의 동위원소***인 리튬-6은 수소폭탄의 핵심 재료다. 이 동위원소는 중성자와 반응해 핵무기에서 가장 중요한 열핵 재료인 트리튬tritium, 즉 삼중수소가 된다. 트리튬이 중수소인 듀테륨deuterium과 결합하면 대량의 에너지를 방출하

*** 원자번호는 같으나 질량수가 다른 원소를 의미한다. 원자는 양성자와 중성자가 결합한 원자핵과 그 주위를 도는 전자로 구성된다. 이때 원자번호는 곧 양성자 수이고, 여기에 중성자 수를 합한 게 질량수다. 일반적인 리튬의 질량수는 7(양성자 3, 중성자 4)이고, 리튬-6의 질량수는 6(양성자 3, 중성자 3)이다. 이처럼 리튬-6은 중성자가 하나 부족하므로, 외부의 중성자와 잘 반응한다.

면서 열핵 폭발을 일으킨다.

핵무기 경쟁에서 리튬이 중요해지자 커커투오하이 광산의 채굴 할 당량도 바뀌었다. 1963년부터 공식적으로 이 광산은 소련의 차관을 상환하는 데 사용되던 베릴륨 대신 중국 핵무장 계획의 핵심인 리튬 채굴을 우선시하기 시작했다. 최근에는 북한이 2016년 함흥 근처에 지은 시설에서 과잉 생산된 리튬-6을 온라인으로 판매하려 한다는 정보를 바탕으로 핵무기 개발 상황을 가늠하기도 했다.[33]

중국의 핵무장 계획에 신장의 자원들이 얼마나 중요한지 확인되고 석유 생산지로서의 중요성까지 더해지면서 1960년대 내내 이 지역에 보안 시설과 병력이 증가했다. 광산 도시가 확장되면서 지역 내 한족 인구도 증가했다. 높아진 경제 수준과 인구 구성의 변화 모두 위구르족과 중국인 사이의 긴장감을 높이는 촉매 역할을 했을 것이다. 다만 배터리 산업의 호황이 시작되기 전까지 적어도 리튬에 한해서는 크게 특별한 것 없는 세월이 이어졌다. 그때까지 리튬은 유리, 도자기, 알루미늄, 에어컨 산업에서 쓰일 뿐이었다.

신장 외에도 수익성을 확보할 수 있을 만큼 리튬 매장량이 많은 두 지역에서 채굴이 시작되었다. 바다와 가깝지만 육지로 둘러싸여 있고 빈곤한 장시성 그리고 티베트와의 경계에 자리한 쓰촨성이었다. 국유 광산과 가공 시설이 들어섰고, 오늘날 시장을 주도하는 리튬 생산 업체 두 곳이 탄생했다. 바로 간펑리튬贛鋒鋰業과 톈치리튬天齊鋰業이다. 다음 장들에서는 이들이 세계적 기업으로 성장한 여정을 따라갈 것이다.

3장

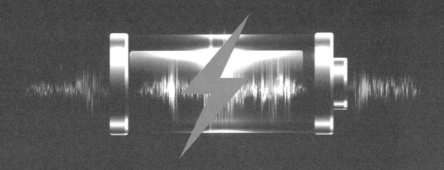

배터리 공급망의
거인들

중국은 화석연료로 돌아가는 세계에서 이미 확고히 자리 잡은 강국들과 패권을 다투기에는 너무 늦게 무대에 등장했다. 하지만 재생에너지로 전력을 생산하고, 이로써 전기 모빌리티로의 전환에 박차를 가하는 데서 중국은 엄청난 기회를 포착했다. 바로 중국인들이 '신에너지 경제New Energy Economy'라 부르는 새로운 영역이다.

중국은 줄곧 익숙하게 여겨온 높은 GDP 성장률을 유지하는 데 어려움을 겪는 중이다. 특히 중국처럼 거대한 개발도상국은 피하기 어려운 시장의 구조적 취약성이 서서히 드러나기 시작한 것이 악영향을 미치고 있다. 하지만 신에너지 경제의 기회를 잡는다면, 기업과 일자리가 만들어지고 성장에 목마른 나라에 절박하게 필요한 추진력을 얻을 수 있다.

또 다른 이점도 있다. 시민들이 현재의 정치적 상황에 계속 만족하게 하려면 중국 정부는 경제성장을 유지하는 동시에 환경오염에도 대처해 공해를 없애야 한다. 중국처럼 고도로 산업화한 나라에서는 모순되는 목표처럼 보인다. 하지만 전기자동차 생산부터 배터리 물질 거래까지, 공해를 유발하지 않는 신에너지 경제에 집중하면 두 가지 목표에 완벽하게 대응할 수 있을 것이다.

이를 위해 중국 공산당은 전기와 함께하는 미래를 향한 여정에 걸림돌이 될 만한 것들을 제거해 나가고 있다. 관련 소비가 연간 목표에 미치지 못하면 세금 우대 조치와 보조금을 동원하고, 배터리에 들어가는 자국산 금속들의 물량과 품질에 우려가 제기되면 해외에서 들여올 수 있도록 기업에 저금리 대출을 제공한다.

하지만 지금은 베이징의 핵심 권력층이 가질 법한 거시적 관점과 동기에서 벗어나 중국 기업 하나하나가 걸어온 놀라운 여정을 살펴보자. 신에너지 경제로의 전환에 필요한 핵심 자원인 고품질 리튬을 최대한 확보하려 노력해 온 여정 말이다.

미지의 신사업

장시성은 중국에서 가장 빈곤한 지역 중 하나다. 2016년 기준 중국에서 임금이 가장 낮았고 부동산 가격은 세 번째로 낮았다. 세계 정복의 서사시가 시작될 법한 지역은 아니다. 하지만 세계에서 가장 큰 리튬 생산 업체 중 하나이자, 아일랜드, 멕시코, 오스트레일리아 등 다양한 국가에서 연달아 대담한 행보를 보이며 유명해진 간펑리튬이 탄생한 곳이다.[1]

이 회사의 창업자인 리량빈李良彬은 그가 태어난 지역처럼 꾸밈이 없다. 재킷 안에 카디건을 입고 이마를 훤히 드러낸 채 무테안경을 쓴 그는 신흥 초강대국의 미래와 관련된 제품을 생산하는 기업의 회장이라기보다는 학자처럼 보인다. 2020년 리량빈의 순자산은 14조 달러로 추정되었고,《포브스》가 발표한 중국의 부호 순위에서 265위에 올랐다. 폭발적 성장세를 이어가고 있는 산업의 선장치고는 나쁘지 않은 성적이다. 게다가 간펑리튬의 2018년 연차보고서에 따르면 그는 이 회사의 주식을 약 20퍼센트 보유해 최대 주주의 자리를 지켰다.[2]

리량빈은 리튬 산업을 속속들이 알고 있다. 그는 대학에서 화학공학을 전공한 뒤 고향 근처의 장시리튬江西鋰廠에서 일하며 기술자와 엔지니어, 연구원 등 다양한 직에서 경력을 쌓았다. 당시 동료들에 따르면 그는 탄탄한 과학적 지식을 요구하는 연구개발 업무는 물론이고, 소통 능력과 인간관계가 중요한 관리 업무에도 뛰어났다. 특히 여러 기술과 제품을 개발해 회사에 크게 공헌했다.

결국 뛰어난 업무 능력을 보상받아 리량빈은 장시리튬의 브로민화리튬lithium bromide• 부서 책임자가 되었다.[3] 이후 그는 브로민화리튬을 많

• 리튬과 브로민의 화합물이다. 흡습성이 좋아 에어컨이나 건조기의 건조제로 많이 쓰인다.

이 사용하는 에어컨 업계와 주로 일했다. 그러다가 1996년 말, 즉 리튬이온 배터리가 주목받으면서 리튬 수요가 급격히 증가하는 2000년대 초보다 몇 년 앞서 장시리튬을 떠났다.[4] 아마 리튬을 활용한 중요한 신제품이 시장에 등장할 것을 알아챈 후로는 에어컨에 갇히고 싶지 않았을 것이다. 그는 확실히 자리 잡은 회사에서 높은 연봉이 보장된 자리를 박차고 나와 과감하게 미지의 신사업을 시작했다.

지난 세기의 마지막 해인 2000년에 리량빈은 신위시新余市 정부에 약 12만 달러를 지불하고 조그마한 리튬 제련소를 인수했다.[5] 소박하게 시작해 증권거래소에 상장할 때까지 간펑리튬은 그야말로 가족기업이었다. 초기에는 직원 중 가족이 아닌 사람이 더 적을 정도였다.[6] 리량빈과 그의 형제는 저축한 돈을 모두 털어 신생 기업을 지탱했다. 이후 회사가 궤도에 오르자 더 많은 가족이 지분을 소유하며 함께 일하기 시작했다. 상장 직후 간펑리튬의 대주주는 여전히 리량빈의 형제, 사촌, 처남, 장모였다.[7]

아마 리량빈은 순수한 가족기업이 전 세계로 뻗어나갈 대형 조직으로 성장하기 어렵다는 사실을 잘 알고 있었을 것이다. 리튬 산업은 2000년대 초에도 이미 국제적인 산업이었다. 그래서 리량빈은 2006년부터 회사에 필요한 여러 능력을 갖춘 외부인들을 영입해 경영진을 확대해 나갔다. 왕샤오션王曉申은 리튬 시장에 대한 지식도 풍부했지만, 무엇보다 영어를 유창하게 구사한다는 점을 높이 평가받아 간펑리튬에 합류했다.[8]

왕샤오션과 리량빈은 각각 국유기업에서 리튬과 관련된 경력을 쌓기 시작했다. 왕샤오션은 리량빈보다 3년 늦게 사회생활을 시작했는데, 중국비철금속공업의 신장 지부가 첫 직장이었다. 당시 국가 산업 발전에 필수적인 학문을 전공한 대학 졸업생들은 자기 의사와 상관없이 인력이 필요한 국유기업에 배정되곤 했다. 어디에서 경력을 시작할지 자유롭게 선택할 수 없었다. 젊은 리량빈은 직원이 5만 명인 제철소와 800명인 리튬 생산 업체 중 한 곳을 골라야 했다.[9] 정량적 판단을 따르는 그는 더 작은 조직에서 경쟁하며 좀 더 쉽게 이름을 높이기로 결론을 내렸다.

틈새에서 답을 찾은 간펑리튬

리량빈이 자신만의 사업을 시작했을 때 리튬을 이용한 에너지 저장 제품을 염두에 두고 있었는지는 알 수 없지만, 배터리에 사용되는 리튬은 초창기부터 대량으로 거래되는 상품이었다. 곡물이나 석유, 석탄처럼 선박 단위로 국제 거래가 이뤄지는 주요 자원에는 미치지 못했으나 컨테이너 단위는 되었다.

하지만 막 회사를 차린 리량빈은 자본이 부족해 대량 거래에 뛰어들 수 없었다.[10] 젊은 시절 제철소 대신 리튬 생산 업체를 택한 그는 자기 사업을 시작할 때도 완전히 같은 논리를 따랐다. 현금을 확보하기 위해 염화리튬 lithium chloride*이나 리튬메탈 lithium metal**처럼 더 특수한 상품에 집중했다.[11] 당시 리튬 산업의 규모를 생각해 보면 틈새시장의 틈새시장을 택했다고 할 수 있다.

리량빈의 전략은 획기적이었다. 당시 중국의 염화리튬 생산 업체들은 자국에서 구할 수 있는 리튬에만 의존했다. 리량빈은 중국에서 처음으로 세계 최대 리튬 생산 업체 중 하나인 칠레화학광업협회 Sociedad Química y Minera de Chile, SQM와 협력 관계를 맺으려 했다.[12] 중개인 없이 라틴아메리카에서 리튬을 직접 수입해 제조원가를 낮추기 위해서였다.

당시 SQM은 중국의 자그마한 풋내기에 어울리는 상대가 아니었다. 피노체트의 사위가 이사회의 한 자리를 차지하고 있었다는 사실이 당시에는 리튬보다 (크게 성장 중이었던 고급 비료 산업의 핵심 원자재 중 하나인) 질산칼륨 potassium nitrate ***으로 더 유명했던 이 거대 기업의 무게를 말해준다.

하지만 리량빈은 칠레인들이 자신과 함께 일하도록 설득해 냈다. 여기서 잠시 자그마한 리튬 가공 공장을 운영하는 사업가가 되어보자. 당

• 염소와 리튬의 화합물이다. 염화나트륨, 즉 소금과 성질이 비슷하다. 공기 중의 수분을 흡수해 녹아버리는 특징이 있어 제습제나 습도계로 많이 쓰인다.

•• 이름 그대로 리튬을 금속(metal) 형태로 가공한 것이다. 차세대 배터리 소재로 주목받고 있다. 리튬메탈로 음극재를 만들면, 흑연으로 음극재를 만드는 기존의 리튬 이온 배터리보다 에너지 밀도를 현저히 높일 수 있어 더 효율적이다. 하지만 화재 가능성이 크다는 단점 때문에 상용화되지 못하고 있다.

••• 흔히 초석(硝石)으로 불리는 화학물질이다. 화약과 비료의 주재료다.

신은 곧 생산라인에 투입할 리튬을 사들일 현금을 빠르게 확보하는 것이 가장 중요한 문제 중 하나라는 사실을 깨닫게 될 것이다. 그래야만 값비싼 가공 설비들을 놀리지 않기 때문이다. 칠레에서 출발한 리튬이 도착하기까지 약 한 달이 걸리는데, 보통은 선적하는 시점에 컨테이너당 10만 달러 이상을 미리 지급해야 한다. 그런데 리튬을 가공해 시장에 내놓을 수 있는 제품을 얻기까지는 며칠, 또는 심지어 몇 주가 더 걸린다. 완성된 제품은 관련 수요가 주기적으로 변하는 시장에 판매해야 한다. 소형 배터리에 쓰이는 리튬 화합물을 공급한다면, 휴대용 전자 기기가 잘 팔리는 크리스마스 시즌을 준비하는 기간에 수요가 급등할 거로 예상할 수 있다. 반대로 여름에는 공장을 계속 돌리며 리튬 대금과 임금을 지출하면서도, 수요가 없는 탓에 제품을 창고에 쌓아두어야 할지 모른다. 이런 환경에서 현금 흐름을 관리하는 일이 얼마나 괴로울지 상상해 보라. 서류상으로는 수익이 나도 파산할 수 있다.

이 모든 어려움을 겪어왔던 리량빈은 공장에 꼭 필요한 리튬을 걱정 없이 확보하게만 해준다면, 자기 회사 지분의 25퍼센트를 무상으로 제공하겠다고 SQM에 제안했다.[13] 중국에서 SQM을 대리하던 이조차 그러한 제안을 듣고 충격을 받은 나머지 리량빈에게 그 정도의 지분을 무료로 제공하는 것은 지나치다는 의견을 밝혔다고 한다.[14] 순간적으로 자신이 누구의 이익을 대변해야 하는지 잊어버렸던 게 분명하다.

리량빈은 칠레의 수도 산티아고로 향하는 비행기에서 다양한 시나리오를 고민했을 것이다. 결국 그는 SQM 대리인의 조언을 마음에 새

기고, 리튬 공급에 대한 감사의 표시로 원래 생각보다는 적은 지분 15퍼센트를 제안했다.[15] SQM은 흥미를 보였고 간평리튬에 대한 실사 작업을 시작하기로 동의했다. 하지만 칠레의 회사는 간평리튬을 점검하고 가능성을 평가한 뒤 리량빈의 제안을 거절했다.

SQM이 마음을 바꾸기까지는 2년밖에 걸리지 않았다. 이 회사는 청하지도 않은 제안을 들고 왔고 지분에 대해서도 경쟁력 있는 가격을 제시했다. 하지만 간평리튬은 이미 탄탄한 기업으로 성장한 후였으니, 자력으로 성공을 이루겠다며 SQM의 제안을 거절했다.[16] 그로부터 12년 후에는 두 회사의 처지가 다시 한번 바뀌었다. 간평리튬이 아직 초기 단계였던 아르헨티나 리튬 광산 프로젝트에서 SQM의 지분을 인수하겠다고 나섰다.[17] 이때는 계약이 성사되었다.

신흥 시장의 법칙, 승자 독식

SQM과 간평리튬의 이야기에는 숨은 주인공이 있다. 외부인으로는 처음으로 리량빈의 가족 회사에 핵심 경영진으로 합류했던 왕샤오셴이다. 그는 첫 직장에서 일하며 SQM의 리튬을 중국에 유통한 적이 있었다.[18] SQM과 계약을 맺으면 얻을 수 있는 이득을 리량빈에게 알려주고, 그와 칠레의 회사 사이에 다리를 놓아준 이도 아마 왕샤오셴이었을 것이다. 간평리튬을 이륙시킨 이는 리량빈이었지만, 이 기업이 세계적으로 위상을 높이고 잇달아 외국 기업들을 인수하는 데 중요한 역할을 한 이는 왕샤오션이었다. 그는 풍부한 경험과 뛰어난 영어 실력을 앞세워 새로 인수한 기업들의 이사회에 합류했다. 한마디로 간평리튬의 얼굴이자 세계로 향하는 창이었다. 하지만 왕샤오션이 전 세계를 상대로 능력을 발휘하기 전에 간평리튬은 먼저 성장에 불을 지필 자금을 더 확보해야 했다.

시장, 특히 성장하는 시장은 공백을 용납하지 않는다. 수요가 아주 많은 신산업에는 '승자 독식'의 사고방식이 만연하다. 미국 기업들이 공유하는 비전을 처음 제시한 존 데이비슨 록펠러의 스탠더드오일 이야기에서도 이러한 정신을 찾을 수 있다. 지금은 상상하기 어렵지만, 록펠러가 젊었던 19세기 후반에 석유 산업은 막 개발이 시작된 참이었다. 당시 석유를 주로 활용했던 곳은 궁극적으로 이 산업의 성장을 불러온 분야(내연기관차)가 아니었다. 그때는 석유를 대개 등유의 형태로, 오염은 덜하고 더 밝은 조명의 연료로 썼다. 비슷하게 1994년에는 세계에서 생산되는 리튬의 7퍼센트만이 배터리 생산에 소비되었고, 도자기와 유리를 만드는 데 가장 많은 양이 투입되었다.[19] 록펠러는 수직적 통합을 통해 재빨리 초기 석유 산업을 독점했고, 스탠더드오일이 생산부터 운송까지 매끄럽게 진행할 수 있도록 가치 사슬 전반에서 투자와 인수를 감행했다. 이렇게 비용을 낮춘 스탠더드오일은 경쟁사보다 더 저렴한 가격에 석유를 판매할 수 있었다.

간평리튬뿐 아니라 다음 장에서 이야기할 톈치리튬을 비롯한 중국

리튬 업계의 주요 기업들이 구사하는 전략도 크게 다르지 않다. 사업 정보를 공유하는 소셜 미디어인 링크드인LinkedIn에 게시된 간펑리튬의 소개글은 다음과 같다. "우리 회사는 상류의 리튬 채굴부터 중류의 리튬 화합물 생산, 하류의 리튬 기반 배터리 제조와 재활용까지 가치 사슬의 주요 단계를 따라 운영되는 수직적으로 통합된 사업 모델을 보유하고 있습니다."[20] 리량빈의 말을 빌리면, 간펑리튬의 접근 방식은 항상 단계별 전략을 따르면서 달성할 수 있는 목표를 설정하는 것이다.[21] 이것이 바로 중국 지방 소도시의 가족기업을 세계적인 기업으로 키워낸 비결이다.

하지만 앞서 지적했듯 간펑리튬이 세계적으로 팽창하려면 추가적인 재정 동력이 필요했다. 급성장하는 배터리 시장에서 서서히 매출을 늘려가고 있긴 했지만, 계속 앞서 나가려면 자본시장의 지렛대가 필요했다. 중국-벨기에투자펀드China-Belgium Investment Fund, 난창벤처캐피털 Nanchang Venture Capital 그리고 중국 국유기업이자 세계에서 가장 큰 금속 기업 중 하나인 민메탈스中國五礦, Minmetals가 예상치 못했던 전략적 투자를 결정하면서 간펑리튬이 증권거래소에 상장될 길이 열렸다.[22]

증권거래소 상장으로 간펑리튬은 새로운 시대를 맞이하게 되었고, 창립자들과 주요 경영진은 엄청난 부를 거머쥐었다.[23] 증권거래소에 입성한 기업은 모두 투자 설명서를 발행해야 한다. 투자 설명서는 기업이 주식을 공개하고 회사와 신규 상장에 관한 주요 정보를 전달하기 위해 활용하는 마케팅 도구이자 법적 문서다. 상장 시 발행된 간펑리튬의 투자 설명서에 따르면, 이 회사의 주주 34명 중 31명은 민간인이고 나머지는 법인이었다.[24] 리량빈의 가족들이 총 3369만 7425주를 보유해 주식자본 총액의 44.9퍼센트를 확보했다.[25] 지방의 자그마한 제련소에서 리튬 업계의 거물로 성장하기까지 힘겨운 여정을 함께하며 리량빈을 지원해 온 전우들도 보상받았다.

맑은 공기를 위한 총력전

간펑리튬의 이러한 진화는 적시에 이루어졌고, 오늘날 중국에서 이런 신화를 재현하기는 무척 어려울 것이다. 이후 리튬 시장이 궤도에 오르면서 경쟁이 더 치열해진 탓도 있고 환경문제도 있다. 2013년까지 중국 정부는 환경문제를 완전히 무시했고, 해당 문제가 국경을 넘어서 큰 영향을 미치는데도 다른 나라에서 이를 언급하면 무척 감정적으로 반응했다. 2013년 2월 일본 외무성 장관은 중국 관료들에게 일본 영토에서도 감지되기 시작한 베이징의 심각한 스모그 문제를 만나서 논의하자고 제안했다. 당시 "최근 들어 심각해진 중국의 대기오염 문제를 우려하며 면밀히 관찰하고 있다"라는 일본 정부의 성명이 외신에 보도되어 파장을 일으켰다. 중국의 대기오염이 일본의 환경과 시민들의 건강에 악영향을 미친다는 주장이었기 때문이다.[26]

당시 중국 정부의 반응은 일본과 다른 국가들의 위선을 고발하는 것이었다. 베이징의 고위 관료들은 서구 세계와 일본은 급격히 산업화하는 동안 환경을 전혀 생각하지 않았다고 꼬집었다. 그런데 왜 지금 같은 경로를 따라가고 있는 중국은 지속 가능성이라는 명목 아래 성장 속도를 늦춰야 하는가. 하지만 결국 중국에서 갑작스러운 정책 변화를 끌어낸 것은 외부의 압력이 아니라 내부의 압력이었다. 대도시, 특히 수도의 스모그 때문에 기존과 같은 방임 정책을 유지하기가 어려워졌다. 2012년에서 2013년으로 넘어가는 겨울의 어느 시기에는 베이징의 대기오염 수준이 안전 기준치의 40배에 달할 정도였다. 자연스레 점점 커진 환경에 대한 불만은 새로운 정책을 채택하게 하는 압박으로 작용했다.

재활용 사업으로 부를 쌓은 사업가이자 독지가인 천광뱌오陳光標는 중국의 청정 지역에서 채취한 신선한 공기를 캔에 담아 팔기 시작했다. 열흘간 250밀리리터 크기의 캔이 무려 1000만 개 정도 팔렸다. 그는 "시장들과 각 성의 당 서기들, 거대 기업의 책임자들에게 이야기하고 싶다. 1인당 GDP만 좇지 마라. 우리 아이들과 자손들을 희생하면서, 생태 환경을 잃어가면서 가장 큰 이득만을 좇지 마라"라며 자신의 의도를 설명했다.[27] 이 기이한 제품의 성공은 중국 사회가 스모그 수준을 낮추기 위해 얼마나 절박하게 움직였는지 알려준다.

권위주의 정부를 이끄는 지도자가 누리는 이점 중 하나는 권력을 유지하는 동안 장기적으로 사고할 수 있다는 것이다. 지도자의 계획은 큰 방해 없이 상부에서 하부로 퍼져나가며 효과적으로 실행된다. 따라서 중국 정부가 마침내 환경문제에 대응하기로 하자 그 효과는 아주 빨리

가시화되었다.

맑은 공기를 위한 전쟁은 가정과 산업계라는 두 개의 전선에서 진행되었다. 가정집에서 석탄을 태우는 것이 전면 금지되었고, 일부 지역에서는 감독관들이 석탄 보일러를 철거하고 대신 전기나 가스난로를 설치해 주었다. 난방 시설이 다시 마련되기까지 시간이 걸려서 겨울인데도 몇 주씩 냉골에서 버텨야 했던 이들도 있었다. 학교에서는 어린이들이 얼음장처럼 차가운 교실을 벗어나 운동장에서 겨울 햇볕을 쬐기도 했다.[28]

우리가 집중하고 있는 산업계에도 극적인 변화가 있었는데, 그 속도는 보는 이들을 놀라게 하기에 충분했다. 2013년부터 2018년까지, 안티모니antimony* 같은 희소금속부터 알루미늄 같은 비철금속까지 국제적으로 대량 거래되는 모든 금속의 제련소와 광산이 영향받았다. 중국은 구리, 납, 아연, 주석, 알루미늄을 정제한 제품을 세계에서 가장 많이 생산하는 나라다. 이 중에 상당량이 비교적 규모가 작은 기업에서 만들어지는데, 이런 곳들은 어느 정도 불법적으로 운영되는 경우가 흔하다. 그런데 중국 정부가 갑자기 오염 물질의 배출 허용 기준을 하향하고, 이것이 실제로 지켜지는지 철저히 감시하기 시작했다. 그러자 재처리 기술을 도입할 여력이 없는 소형 기업들이 대거 문을 닫았다. 간펑리튬도 출

---

* 불에 잘 타지 않는 금속으로, 고대에는 항아리를 굽기 전에 이것을 발랐다. 오늘날에는 방염제를 비롯해, 배터리, 성냥, 폭탄의 뇌관 등 역시 열을 버텨야 하는 곳에 주로 쓰인다.

발이 늦었다면 비슷한 운명을 맞이했을 것이다.

중국의 새로운 환경 정책이 이 나라의 전체 금속 생산량에 얼마나 큰 영향을 미쳤는지는 알려지지 않았다. 하지만 가장 뛰어난 시장조사 기업 중 하나로 평가받는 플래츠Platts는 아연 생산량에 관해 다음과 같은 분석을 내놓았다. "국제 아연 시장에서 중국의 비중이 2016년 40퍼센트에서 2018년 34퍼센트로 감소한 것으로 추정되며, 시장의 평가로는 환경 정책이 가장 큰 영향을 미친 것으로 파악된다."[29]

중국의 환경 정책은 전반적으로 효과가 있었다. 2019년 말 베이징은 세계에서 가장 오염된 도시 200곳 목록에서 빠졌다.[30] 2018년 중국 수도의 초미세먼지 수치는 2015년과 비교해 35퍼센트 감소했다. 초미세먼지는 화석연료를 태울 때 나오는 오염 물질을 포함한 각종 고체 입자를 일컫는다. 비판적인 이들은 베이징의 초미세먼지 수치가 여전히 런던의 약 네 배에 달한다는 사실을 지적하겠지만, 짧은 기간에 급격한 개선을 이뤘다는 점에서 주목할 만한 성과다.

홍콩증권거래소의 종이 울리다

다시 간펑리튬의 이야기로 돌아가자. 이 기업은 선전증권거래소深圳證券交易所에 상장된 뒤 신에너지 경제를 낙관적으로 바라보는 다수의 소규모 개인 투자자에게 지지받았다. 간펑리튬의 본사가 있는 신위시에

서는 리량빈의 성공이 사람들을 자극했다. 모두 간펑리튬의 주식을 사들였다.[31]

리량빈은 2018년 지역 방송사인 장시뉴스네트워크와의 인터뷰에서 기업의 지배 구조와 투자자 관리, 사업 확장에 관한 의견을 밝혔다.[32] 이 주제들은 서로 밀접하게 연관된다. 기업의 지배 구조와 투자자 관리는 서구의 주식시장에 상장된 기업들이 가장 중요하게 여기는 요소다. 하지만 가족기업이나 국유기업이 주를 이루는 중국은 상황이 다르다. 기업이 독자적 개체로 유지될 수 있도록 소유주나 고위 경영층을 분리하면서 안정성과 운영상의 연속성을 보장하는 적절한 지배 구조 모델은 특히 장시성의 재계에서는 자랑스러워할 만한 것이다.

간펑리튬의 확장 전략은 세 갈래로 짜인 듯하다. 중국 안에서는 기존 공급망을 완성하기 위해 기업들을 인수·합병한다. 커다란 물고기가 작은 물고기를 잡아먹는 전략이다. 세계시장에서는 두 가지 목표가 있다. 배터리 등급으로 가공할 수 있는 리튬을 충분히 확보하는 것과 중국 밖의 투자자들에게 접근하는 것이다. 리량빈은 후자의 목표를 달성하기 위해 홍콩 빅토리아 항구의 종을 울리기로 마음먹었다.[33]

전 세계의 증권거래소는 장을 열 때 실제로 종을 치는데, 당일에 새로 상장되는 기업의 대표가 타종의 특권을 누린다. 간펑리튬은 선전증권거래소에 상장되면서 중국 내 투자자들의 자본을 끌어들일 수 있게 되었지만, 리량빈은 곧 국제 자본시장의 문까지 두드리겠다는 욕심을 품었다. 이 꿈을 실현하기 위한 첫 번째 단계는 중국과 세계를 잇는 전통적 금융 관문인 홍콩증권거래소香港交易所에 상장하는 것이었다. 간평리튬이 강력한 지배 구조를 통해 (회사 내 비공개 정보에 정통한 사람들만 부당이득을 챙길 수 있는) 내부자 거래를 예방했기에 가능한 일이었다.

투자자들을 위한 공정성과 투명성은 중국 기업이 외국 자본을 활용할 준비가 되었는지를 가늠하게 하는 합리적인 잣대가 된다. 다만 리량빈이 장시뉴스네트워크와의 인터뷰에서 장시성에 기반을 둔 기업들에는 아주 중요하다고 언급했던 당 위원회와 지방정부의 지지가 홍콩증권거래소 상장에 어떤 영향을 미쳤는지는 확실치 않다.[34]

리튬 채굴에서 리튬 가공으로

리량빈이 중국 언론에 분명히 밝힌 사실은 간평리튬이 성장하려면 전 세계에서 상류의 고품질 리튬에 접근할 수 있어야 한다는 것이다.[35] 석유 산업에서 만들어진 '상류'라는 단어는 공급망에서 천연자원 형태의 상품에 가장 가까운 부분을 의미한다. 리튬은 보통 광석의 형태로 채굴되어 그대로, 또는 정광精鑛*이나 화합물의 형태로 거래된다. 흥미로운 사실은 동일한 퇴적층에서 채굴되더라도 광석마다 리튬 함유량이 다르다는 것이다. 하지만 변동성이 크진 않아서 광석의 산화리튬 함유

• 선별 작업을 통해 불순물을 제거하고 순도를 높인 광석이다.

량은 1퍼센트에서 2퍼센트 사이다.[36] 광석의 나머지 성분들, 즉 적어도 무게의 98퍼센트는 대부분 리튬 채굴업자나 다른 이들이 전혀 관심을 두지 않아 고스란히 버려지는 무기물로 구성된다. 따라서 광산 근처에서 리튬 광석을 가공하지 않은 채 멀리까지 운반하면 경제적으로 전혀 수지가 맞지 않는다.

오늘날 비정제 리튬의 최대 생산국인 오스트레일리아를 보면, 리튬 산업에 뛰어든 후 몇 년간은 자국 내 가공 시설이 충분치 않아 광석 형태의 상품을 중국으로 수출했다.[37] 일반적으로 경암硬岩** 퇴적층이나 염호鹽湖*** 퇴적층에서 이뤄지는 채굴 작업은 그 자체로는 결코 쉬운 일이 아니지만, 전체 가공 과정에서는 가장 쉬운 단계다. 더 어려운 단계가 남아 있고, 가치 사슬의 위로 올라갈수록 화학적으로 더 까다로운 작업이 진행된다. 물론 단계가 진행될수록 가격은 높아진다. 실제로 가공 시설이 건설되자 오스트레일리아의 리튬 생산 업체들은 바로 중국으로의 광석 수출을 중단했다. 대신 리튬을 농축한 형태인 정광으로 가공해 판매했다. 이러한 정광은 대개 산화리튬을 6퍼센트 정도 포함한다.[38] 여전히 농도가 그리 높지 않지만, 적어도 광석의 두 배에 달하므로 비용 면에서 완전히 합리적이다.

●● 말 그대로 단단한 암석이다. 인력으로는 부술 수 없는 석회암, 화강암, 규암 등을 가리킨다.

●●● 고대에 지각변동으로 육지에 갇힌 바다가 계속 증발해 만들어진 소금 호수다. 강수량이 매우 적고, 하천을 통해 공급받는 담수가 빠져나갈 길이 없는 환경 때문에 시간이 지나면 염원(鹽原)이 된다. 염화나트륨 같은 미네랄이 풍부한 것은 물론이고, 리튬 같은 금속이 풍부하다.

이런 배경을 알게 되면 왜 오스트레일리아에서 리튬을 더 가공하지 않느냐고 물을 수 있다. 오스트레일리아의 리튬 생산 업체들도 이 방향으로 나아가려 하는 것 같지만 힘겨운 여정일 뿐 아니라 군데군데 함정이 숨어 있다. 채굴 공정을 개선하는 것보다 산화리튬을 6퍼센트 포함한 리튬 정광을 순도 99.5퍼센트 이상의 배터리 등급 리튬 화합물로 변환하는 설비를 건설하는 것이 훨씬 더 빠르다고 해도, 이런 화학 처리 단계로 나아가려면 엄청난 노하우와 경험이 필요하다. 최종 생산품의 리튬 함유량을 높이는 동시에 배터리의 핵심 요소인 양극재의 성능에 영향을 미치는 마그네슘, 포타슘potassium,* 소듐 sodium**의 불순물 수준을 유지해야 하기 때문이다.

물론 이러한 시도가 전기자동차 생산 업체들이 간절히 원하는 수준의 배터리 등급 리튬 화합물을 얻거나, 아니면 아무짝에도 쓸모없는 산업 폐기물을 얻는 제로섬 게임은 아니다. 질이 떨어지는 리튬 화합물이라도 일단 가공해 낼 설비만 있다면, 유리나 도자기 생산 업체에 판매하

---

* 일반적으로 칼륨이라고 불리는 금속이다. 비료의 원료로 많이 쓰이지만, 리튬 이온 배터리의 뒤를 이을 포타슘 이온 배터리의 개발 또한 한창이다. 포타슘은 전기분해로 얻은 최초의 금속인만큼 구하기 쉬워 매우 싼 데다가, 리튬 이온 배터리 수준의 에너지 밀도, 즉 전압을 낼 것으로 기대된다. 다만 포타슘 이온이 리튬 이온만큼 빠르고 자유롭게 움직이지 못하는 점, 반응성이 워낙 높아 폭발 위험이 크다는 점 때문에 아직 상용화 단계에 이르지 못하고 있다.

** 일반적으로 나트륨이라고 불리는 금속이다. 소듐 이온 배터리도 리튬 이온 배터리를 대체할 잠재력을 품은 것으로 평가된다. 리튬보다 저렴한 것은 물론이고, 같은 부피라도 더 많은 전기를 저장할 수 있기 때문이다. 다만 충전과 방전이 반복될수록 성능이 급격히 떨어지는 단점을 어떻게 극복할지가 관건으로 꼽힌다.

거나, 자체 시설과 엔지니어, 노하우가 있어서 배터리 등급으로 가공할 수 있는 중국 협력사에 넘길 수도 있다.

간펑리튬은 첫 단계의 가공을 마친 리튬을 사들여 전기자동차 배터리 생산 업체에 판매할 수 있도록 추가 가공한다. 그들이 생각하는 '(리튬에 대한) 접근성'이 시간적 의미까지 포함하는지는 알 수 없다. 문제는 이 회사가 전 세계적으로 고품질 리튬의 양이 한정되어 있다고 생각하는지, 아니면 (전기자동차 판매량이 급증할 것으로 예상되는) 향후 5년에서 10년간 채굴될 리튬 중 자신들이 확보할 수 있는 양이 한정되어 있다고 생각하는지다. 좋은 시절을 만난 기업이 최대한의 시장점유율을 확보하지 못하면 미래에는 경쟁이 더욱 어려워지기 마련이다. 급격한 성장을 경험하는 신생 분야들이 흔히 그렇듯 이 업계에서도 일찍 일어나는 새가 벌레를 잡는다.

업계 1위 앨버말과의 차이점

간펑리튬의 지속적인 확장 계획은 이 기업을 세계 최대의 리튬 생산 업체로 향하는 길에 올려놓았다. 하지만 간펑리튬을 비판하거나 이 회사와 경쟁하는 이 중 일부는 수식어가 중요한 건 아니라고 주장한다. 현재 업계 1위인 앨버말Albemarle은[39] 리튬 산업에서 가장 수익성이 뛰어난 기업이 되겠다고 선언했다.[40] 이 회사는 주주들을 위해 최대한의 가치를 창출하려 할 뿐, 양만 따져서 '1위'를 유지하는 것에는 크게 신경 쓰지 않는 듯하다. 앨버말은 투자자들이 솔깃해할 발언들을 쏟아낸다. 수익성에 초점을 맞추는 것은 미국의 상장기업으로서는 더없이 건전한 판단이지만, 전략적 관점이 부족하다. 반면 중국 기업들은 전략적으로 행동에 나선다.

당사자들이 잘 이해하고 있듯이 중국 기업들의 판단은 안정된 공급 망과 저렴한 자원을 통해 교통수단의 전기화를 실현하려는 정부의 전 략에 맞춰 조정되어야 한다. 중국처럼 거대한 나라에서는 리튬과 배터 리, 전기자동차 산업을 적절한 규모로 발전시켜야만 이러한 목표를 달 성할 수 있다. 중국은 이미 철강과 알루미늄, 태양전지판 산업에서 같은 경로를 거쳤다.

중국 알루미늄 산업의 발전을 자세히 살펴보자. 리튬과 마찬가지로 이 금속의 수요에 불을 지핀 주요 동력은 자동차 산업이었고 지금도 마 찬가지다. 2005년 알루미늄의 전 세계 생산량에서 중국의 비중은 10퍼 센트에 못 미쳤으나 2018년에는 57퍼센트까지 늘어났다.[41] 이렇게 폭발 적으로 증가한 것을 보면 해당 기간 내내 알루미늄 산업의 전망이 긍정 적이었던 걸까. 그렇지 않다. 사실 지난 15년간 이 금속의 가격은 엄청난 변동성을 겪었다. 중국이 10퍼센트에서 14퍼센트 사이의 독보적인 연간 GDP 성장률을 기록하며 국제 자원 시장의 호황을 이끌었던 2004년부 터 2007년까지 알루미늄 가격은 톤당 1715달러에서 2638달러로 꾸준 히 상승했다.[42] 중국의 생산량도 함께 늘어났다.[43] 하지만 2007년 흐름이 바뀐 뒤 2009년까지 가격이 내려갔고, 2008년 금융 위기에 이은 세계적 경기 침체로 하락 폭이 확대되었다. 이 시기에는 중국의 생산량이 약간 감소했으나 전 세계 생산량에서의 비중은 오히려 늘어났다. 2009년 이후 알루미늄 가격은 다시 톤당 2400달러로 반등했고 중국의 생산량과 시장점유율도 증가했다.[44] 이후 2010년부터 2016년까지는 다시 오랫동안 가격 하락이 이어졌다. 이런 롤러코스터 같은 상황이 중국의 생산량 증가를 방해한 적이 있을까. 없다. 중국의 생산량은 계속해서 증가했고, 그러면서 시장점유율도 약 10퍼센트에서 60퍼센트 이상으로 증가하기에 이르렀다.[45]

알루미늄 산업의 '좋은 시절'은 대부분 자원에 대한 중국의 갈망과 알루미늄 수입에서 비롯되었다. 중국 밖의 알루미늄 생산 업체들은 중국이 만들어 내는 수요가 종국에는 설비 과잉을 없애주리라 헛되이 기대하며 오랜 기간 손해를 감수했다. 하지만 희망이 사라지자 생산량을 줄여야만 했다. 그렇지만 중국은 알루미늄 가격이나 경기 흐름과 상관없이 계속해서 생산량을 늘려갔다. 성장을 이어가야 하는 가장 중요한 이유가 중국의 공급망 독립 그리고 중국 자동차 산업을 위한 핵심 자원의 비용 절감이었기 때문이다. 주주 가치의 최대화는 고려 사항이 아니었다.

리튬 가격의 오늘과 내일

롤러코스터처럼 요동친 알루미늄 가격과 비교한다면 리튬 시장은 지금 어디쯤 있을까. 2019년 말 리튬 가격은 평균 50퍼센트 이상 폭락했다.[46] '평균'이라고 단서를 붙인 이유는 리튬은 가공 단계에 따라 다양한 품질로 거래되므로 계약 내용마다 시장 환경에 영향받는 정도가 크게 다르기 때문이다. 다시 말해서 전반적 추세가 내리막이었다. 2020년이 거의 지나갈 때까지도 의미 있는 상승은 없었다. 연말이 되어서야 중국 내 탄산리튬 가격이 오르기 시작했다.•[47]

오늘날 가장 큰 성공을 거둔 투자자이자 극우 세력에 악몽과도 같은 존재인 조지 소로스는 시장에 관한 재귀성 이론 reflexity theory••을 주장했다. 즉 개인은 시장을 객관적으로 볼 수 없기에 항상 자신의 시각이 편향되고 완전하지 않다고 추정해야 하며, 이러한 편향은 부정적이든 낙관적이든 시장에 영향을 미쳐 자기충족적 예언이 된다는 것이다.

• 금속 자원을 전문적으로 분석하는 중국의 시장조사 기업 상하이메탈스마켓(Shanghai Metals Market)에 따르면, 2020년 말부터 리튬 가격이 폭발적으로 상승했는데, 배터리 등급 탄산리튬을 기준으로 1년 만에 톤당 1만 달러대에서 5만 달러대까지 치솟았다. 이후로도 가격 상승이 멈추지 않아 2022년 11월 기준 10만 달러를 넘어섰다.

•• 세상의 모든 현상은 '인지'와 '조작'이 상호 작용한 결과라는 이론이다. 이때 인지는 대상에 대한 이해와 지식이고, 조작은 마음대로 대상을 해석하고 바꾸는 행위다. 이를 주식시장에 적용해 보면, 주가가 요동치는 것은 기업의 실적 같은 인지의 요소뿐 아니라, 투자자의 편견 같은 조작의 요소가 함께 맞물리기 때문이다. 이때 인지와 조작의 간극은 점점 벌어지다가, 어느 극한에 이르러서야 균형을 이룬다.

재귀성 이론은 리튬 시장에서 빛을 발했다. 전문가들은 2011년 무렵부터 리튬 광산의 수와 규모가 극적으로 증가할 것으로 예상했고, 새로운 설비들은 2017년쯤 가동되기 시작할 것으로 전망했다. 마침내 2017년이 도래했지만 기대했던 수준의 절반도 채 현실화되지 않았다. 반면 전기자동차 시장은 특히 중국에서 인상적인 속도로 성장하기 시작했다. 시장에 참가하는 주체들은 조만간 전기자동차를 추가 도입할 수 없을 정도로 리튬이 부족해질지 모른다는 공포에 빠졌다. 그러자 리튬 가격이 업계의 베테랑들도 본 적 없는 수준까지 치솟았다. 2017년 6월《파이낸셜타임스》는 광분하는 시장의 분위기를 전하며 〈전기자동차 수요가 리튬 공급 공포를 촉발했다〉라는 제목의 기사를 내보냈다. 기사는 리튬 채굴 업체인 리튬아메리카스Lithium Americas의 부회장 존 카넬리차스John Kanellitsas의 발언을 인용했다. "수요에 관해서는 훨씬 더 의견이 일치되어 있다. 더는 수요를 두고 토론하지 않는다. 공급의 문제로 그리고 하나의 산업으로서 우리가 수요에 부응할 수 있을지의 문제로 옮겨가고 있다."[48] 하지만 2019년 말에는 리튬이 시장에 과잉 공급되고 있었고 사람들은 단기 수요에 관해서만 논쟁을 벌였다. 리튬 산업의 호황이 예측되는 시점이 2025년까지 밀려났다. 전문가들의 합의에 따르면 상당한 부족분이 발생할 것으로 점쳐지는 해였다.

투자은행부터 리튬 생산 업체, 정부 기관에 이르기까지 다양한 형태의 조직들이 공급, 수요와 함께 단기·중기·장기 가격을 예측하기 위해 전문가들을 고용한다. 많은 기업이 대체로 '전문가들의 컨센선스'라 일컬어지는 비슷한 시각과 숫자를 고수하는 경향이 있다. 여기에서 벗어나는 것은 위험한 시도이며 트위터에서, 또는 업계 콘퍼런스의 발표 도중에 다른 전문가들의 성난 공격을 유발할 수 있다. 따라서 전문가라면 떼를 지어 움직이고 아주 제한적인 변화만 가미하면서 불확실한 미래에 대한 예측을 제공하는 것이 안전하다.

휴대전화에는 리튬이 5그램 정도 들어가지만,[49] 배터리로만 가동되는 전기자동차에는 30킬로그램에서 60킬로그램까지 필요하다.[50] 리튬 소비를 부르는 가장 중요한 동력은 전기자동차이므로 모든 것은 사람들이 전기자동차를 탈 것인지, 타면 언제 탈 것인지의 문제로 귀결된다. 물론 우리 삶을 더 친환경적으로 만들고 기후변화를 막기 위한 다른 강력한 규제들도 존재한다. 하지만 위 질문에 대한 답은 전적으로 당신과 나에게서 비롯되고, 우리가 휘발유로 움직이는 차가 아닌 전기자동차를 택할지에 달려 있다.

전기자동차 구매에 작용하는 변수로는 화석연료 가격 대비 전기 가격, 1회 충전 시 주행거리, 충전소에 대한 접근성, 배터리의 안정성과 충전 시간 등이 있다. 전기자동차 시장의 전문가들은 자주 빠뜨리곤 하지만 심리적인 부분도 소비자들의 선택에 중요한 역할을 한다. 따라서 시장을 완전히 바꿀 거대한 변화를 일으키려면, 전기자동차를 저렴하고 효율적으로 만드는 것만큼이나 매력적으로 만드는 것이 중요하다. 그러지 못하면 일반 대중이 널리 이용하는 교통수단이 되기 직전에 틈새 시장 상품으로 그칠 위험이 있다.

오스트레일리아와 중국의 미묘한 관계

간펑리튬은 이 책을 쓰는 현재 스포듀민과 리튬을 함유한 염수 및 점토 등 세계적으로 일곱 곳에[51] 분포한 리튬 자원의 지분을 보유하고 있다.[52] 오늘날 대부분의 리튬은 스포듀민에서 생산되지만, 지난 수십 년 동안은 달랐다. 원래 스포듀민은 유리나 도자기 생산에 주로 활용되었다.[53] 유리 산업에서는 유리의 강도를 높이거나[54] 끓는점을 낮춰[55] 에너지를 절약하고 생산 비용을 줄일 수 있게 한다. 도자기 산업에서는 대표적으로 인덕션의 검은색 표면을 이루는 유리와 세라믹의 복합 재료를 만드는 데 쓰인다. 하지만 기술이 발전하고 수요가 증가하면서 스포듀민 채굴을 둘러싼 환경이 완전히 바뀌었고, 가공 산업이라는 새로운 영역이 대규모로 생겨났다. 스포듀민 가공 시설은 대부분 중국에 있다. 몇몇 시설은 다른 산업에서 경험을 쌓은 사업가들이 수익을 창출할 새로운 기회를 찾아 건설한 것이다. 이 시설 중 다수가 무질서하게 확산하는 전기자동차 산업을 상대한다는 구상을 품고 만들어졌지만, 전기자전거나 덜 알려진 브랜드의 전자 기기에 들어가는 저품질 리튬을 판매하는 데 그쳤다. 고품질 리튬의 생산은 예상보다 훨씬 더 어려운 도전으로 판명되었다.

오스트레일리아와 중국 간의 리튬 거래는 철광석 거래를 떠올리게 한다. 대량의 리튬은 주로 가장 큰 광산들이 근처에 분포해 있는 오스트레일리아 서부의 포트헤들랜드Port Hedland에서 선적된다.[56] 철광석과 리튬 거래의 차이는 철광석은 거의 가공되지 않은 형태로 훨씬 많이 배에 실린다는 것이다. 철강 산업의 규모가 비교할 수 없을 정도로 크기 때문에 이런 차이가 생긴다. 중국의 산업화 뒤에는 철강 생산이 있었지만 이에 따라 환경오염이 심해졌다는 사실을 기억해야 한다. 리튬은 전기화, 탈탄소화, 디지털화가 핵심으로 꼽히는 또 다른 중요한 변화를 뒷받침하고 있다.

오스트레일리아가 중국의 변화에서 이익을 얻기 위해 적절한 위상을 찾아가면서 중국이 의도한 변화를 가능하게 하는 자원들을 제공해온 과정은 흥미진진하다. 2018년 오스트레일리아의 전체 수출액 중 철광석이 차지한 비율은 무려 15퍼센트에 달했다.[57] 리튬이 이른 시일 안에 비슷한 규모로 성장하지는 않을 것이다. 하지만 더 큰 그림에서는 수익의 규모뿐 아니라 전략적 관계 설정도 중요하다. 가까운 미래에 중국은 내연기관의 단계적 퇴출을 이어가기 위해 오스트레일리아산 리튬을 필요로 할 것이다. 이렇게 되면 오스트레일리아는 중국과의 협상에서 독보적인 위상을 점하게 된다.

미국과 중국 사이에 무역 전쟁이 발발하면서 중국이 자국의 희토류를 어떻게 무기화했는지 다시 언급되고 있다. 희토류는 다양한 최첨단 기술에 활용되는 광물들인데, 특히 방위 산업, 첨단 기술 산업, 전기자동차 산업 모두에서 대체 불가능한 핵심 요소로 활용되는 영구자석의 생산에 쓰인다. 2019년 5월 전 세계에 중국 공산당의 뜻을 전하는 창구로 여겨지는 《환구시보環球時報》의 편집장이 트위터에 "내가 아는 바에 따르면 중국은 미국에 희토류 수출을 제한하는 것을 진지하게 고려하고 있다. 또한 미래에는 다른 대항 조치도 취할 수 있다"라고 썼다.[58] 중국은 전 세계 희토류 생산의 80퍼센트 이상을 통제하고 있으며, 미국이나 일본과 사이가 틀어질 때면 여러 차례 (비유적으로) 총을 겨누었다.[59] 심지어 일본을 향해서는 방아쇠를 당긴 적도 있었다.

2010년 9월 7일 아침 중국과 일본이 영토 분쟁 중인 센카쿠열도 근처를 항해하던 중국의 저인망어선 민진위閩晉漁 5179호를 일본 해상보안청 순시선이 들이받은 다음 중국인 선장을 억류했다. 중국은 사건 발생 후 며칠간 선장의 석방을 요구하다가 결국 협상에서 철수했다. 그리고 훨씬 더 효과적인 다른 유형의 압박을 가했다. 일본 기업으로의 희토류 수출을 중단하는 것이었다. 정식 금수 조치는 없었지만, 중국 세관은 일본으로 향하는 희토류의 선적을 중단했다. 밀수를 막기 위해 추가 검사가 필요하다는 이유에서였다. 중국인 선장이 풀려난 후에도 며칠간 공급망의 병목현상이 빚어졌고, 일본을 넘어 전 세계적으로 희토류 가격이 상승했다. 이 과정에서 일본의 가장 혁신적인 몇몇 기업이 피해를 보았다. 결국 일본 경제산업성 장관이 직접 중국에 수출을 재개해 달라고 애원하는 수밖에 없었다. 수출은 곧 정상화되었고 일본 경제에 지울 수 없는 흔적이 남지도 않았다. 하지만 기업 경영의 관점에서나 국제 정치의 관점에서나 중국이 '희토류라는 총'을 다시 꺼낼 수 있다는 우려가 오늘날까지 계속되고 있다.

일본은 첨단 기술 산업의 국제적 공급망에서 아주 민감한 위상을 차지하고 있다. 정확히 정중앙에 자리한 채 중국에서 자원들을 사들여 각종 전자 산업의 핵심이 되는 부품이나 고급 화학물질의 형태로 가공한다. 일본 기업들은 1980년대부터 1990년대 초까지 이어진 자국의 경제 성장기에 관련 기술들을 개발하고 특허들을 획득했다. 이는 전자 기기, 특히 휴대전화 생산으로 추진력을 얻은 한국 기업들이 쓸모없는 일에 시간을 허비하지 않도록 해주었다. 이들은 일본이 제공한 기본 기술 위에 상당히 많은 것을 쌓아 올렸다. 한국은 비교적 최근에야 일본과의 무역 분쟁을 거치며 높은 의존도를 절실히 깨달았다.

일본을 겨냥한 중국의 희토류 금수 조치는 법률적 관점에서도 복잡하지 않았다. 중국에서 가장 큰 희토류 생산 업체인 찰코中國鋁業, Chalco 와 베이팡희토北方稀土, 샤먼텅스텐廈門鎢業, 민메탈스는 모두 국유기업으로, 일반적인 시장 상황에서도 희토류의 생산과 수출에 관해 할당량을 규제받는다.[60] 오스트레일리아가 계속해서 리튬 채굴량을 늘리고 중국은 그 반대로 한다면, 오스트레일리아가 미래의 무역 분쟁에서 흥미로운 영향력을 발휘하리라는 전망도 일리가 있다.

4장

한·중·일 트로이카와
다크호스들

중국, 특히 티베트고원에는 리튬이 풍부하다. 하지만 위치 때문에 광산을 운영하고 제품을 운반하기 어렵다. 또한 마그네슘을 비롯한 불순물이 포함되어 있다.[1] 앞서 언급했듯이 배터리 등급 리튬 화합물을 생산하려면 불순물 수준을 유지하는 것이 중요하다. 게다가 티베트자치구는 중국이 막대한 자본을 투입하고 삼엄한 보안을 유지하고 있지만, 정치적으로 안정되었다고 하기 어렵다.

자국에서 확보할 수 있는 자원의 문제점을 파악한 간펑리튬은 오스트레일리아의 스포듀민 광산인 마운트매리언Mount Marion과 필갠구라Pilgangoora의 지분을 확보했다. 하지만 간펑리튬이 이러한 자산들에 완전한 통제권을 행사하는 것은 아니다.[2] 만약 그렇다고 해도 두 광산의 생산량은 오스트레일리아 정부가 통제하는 수출 관세와 광산 사용료, 생산 및 수출 할당량에 좌우될 것이다. 간단히 정리하면 외국에 있는 자산을 온전히 소유해도 해당 자원을 전적으로 통제하기는 어렵다. 마운트매리언과 필갠구라 광산은 각각 오스트레일리아에서 두 번째와 세 번째로 큰 리튬 광산이다. 간펑리튬이 보유한 필갠구라 광산의 지분은 4.3퍼센트에 불과하지만 마운트매리언 광산의 지분은 43.1퍼센트에 달한다.[3] 하지만 아주 작은 지분만 보유하고 있어도 거래 파트너로 선택받을 수 있다.

오스트레일리아에서 가장 큰 리튬 광산은 그린부시스Greenbushes에 있다.[4] 2019년 한 해 동안 탄산리튬당량으로 10만 톤이 넘는 스포듀민 정광을 생산한 이 광산은[5] 모두 합쳐 14만 톤을 생산한 다른 리튬 광산 여섯 개의 규모를 크게 앞지른다.[6] 그린부시스 광산은 간펑리튬의 주요 경쟁사인 톈치리튬이 51퍼센트의 지분을 보유하고 있어 어느 정도는 중국 광산이라 할 수 있다.[7] 리튬에 관한 이야기를 풀어가는 과정에서 이제는 또 다른 중요한 중국 기업인 톈치리튬에 관해 알아볼 때가 되었다. 두 기업 간의 경쟁, 또는 친밀한 라이벌 관계는 자국 시장뿐 아니라 국제 무대에서도 이어지고 있다.

인민의 대표가 된 거부

톈치리튬과 간펑리튬은 비슷한 점이 많다. 톈치리튬은 시가총액이

몇십억 달러에 달하고 세계적 입지를 자랑하는 상장기업이지만 가족기업[8]이라는 특성을 유지하고 있다.[9] 하지만 간평리튬과 비교해 보면 이 회사를 책임지고 있는 창업자는 더 정치적이다.[10] 장웨이핑蔣衛平은 학업 그리고 경력 대부분이 농업 기계와 관련되지만,[11] 간평리튬의 창업자와 마찬가지로 다른 분야에서 찾을 수 없는 기회를 보고 리튬 산업에 뛰어들었다. 그는 형편이 어려워진 국영기업인 리튬 생산 업체 서홍리튬射洪鋰業을 인수하며 자기 사업을 시작했다.[12] 현재 가족들과 함께 텐치리튬의 지분을 41퍼센트 이상 보유하고 있는데, 텐치그룹의 또 다른 자회사인 텐치실업天齊實業을 통해 지배력을 행사한다.[13] 장웨이핑은 텐치실업의 지분을 88.6퍼센트 가지고 있고, 딸 장안치蔣安琪의 지분도 10퍼센트에 달한다.[14] 나머지 지분 1.4퍼센트는 텐치실업의 이사이자 사장인 양칭楊青이 보유하고 있다.[15] 장웨이핑의 아내는 텐치리튬의 지분 5.16퍼센트를 가지고 있어 이 회사의 2대 주주다.[16] 일가가 텐치리튬의 소유권을 보유한 덕분에 장웨이핑은 엄청난 부자가 되었다. 《포브스》가 발표하는 부호 순위의 중국판이라 할 수 있는 《후룬 100대 부호 보고서胡潤百富》*는 2019년 장웨이핑의 재산을 약 18억 달러로 추정했다.[17] 게다가 잠시 발을 들인 정치에서도 상당한 성공을 맛봤다. 2018년 장웨이핑은 중국 최고의 의사결정기구이자 권력기관인 전국인민대표대회全國人民代

• 　소위 '부자 연구소'로 불리는 중국의 후룬연구소(胡潤研究院)가 매년 발표하는 중국 부호 명단이다.

表大會에 참여할 쓰촨성 대표로 선출되었다.[18]

장웨이핑은 주로 중국 언론과 진행한 여러 인터뷰에서 제조업에 관한 자신의 열정을 강조했고, 공장에서 기계들이 돌아가는 소리를 듣는 걸 얼마나 좋아하는지도 설명했다.[19] 주기율표의 세 번째 원소로 반응성이 가장 강하면서 밀도는 제일 낮은 금속인 리튬은 독특한 특성 그리고 원자력발전부터 배터리 산업까지 이어지는 폭넓은 활용성 때문에 장웨이핑의 관심을 사로잡았다. 그는 오스트레일리아의 리튬 생산 업체들이 자신들이 판매하는 상품의 중요성이 점점 커지고 있다는 사실을 알아차리지 못했을 때부터 스포듀민을 사들였다.[20]

모두 임박한 공급 부족을 우려하고, 리튬 가격이 한 방향, 즉 위로만 움직이는 듯할 때도 장웨이핑은 침착했다. 리튬 시장에서 산전수전을 겪어온 그는 가공 설비의 과잉 건설을 경고했다.[21] 장웨이핑이 보기에 리튬 시장은 주기가 있었고, 마침내 가격이 썰물처럼 빠지면 누가 맨몸으로 헤엄치고 있는지 밝혀질 것이었다.[22] 비수기에 대응하기 위해서는 저렴한 가격에 생산되는 고품질 리튬을 확보해야만 했다. 톈치리튬의 전략에는 그의 시각이 반영되어 있었다. 이 회사는 아주 적극적인 확장 전략을 펴왔다.[23] 톈치리튬의 창립자는 실현되지 않은 수요를 걱정하는 대신, 채굴 단계에서 품질이 뛰어난 리튬을 손에 넣고 화합물 생산을 늘리려 했다. 이 회사의 왕관을 장식하는 값진 보석은 거대한 그린부시스 광산뿐이 아니다. 아마 이 회사에 더 중요한 보석은 세계 최대의 리튬 생산 업체 중 하나이자 톈치리튬의 경쟁자인 SQM의 지분일 것이다.

세계 최대 리튬 기업 SQM을 먹어치우다

SQM은 그린부시스와 달리 단순히 광산 하나가 아니다. '광산부터 배터리 물질까지' 수직적으로 통합한 생산 업체다. 톈치리튬은 캐나다의 비료 회사인 뉴트리언Nutrien에서 SQM의 지분 23.8퍼센트를 41억 달러에 사들이며 리튬 산업 역사상 가장 큰 거래를 성사시켰다.[24] 이 거래는 무수한 논란 속에 이뤄졌다. 이야기는 비료 업계의 거물이자 세계 최대의 탄산칼륨potassium carbonate• 생산 업체인 뉴트리언에서 시작된다.[25] 탄산칼륨은 비료의 주성분 중 하나로, 뉴트리언은 비료 산업의 침체기에 일었던 통합의 물결 속에서 아그리움Agrium과 포타시Potash가 합병해 만들어졌다. 비료 생산 업체들은 세계적으로 먹여 살려야 하는 인구가 급격히 늘어나고, (곡물로 만든 먹이를 제공해야 하는) 가축을 통해 더 많은 단백질을 섭취하길 원하는 중산층이 증가하는 것을 목격했다. 기업들은 비료 수요가 급증할 거로 예상하며 설비 확장에 투자했지만, 곧 실제 수요가 기대에 훨씬 못 미치는 현실을 맞닥뜨렸다. 그러면서 본격적인 인수·합병이 시작되었다.

아그리움과 포타시가 활발히 활동하는 대부분의 국가에서 규제 기관들은 두 회사의 합병을 승인했다. 오직 중국과 인도의 규제 기관만이 독

• 비료뿐 아니라 브라운관, 패널, 유리 등을 만드는 데 주로 쓰인다. 세제의 원료이기도 한데, 물에 녹이면 흔히 말하는 양잿물이 된다.

점 가능성을 우려해 경고 신호를 보냈다.[26] 중국과 인도는 세계에서 비료를 가장 많이 소비하는 나라다. 두 시장 중 하나라도 접근할 수 없게 되면 합병을 통해 출범하는 새 기업에 재앙이 될 터였다. 결국 포타시가 보유하고 있는 SQM의 지분 32퍼센트를 매각하는 조건으로 합병이 승인되었다.[27] SQM은 리튬 산업뿐 아니라 비료 산업에서도 중요한 위상을 차지하고 있다. 실제로 (아그리움과 포타시가 완전히 합병한) 2018년 SQM의 매출을 살펴보면, 47퍼센트는 포타슘 제품과 비료에서 나왔고, 이 회사가 본격적으로 이름을 알리게 된 리튬으로 인한 매출은 32퍼센트에 불과했다.[28]

곧 포타시와 아그리움을 합쳐 뉴트리언으로 만드는 절차가 시작되었다. 그러면서 포타시가 보유한 SQM의 주식을 경매하는 작업을 도울 투자은행이 정해졌다. 규제 기관이 주식을 모두 처분하도록 지정한 기한은 2019년 3월이었다. 32퍼센트의 지분 중 8퍼센트는 산티아고증권거래소 Bolsa de Santiago에서 공개적으로 경매에 부쳐졌고, 10억 달러가 모였다.[29]

포타시와 텐치리튬 간의 거래에서 어느 쪽이 먼저 접근했는지는 불분명하다. 텐치리튬이 진작부터 SQM의 주식이 시장에 나오는 것을 주시하고 있었을까, 아니면 투자은행의 누군가가 이 회사에 연락했을까. 지금에 와서 생각해 보면 누가 먼저였는지는 중요하지 않다. 중요한 점은 칠레 주식시장 역사에서 가장 큰 규모였던 거래가 마무리되었다는 것이다. 하지만 텐치리튬은 평생 한 번 올까 말까 한 이 기회에 맞춰 움직일 재정적 준비가 되어 있지 않았다. 결국 SQM의 지분을 취득할 자금을 확보하기 위해 홍콩에 본사가 있는 중신은행中信銀行에서 대출을 받아야 했다.[30]

중신은행은 중국에서 가장 큰 은행 중 하나로 한때 중국 국가부주석을 역임하기도 했던 룽이런榮毅仁이 설립했다.[31] 룽이런 일가는 1949년 이전의 중국에서 자본가 계급이었던 가문으로는 드물게 공산당과 협력함으로써 '붉은 자본가'라는 별명을 얻었다. 룽이런이 당적을 가졌던 사실은 비밀에 부쳐졌고, 그가 사망한 후에야 알려졌다.

텐치리튬과 포타시, SQM 간의 거래는 시작부터 칠레에서 논란의 대상이 되었고 막아서는 세력도 여럿이었다. 제일 먼저 반대한 이는 리튬 업계의 숨은 실력자이자 피노체트의 옛 사위였던 훌리오 폰세 레로우Julio Ponce Lerou였다. 텐치리튬의 지분 취득은 원래 신속 승인 절차로 진행될 예정이었으나, 폰세 레로우가 헌법재판소에 지나치게 빠른 진행을 반대하는 항의서를 제출했다.[32]

폰세 레로우는 SQM의 지분 30퍼센트를 보유한 최대 주주로, 《포브스》에 따르면 총자산이 43억 달러에 달한다.[33] 폰세 레로우 그리고 그가 지분을 소유하고 있는 조직인 팜파그룹Pampa Group은 이 거래가 텐치리튬이 경쟁사의 소유권과 경영권에 영향을 미칠 수 있게 하므로 자유경쟁을 촉진하지 않는다고 공식적으로 항의했다.[34] 하지만 폰세 레로우가 반기를 든 진짜 이유는 SQM 내에 경쟁자가 생겨나 자신의 영향력을 제한할 수 있기 때문이었다. 폰세 레로우에게는 안타까운 일이지만 헌법재판소는 신속 승인 절차를 옹호하는 판결을 내렸고, 그의 주장에 근거가 부족하다고 지적했다.[35] 그러나 텐치리튬이 해결해야 하는 법적 문제는 이뿐이 아니었다.

칠레생산진흥청Corporacion de Fomento de la Produccion de Chile, CORFO은 칠레의 경제성장을 촉진하기 위해 만들어진 정부 기관으로, 자국 내 리튬 채굴권을 통제하는 등 리튬 산업을 지휘한다. 당시 부청장이었던 에두아르도 비트란Eduardo Bitran은 칠레의 리튬 산업 발전에 깊이 관여해 온 인물이었다. CORFO는 비트란의 지휘에 따라 45쪽 분량의 항의서를 발표했고, 팜파그룹과 같은 논리로 이 거래가 리튬 시장의 자유경쟁을 위태롭게 할 것이라고 주장했다.[36]

미첼 바첼레트Michelle Bachelet 칠레 대통령이 이끄는 정부 인사 중에도 텐치리튬의 SQM 지분 취득에 반대하는 이가 많았고, 정계의 분위기도 비슷했다. 좌파 성향의 대통령 후보였던 알레한드로 기예Alejandro Guillier도 항의문을 발표했다.[37] 정치적 압박이 커지는 가운데 칠레의 반독점 규제 기관인 경제검찰청Fiscalia Nacional Economica, FNE이 마침내 여러 우려 사항을 확인하기 위한 조사에 착수했다.

바로 그때 텐치리튬에는 다행스럽게도 칠레의 정치적 분위기가 바뀌었다. 우파 성향의 세바스티안 피녜라Sebastian Pinera가 신임 대통령으로 선출되면서 CORFO의 비트란을 비롯해 바첼레트 정부의 고위 관료들이 모두 교체되었다.[38] 텐치리튬은 결국 FNE와 합의에 도달했는데, 이사진 선출을 위한 선거에 참여하지 않을 것과 SQM의 일부 산업

기밀에 접근하지 않을 것을 포함해 독점금지법을 충족하기 위한 다양한 조치를 약속했다.[39]

하늘보다 높은 텐치리튬의 몸값

텐치리튬에는 커다란 승리였지만, 곧 많은 전문가가 이 거래의 성사 가능성에 의문을 표했다. 지분 취득 비용을 마련하기 위해 빌린 대출금을 상환할 수 있는지가 관건이었다. 텐치리튬은 자금을 확보하고자 2019년 12월 증권거래소에 상장했지만, 예상했던 금액의 절반에도 못 미치는 4억 2400만 달러를 모으는 데 그쳤다.[40]

그렇다고 해서 중신은행에 상환해야 하는 22억 달러 때문에 텐치리튬이 파산할 것 같지는 않았다.[41] 중국에서는 시스템이 그렇게 작동하지 않기 때문이다. 중국에는 약 15만 개의 국유기업이 있다.[42] 이 기업들이 항상 수익을 내는 것은 아니고, 서구에서 보조금으로 간주하는 자금을 받는 일도 드물다. 하지만 동시에 정부는 자금 압박이 심각할 때마다 이 기업들을 돕는다. 중국 공산당 관료들에게 가장 중요한 것은 사회 안정이다. 실직만큼 사람들을 거리로 내몰고 시위에 나서게 하는 것도 없다. 중신은행을 비롯한 중국의 은행 대부분은 사실상 국가 소유다. 중신은행은 국가가 완전히 소유하고 있는 중신그룹中信集團의 계열사다. 완전한 국가 소유의 투자사가 미래 전략산업을 책임질 2대 기업 중 하나를 망하도록 내버려 둘 것이라는 생각은 다소 순진하다. 실제로 설비 과잉을 특징으로 하는 각종 산업 분야에서 단 한 번도 수익을 내지 못한 국유기업 수천 곳이 대출 기한을 계속 연장해 주는 국가 소유의 은행들 덕분에 연명하고 있다.

중국 사회에 대한 전형적 이미지는 근면 성실하고 검소하다는 것이다. 이런 고정관념은 적어도 개인 수준에서는 어느 정도 사실인 것처럼 보인다. 중국의 소비자 대출 그리고 주택 담보 대출은 서구 국가들과 비교하면 낮은 수준이다. 민간 소유의 중소기업 대출도 마찬가지다. 하지만 거대 기업들이 축적한 부채의 양은 지난 10년간 어떤 선진국에서도 볼 수 없는 수준까지 급격히 증가했다.

중국 정부도 이런 상황을 즐기지 않으며 장기적으로는 자국 경제의 부채를 줄이려 한다. 2020년 11월의 일이 대표적이다. 한때 석탄 광산을 성공적으로 운영했던 국유기업 융청석탄永城煤電이 회사채를 상환하지 못했고, 정부도 이 기업을 구해내는 데 실패했다.[43] 이 사건은 투자자들의 가정을 바꿔놓았고, 이후 국유기업들의 차입 비용이 상승하는 데 영향을 미쳤다. 하지만 재생에너지로 전환하는 과정에서 베이징이 석탄 광산을 운영하는 여러 기업 중 하나의 파산을 용인했을 뿐이라는 사실을 기억해야 한다. 즉 이 사건이 중국의 주요 리튬 생산 업체에까지 영향을 미칠 만한 새로운 흐름의 출현을 알리는 것은 아니다.

또한 다행스럽게도 2021년 초가 되자 톈치리튬이 보유한 오스트레일리아의 자산에 관심을 보이는 전략적 투자자가 등장했다. 바로 자국에서 수많은 경험을 쌓아온 오스트레일리아의 광업 기업 IGO였다. 리튬은 재생에너지 산업의 중요한 상품으로 부상하면서 서부 오스트레일리아에서 채굴되는 니켈, 코발트, 구리를 훌륭히 대체하게 되었다. 텐치리튬은 자신들의 통제력은 유지한 채로 14억 달러에 퀴나나_{Kwinana}의 수산화리튬_{lithium hydroxide}* 공장과 그린부시스 광산의 상당한 지분을 IGO에 넘기는 데 성공했다.[44] 리튬 가격이 다시 상승하는 가운데 이 거래까지 성사된 덕분에 텐치리튬은 정부의 지원 없이도 재정적 어려움에서 벗어난 것으로 보인다. 2020년을 지나며 캔버라와 베이징의 관계가 심각하게 악화한 상황에서 오스트레일리아 기업인 IGO와의 협업은 정치적으로도 좋은 선택이 될 것이다. (아마 고의로 유출한 듯한) 중국 대사관의 한 문건은 중국이 오스트레일리아에 불만을 품는 이유로 다자간 포럼에서 노골적인 반감을 드러내며 일대일로 구상을 '격침'하려 한 것 등의 14가지 불만 사항을 나열했다.[45]

리튬 산업을 누비는 중국 자본

리튬 업계는 사실상 이 산업을 규정하는 중국의 영향을 반기고 있

---

* 리튬의 수산화물이다. 리튬이 녹아 있는 염수를 건조거나, 리튬을 물리적·화학적으로 처리해 얻는다. 수산화리튬은 양극재의 핵심 소재인 니켈과 합성해 에너지 밀도를 높이는 데 쓰인다. 최근 하이니켈의 인기가 높아지며, 수산화리튬의 수요도 함께 증가하고 있다.

다. 광업은 언제나 자본이 필요한 대형 산업으로 여겨져 왔다. 칵테일 파티에서 만난 사람에게 광산을 갖고 있다고 하면 상대는 자연스레 당신을 최소한 백만장자로 생각할 것이다. 하지만 현실은 다르다. 신생 기업들은 보통 자금이 충분하지 않아 항상 투자자를 찾고 있으며 대개 과대 포장되어 있다. 광업에 대한 투자는 설사 배터리 관련 금속을 채굴한다고 해도 더는 매력적으로 여겨지지 않는다. 대신 클린테크clean tech*나 바이오테크, 핀테크 같은 기술기업에 자금이 몰린다. 창업 투자회사나 벤처 캐피털은 거의 기술기업에 투자하는 쪽을 택한다. 해운업이나 광업처럼 더 전통적인 산업 분야의 아이디어를 팔려고 하면, 그들은 사업 계획을 검토하는 수고조차 들이지 않으려 할지 모른다. 당신의 구상이 타당하지 않아서가 아니라 그저 기술기업에 쏠려 있는 자신들의 투자 포트폴리오에 맞지 않아서다.

광업에 투자할 뜻이 있는 영리한 자본은 세계적 광업 기업 대부분이 상장을 택하는 캐나다와 오스트레일리아를 비롯한 몇몇 나라에 집중되어 있다. 따라서 본사가 런던에 있고 콩고에서 광업 프로젝트를 하고 있더라도, 상장만큼은 오스트레일리아증권거래소Australian Securities Exchange나 토론토증권거래소Toronto Stock Exchange에 하는 것이 합리적인 선택이다. 여전히 영향력이 큰 런던금속거래소London Metals Exchange가 있는 런던

• 에너지와 자원의 소비, 오염 발생을 최소화하는 친환경 기술을 말한다. 오염 원인을 근본적으로 줄이거나, 재활용을 극대화하는 등의 방법이 있다.

에도 얼마 안 되는 투자자들이 있긴 하지만, 광업 기업들이 일반적으로 상장하는 곳은 아니다. 런던금속거래소는 금속과 관련된 금융거래의 종착지로, 유럽에 기반을 두고 있지만 실은 중국 자본에 속해 있다. 홍콩증권거래소가 런던금속거래소를 매입했는데, 그전에는 다른 아시아 국가들의 거래소 때문에 소외될 위험이 컸으므로, 만족스러운 발전이라 할 수 있다.[46]

중국 자본의 광업 진출은 거침없었다. 서구의 광업 기업가들은 아마 기쁘게 라틴아메리카의 프로젝트들을 팔아치웠을 것이다. 중국인들이 사들이지 않았다면 생산 단계까지 갈 수 있을지 불투명했던 프로젝트들이었다. 하지만 이제 다른 이해 당사자 중 일부가 우려하는 상황이 되었다. 서구 중심적 시각이라는 비판을 피하기 위해 현재 상황을 그다지 달갑게 여기지 않는 일본인들로 예를 들어보자. 언젠가 일본 출신의 기업가와 대화할 기회가 있었는데, 라틴아메리카, 아시아, 아프리카, 오스트레일리아 어디에나 중국 자본이 한발 앞서 협상 중이거나 이미 거래가 끝났기 때문에 유럽에서 프로젝트를 찾아야 한다고 했다. 그는 중국 기업들과 입찰 싸움을 벌이는 대신 다른 가치를 제공하고 싶어 했다. 설사 중국 기업들과의 입찰 싸움에서 승리한다고 해도 돈이 너무 많이 나가기 때문이었다.

일본을 예로 든 데는 또 다른 이유가 있다. 일본 기업들은 막대한 현금을 쌓아놓은 것으로 유명한데, 2019년 기준 4조 8000억 달러로 추정된다.[47] 얼마나 큰 금액인지 피부에 와닿게 비교하자면, 2018년 스웨덴의 GDP는 일본 기업들이 보유한 현금의 8분의 1 정도에 불과한 5510억 달러였다. 게다가 일본의 국외 순자산은 매년 최고치를 경신 중이다. 국외 순자산은 일본 정부와 기업, 개인이 국외에 보유한 자산의 가치에서 외국 정부와 기업, 개인이 일본에 보유한 자산의 가치를 빼 산출한다. 2018년 말 일본의 국외 순자산은 3조 1000억 달러였다.*[48] 다시 이 숫자에 맥락을 부여해 보자. (일부 전문가가 꼽는 지구에서 가장 수익성이 좋은 기업이자) 매일 석유 1250만 배럴을 생산할 수 있는 사우디아람코Saudi Aramco는[49] 주식시장에서 대략 2조 달러의 가치를 가진 것으로 평가된다.[50] 이렇게 엄청난 자본력을 가진 일본인들은 리튬 쟁탈전의 무시무시한 경쟁자로 보인다. 하지만 놀랍게도 이들은 중국인들에게 크게 뒤처져 있다.

뛰어나지만 뒤처진 경쟁자들, 미국과 일본

일본 배터리 산업의 오랜 역사를 생각하면 이 나라가 방관자 신세가 되었다는 사실이 매우 놀랍다. 일본은 배터리를 대규모로 생산하기 시작한 첫 번째 나라였다. 이웃 나라인 한국은 이 분야에서 일본이 거두는

* 일본 재무성에 따르면, 일본 기업들의 사내 유보금은 2019년 기준 475조 엔에서 2021년 기준 516조 엔으로, 또한 일본의 국외 순자산은 2019년 기준 305조 엔에서 2021년 기준 411조 엔으로 꾸준히 늘고 있다. 현재 일본은 무려 31년 연속 세계 최대 국외 순자산 보유국이다.

성공을 목격한 뒤 필요한 노하우를 얻기 위해 긴밀히 협력하면서 자체적으로 한 무리의 배터리 생산 업체들을 키우기로 했다. 시작은 초라했으나 한국은 오늘날 전기자동차와 가전제품 공급망을 지배하는 한 축이 되었다. 하지만 일본과 마찬가지로 리튬 산업에서는 여전히 뒤처져 있다.

일본과 한국이 배터리 자체나 양극재, 음극재, 전해질처럼 부가가치가 있는 부분에 더 집중하고 있긴 하지만, 배터리 공급망 전체에서 무척 탄탄한 위상을 차지하고 있다고 주장할 수도 있다. 실제로 미국과 EU는 이 두 나라에도 못 미친다.

미국은 배터리 연구를 시작한 것으로 치면 어느 나라보다 빨랐다. 오늘날 가장 인기 있는 NCM 양극재는 나치 독일에 맞서 최초의 원자폭탄을 개발하기 위해 시작된 맨해튼계획까지 거슬러 올라가는 오랜 전통의 아르곤국립연구소Argonne National Laboratory에서 개발되었다.[51] 아르곤국립연구소는 2000년경 NCM 양극재를 만들고 특허를 출원했다. 따라서 가장 최근에 개량된 811시리즈**가 배터리 발전의 첨병으로 여겨지긴 해도 NCM 양극재 자체의 역사는 짧지 않다. 이처럼 미국은 과학기술에서 앞서 나갔지만, 오늘날 시장점유율의 대부분을 차지하고 있는 중국과 같은 수준으로 NCM 양극재를 생산하는 데는 실패했다.

배터리에서 리튬은 양극재에 들어간다. 코발트, 니켈, 망가니즈, 철

·· 니켈, 코발트, 망가니즈의 비율이 8:1:1인 양극재를 말한다.

과 같은 다른 금속들은 양극재의 종류에 따라 각각 다른 양이 들어간다. 이때 리튬의 독특한 위상은 오늘날 활용되는 모든 양극재에 공통으로 들어가는 유일한 금속이라는 사실에서 비롯된다.

미국에서는 아주 적은 양의 리튬이 생산되지만, 캐나다에서는 전혀 생산되지 않는다.[52] 미국지질조사국United States Geological Survey, USGS은 전 세계를 아우르는 신뢰할 만한 데이터를 바탕으로 다양한 금속에 대한 권위 있는 보고서를 발행한다. 미국에서 출판되는 자료지만 자국 내 리튬 생산량은 공개하지 않는다. 미국에는 리튬을 생산하는 광산이 하나밖에 없고, 앨버말이라는 미국 회사가 이 광산을 온전히 소유하고 있기 때문이다. USGS는 앨버말의 민감한 산업 기밀을 공개하는 상황을 피하려 해당 데이터를 발표하지 않고 있다.

앨버말은 리튬 업계에서 중요한 기업으로, 부피 기준으로 세계에서 리튬을 가장 많이 생산하는 업체다.[53] 이 회사가 생산하는 리튬의 양은 주요 경쟁자인 간평리튬이나 톈치리튬과 차이가 크지 않고, SQM보다는 월등히 많다. 앨버말은 중국 기업들처럼 공격적으로 국외 자산을 확보하려 하지 않는다. 이 회사는 오스트레일리아와 칠레에서 강력한 입지를 다지는 데 만족하는 듯하다. 앨버말은 세계 최대의 리튬 생산 업체가 되기보다는 주주들을 위해 최대한의 가치를 창출하겠다는 의지를 밝히고 있다. 이러한 태도는 중국 기업과 미국 기업이 사업을 대하는 방식의 차이를 극명히 드러낸다.

앨버말의 존재 이유는 투자자들에게 의무를 다하는 것이다. 톈치리튬과 간펑리튬도 앨버말처럼 주식시장에 상장된 기업이지만, 이 둘은 중국의 국가적 이익도 염두에 두어야 한다. 두 회사는 상당 부분 가족기업으로 남아 있고, 고전하던 국유기업을 헐값에 사들인 뒤 그것을 기반 삼아 맨땅에서부터 시작했다. 당연히 톈치리튬과 간펑리튬도 이익을 내기 위해 운영되지만, 이익만을 따지지 않는다. 자신들이 어디에서 왔고 사업을 확장하는 과정에서 어떤 지원을 받았는지 기억하기 때문이다. 따라서 두 기업은 사업적 판단을 내릴 때 자사의 경제적 이익과 국가의 전략적 고려 사항을 동시에 고민한다. 간펑리튬은 세계 최대의 리튬 생산 업체가 되겠다는 야심을 밝혔을 뿐, 앨버말처럼 투자자들에 대한 의무를 기업의 중요한 원칙으로 강조하지 않았다. 경제학자들은 꽤 오랫동안 중국 고유의 특성을 가지는 국가자본주의를 논의해 왔는데, 리튬 산업은 이러한 국가자본주의가 힘을 발휘하는 또 다른 분야다.

무역 전쟁 발발

여기서 흥미로운 질문은 서구와 아시아의 다른 국가들이 중국과 경쟁할 뜻이 있는지다. 그들은 이미 각자 구축해 온 개발 모델을 고수할까, 아니면 중국의 방식을 전체적으로, 또는 부분적으로 모방하려 할까. 혹시 두 가지 접근법을 어떻게든 혼합하지 않을까. 배터리 공급망에 한정하는 것이 아니라, 배터리 공급망이라는 프리즘을 통해 세계 전체를 들여다보며 던지는 질문이다.

무역 전쟁은 서구가 중국의 독주라는 문제를 어떻게 다루고 있는지 잘 보여준다. 트럼프 행정부에서 백악관의 무역 고문을 맡았던 피터 나바로Peter Navarro는 보조금을 중국의 '7대 죄악' 중 하나로 꼽았고, 두 나라의 무역 관계를 정상화하기 전에 이 문제부터 바로잡아야 한다고 주장했다.[54] 중국이 회원국으로 가입하기 위해 매우 애썼던 WTO도 압박 수단으로 활용되었다. WTO에 속한 미국, EU, 일본의 통상 부처 장관들은 중국 정부가 더 투명하게 경제를 관리하도록 여러 차례 설득하려 했다. 보조금 등의 지원을 받지 못하는 자국 기업들을 위해 더 평평한 운동장을 만들고자 한 것이었다. 한편 한국은 압력을 행사하는 무리에 끼지 않았다. 기적에 가까운 한국의 경제성장은 대부분 정부가 선택하고 지원한 특정 시장에서 수출 중심 산업을 키운 결과였다. 즉 최소한 과거에는 중국과 크게 다르지 않았다.

중국과 벌이는 경쟁은 다면적이다. 한 가지 방법은 비판을 가해 중국식 모델을 약화하는 것이다. 또 다른 방법은 이용할 수 있는 법적 체계 안에서 중국식 모델을 따라가는 것이다. EU와 미국은 정확히 후자처럼 하고 있다. 공화당 소속의 리사 머카우스키Lisa Murkowski 상원의원과 민주당 소속의 조 맨친Joe Manchin 상원의원은 미국이 배터리, 클린테크, 하이테크, 방위 산업에 필요한 광물을 외국에 의존하는 문제를 바로잡기 위해 초당파적 법안을 마련했다. 머카우스키는 "우리나라의 광물 안보는 중요하고 심각한데도 종종 무시되는 문제다. 가장 중요한 광물을 중국이나 다른 나라에 의존하면 일자리를 빼앗기게 되고 경제의 경쟁력이 약해지며 지정학적으로 불리한 위치에 놓인다"라고 주장했다.[55] 언론은 머카우스키의 법안이 미국에 중요하다고 여겨지는 광물들의 자국 내 생산을 촉진하기 위한 종합 계획이라 설명했다.

머카우스키의 계획은 논의를 바람직한 방향으로 돌려놓고 중요한 문제를 수면 위로 끌어올렸지만, 사실 업계에는 그다지 중요하지 않은 문제들을 다루고 있었다. 전국적 자원 평가, 허가 절차 개선, 관련 업계의 국내 인력 조사라는 이 법안의 주요 내용들은 미국 내 리튬 생산 업체들을 위한 것으로 보기 어려웠다.[56] 다른 나라와 비교해 보면 광업과 관련된 미국의 법적 체계는 이미 몹시 탄탄하고 기업 친화적이다. 그런데 광업 프로젝트는 이런 법적 체계가 없는 곳이라도 자금만 있으면 결실을 본다. 자원 평가는 어떨까. 다시 중국이나 아르헨티나와 비교해 보면 미국 내 광물 자원에 대한 계획이 이미 더 훌륭하게 수립되어 있다. 하지만 미국에는 두 나라만큼 프로젝트가 많지 않다. 정작 미국의 리튬 생산 업체들이 간절히 원하는 것은 자본에 접근할 기회다. 따라서 그들에게 머카우스키의 법안은 실속 없는 소동에 가까웠다. 유일하게 긍정적인 점은 젊은 세대가 '마이닝mining'이라는 단어를 들으면 데이터를 먼저 떠올리는 나라에서 광업을 알리고 홍보했다는 것이다.

사람들은 보통 배터리 공급망의 맥락에서 테슬라를 생각한다. 테슬라는 혁신적 기업이고 애플이 스마트폰 분야에서 해온 일을 전기자동차 분야에서 하고 있다. 이 회사의 상품은 멋지고 고급스러우며 몹시 미국적이라 여겨진다. 테슬라는 흔히 생각하는 바와 달리 배터리를 만들지 않는다. 전기자동차의 핵심 요소인 배터리는 테슬라의 상품이 아니다. 미국 네바다에 있는 기가팩토리gigafactory*에서는 사실 일본 기업인 파나소닉이 셀을 생산한다. 그리고 셀의 핵심 요소로 배터리 기능을 크게 좌우하고 리튬이 들어가는 양극재는 또 다른 일본 기업인 스미토모 금속광산住友金属鉱山에서 만든다.

양극재의 핵심은 생산 과정에서 리튬 화합물이 주입되는 결정구조다. 충전하는 동안 리튬 이온은 결정구조를 벗어나고, 완전히 방전되면 결정구조로 돌아온다. 셀이 충전되고 방전될 때마다 이 과정이 되풀이된다. 양극재의 결정구조는 나노 수준에서 리튬 이온의 탈출과 복귀를 견딜 수 있을 정도로 강해야 한다.

셀과 배터리의 차이를 이해하고 두 용어를 올바르게 쓰는 것이 중요하다. 테슬라의 전기자동차가 동력을 얻는 원천인 배터리는 모듈로 연결된 개별 셀들로 구성된다. 이 셀들은 원통형이어서 텔레비전 리모컨에 넣는 건전지와 비슷해 보이지만, 전기화학적 특성이 월등하다. 약 7000개의 셀이 모듈로 연결되어 이들을 관리하는 시스템과 함께 배터리를 구성한다.**

- 테슬라가 세운 리튬 이온 배터리 공장이다. 생산 효율성을 극대화해 다른 배터리 생산 업체들도 벤치마킹하는 중이다.
- 이렇게 만들어진 거대한 배터리를 배터리팩(battery pack)으로 특정해 부르기도 한다. 이 책에서는 배터리로 통일한다.

유럽의 희망이 된 LG

EU는 배터리에 특이한 관점을 취해왔다. EU의 정책 결정자들은 배터리가 곧 수많은 상품 중 하나로 확인될 것이며, 따라서 유럽의 오래된 가치 지향적 선진 경제가 관심을 둘 만한 지점은 없을 거로 생각했다. 또한 EU는 서서히 진행되는 설비 과잉을 우려했다. 뒤에서 살펴보겠지만 아마 타당한 걱정이었을 것이다. 하지만 이들은 영토 내에 배터리 공장을 건설하는 쪽으로 무게를 기울였을지 모를 몇 가지 중요한 반론을 듣지 않았다. 먼저 자동차 생산 업체들은 핵심 부품을 적기에 조달받는 방식을 장려해 왔고, 공급망을 수요지와 가까운 지역에 구축하는 것을 선호해 관련 업체들을 모아두고 일하는 데 익숙했다. 실제로 스위스, 헝가리, 체코에는 독일의 대형 자동차 생산 업체, 즉 BMW, 메르세데스-벤츠, 아우디, 폭스바겐에 납품할 부품을 만드는 전문 업체가 수없이 들어섰고, 대부분 성공을 거뒀다.

처음부터 배터리 공장을 원하지 않은 EU였지만, 여전히 혁신을 선도하고 싶어 했다. 산업계와 학계의 자연스러운 시너지 효과를 최대한 활용하려면 연구 시설과 지리적으로 가까운 곳에 생산 시설을 두어야 한다는 것은 상식이다. 또한 교내 연구를 기반으로 스타트업을 만드는 학교들은 지역 산업계에서 고객을 찾아낼 기회를 얻을 수 있다.

가령 독일 바이에른 지역에서 활발히 성장하는 스타트업들은 인근 지역의 자동차 생산 업체들과 연계되어 있다. 또한 뮌헨공과대학교

Technische Universitat Munchen나 막스플랑크연구소 Max Planck Institut처럼 이 지역에 기반을 둔 교육 기관들의 연구개발 결과물은 인근의 자동차 생산 업체나 스타트업과의 긴밀한 협업에서 비롯된다. 이런 성공담이 배터리 산업을 비롯한 다른 분야에서 재현되지 못할 이유가 없다.

다임러가 소유했던 배터리 생산 업체인 리텍 Li-Tec이 문을 닫아야 했던 2015년에는 아무도 그렇게 생각하지 않았다.[57] 리텍의 기술력은 상당했지만, 생산량이 적은 탓에 비용이 많이 들어 운명이 결정되었다. 2016년 초 다임러의 CEO였던 디터 체체 Dieter Zetsche는 독일에서 셀 생산에 투자하려 했던 BMW, 아우디와의 합작을 더는 진행하지 않기로 했다. 그는 언론과의 인터뷰에서 "현재 시장에는 사실상 엄청난 생산 과잉이 존재하고 셀은 상품이 되어가고 있다. 우리가 할 수 있는 가장 멍청한 짓은 생산 과잉을 더 키우는 것이다"라고 밝혔다.[58]

다행히도 EU는 이후 천천히 새로운 현실에 눈뜨기 시작했다. EU 집행위원회 부회장은 2017년 10월 열린 회의에서 "유럽 내에 셀 생산 기지가 없다는 사실은 공급망 안보와 운송으로 인한 비용 상승, 시간 지연, 품질 관리 약화, 설계 한계로 EU 내 업계 고객들의 위상을 위태롭게 할 수 있다"라고 지적했다.[59] 유미코아 Umicore, 바스프 BASF, 다임러, 르노의 경영진이 이 회의에 참석했다. 유미코아의 부회장 에그베르트 록스 Egbert Lox는 유럽에 "배터리를 위한 에어버스 Airbus*가 필요하다"라고 평

• 미국의 방위사업체들과 경쟁하기 위해 설립된 유럽 항공사들의 컨소시엄이다.

했다.[60] 양극재 생산 업체로서 이 회사가 차지하고 있는 우월한 위상을 생각하면 다소 이기적인 발언이었다.

사실 유럽 기업들보다 먼저 유럽에 자리 잡고 전기자동차 산업이 태동한 초기부터 이익을 낸 것은 한국인들이었다. 2015년 LG화학은 유럽에 배터리 공장을 짓기로 하고 폴란드 브로츠와프Wroclaw 근처의 부지를 노렸다. 독일 자동차 산업의 중심지와 가깝다는 점, 독일과 비교해 생산 비용이 낮다는 점, LG가 오래전부터 폴란드에 진출해 있었다는 점을 고려하면 놀랍지 않은 선택이었다. LG는 폴란드가 공산주의에서 벗어나 급격히 변화하던 광란의 시대에 논란의 기업 아트-비Art-B^{••}와 거래하며 이 나라에 등장했다. 당시 20대에 불과했던 아트-비의 창업자들은 현대자동차와 컨테이너선 두 척 분량인 차량 5만 대를 수입하는 계약을 맺었는데, 회의 중 신용카드 한 장으로 대금을 결제해 한국 재계에 일대 파문을 일으켰다.[61]

LG화학의 배터리 공장은 2018년부터 가동되었고,[62] 유럽에서 유일하게 제대로 된 전기자동차 배터리 생산 업체라 할 수 있는 스웨덴의 노스볼트Northvolt는 2021년 가동을 시작했다.[63] LG화학의 주요 경쟁자인 삼성SDI도 헝가리에 배터리 공장을 설립해 2018년 가동을 시작했지만,[64] EU의 반독점 규제 기관이 이곳에 1억 800만 유로를 지원하려

•• 폴란드의 탈공산화 후 젊은 사업가들이 세운 기업으로, 전자 기기, 자동차, 식품 산업 등 다방면으로 사업을 확장하며 주목받았다. 하지만 결국 경영 위기에 처했고, 은행권과의 유착을 통한 사기 행위가 드러나 청산되었다.

는 헝가리 정부의 계획을 조사하기 시작하면서 미래가 불투명해졌다.[65] EU는 유럽 내 단일 시장의 경쟁을 왜곡할 가능성이 있는 기업에 회원국 정부가 제공하는 재정 지원을 불법으로 정의하고 있어, 헝가리의 계획도 제동이 걸릴 수 있다.* EU는 일반적으로 보조금을 허용하지 않고, 회원국 정부는 EU 집행위원회의 승인이 있을 때만 보조금을 지급할 수 있다. 즉 EU는 한편으로는 배터리 산업을 키우고 싶어 하면서도, 다른 한편으로는 자국에 선두권 생산 업체를 유치하고 (일자리와 조세수입 증가는 논외로 하더라도) 관련 노하우를 익히며 수요를 창출하기 위해 구체적인 우대책을 제안한 회원국을 조사하고 있는 것이다.

한편 노스볼트는 어마어마한 잠재력을 입증해 왔다. 이 회사의 공동 창립자인 페테르 칼손Peter Carlsson은 유럽 안에 배터리 공장을 설립한다는 구상을 현실로 만드는 데 성공했다. 그는 기후변화에 대한 우려를 홍보에 활용해 이 거대한 프로젝트를 위한 막대한 투자를 끌어냈고, 미래에 생산한 제품을 판매할 거래처까지 이미 확보했다.

칼손은 오랫동안 첨단 기술 산업의 공급망에 몸담아 왔다. 기술과 인적 네트워크로 무장한 그는 소니에릭슨Sony Ericsson**의 대외 구매 책임자, 싱가포르 NXP반도체NXP Semiconductors의 구매 책임자, 테슬라의 공급

---

* 이 조사는 2019년 10월 시작되어 2022년 11월 기준 여전히 진행 중이다.
** 2001년 일본의 소니와 스웨덴의 에릭슨이 합작해 만들었다. 2012년 소니가 에릭슨의 지분을 전부 인수하며 소니모바일로 바뀌었고, 2021년 소니 그룹 내 흡수합병을 거쳐 소니모바일커뮤니케이션스로 바뀌었다.

망 부사장을 지냈다.[66] 칼손은 이케아와 관련된 이마스재단IMAS Foundation
과 폭스바겐, 골드만삭스, 스웨덴공공연금기금AP-fonderna 등 대형 투자
처의 자금을 끌어들였고, 유럽투자은행European Investment Bank에서 3억
5000만 유로를 대출받았다.[67] 배터리 공장을 건설하려면 엄청난 자금
이 필요하다. LG화학은 브로츠와프의 배터리 공장에서 연간 70기가와
트시의 생산량을 확보할 때까지 총 28억 유로를 투입할 예정이다.[68] 노
스볼트는 생산량을 32기가와트시까지 키우려 한다.••• [69]

공급 과잉은 없다

1기가와트시는 10억 와트시에 해당하는 에너지 단위다. 테슬라의 인
기 전기자동차인 '모델 3'는 50킬로와트시 용량의 배터리를 기본 장착
한다. 노스볼트가 연간 32기가와트시의 생산량을 확보한다면 공장을
최대로 가동했을 때 매년 약 64만 대의 모델 3에 들어가는 배터리를 만
들어 낼 수 있다. 2019년 테슬라의 전기자동차 판매량이 36만 7500대
에 불과하다는 사실을 생각하면 설비 과잉으로 이어지지 않을지 의문

••• LG에너지솔루션(LG화학에서 분할)의 브로츠와프 배터리 공장은 2020년에 이미 70기가와트시
의 생산량 목표를 달성했다. 2022년 11월 기준 생산량 100기가와트시를 확보하고자 생산라
인을 증설하고 있다. 자세한 생산량을 밝히지 않은 노스볼트는 2024년까지 60기가와트시의
생산량을 확보하려 준비 중이다.

이 든다.[70] 세계 각국이 발표한 배터리 공장 증설 계획을 모아보면 앞으로 10년 사이에만 약 2테라와트시terawatt hour, TWh의 생산량이 더해질 예정이다.[71] 다시 테슬라의 모델 3를 예로 들면 매년 4000만 대분의 배터리를 추가 생산할 수 있게 되는 것이다. 2018년 한 해 동안 전 세계적으로 내연기관차와 전기자동차를 합쳐 생산된 승용차와 상용차는 9700만 대였다.[72] 하지만 2019년의 전기자동차 판매량은 200만 대에 그쳤다.●[73] 그렇다면 시장이 엄청난 설비 과잉을 맞닥뜨리게 되지 않을까. 공장을 더 짓는 게 합리적일까.

이 질문에 답하려면 먼저 모든 숫자가 그저 발표와 예측에 불과하다는 사실을 이해해야 한다. 이 산업에 새로 진입한 기업들이 내놓는 배터리 공장 건설 계획은 완전히 공수표가 될 수도 있다. (LG화학, 삼성SDI, SK이노베이션, 비야디, 닝더스다이, 파나소닉 등) 열 손가락 안에 꼽을 수 있는 주요 배터리 생산 업체가 공식적으로 발표한 확장 계획은 훨씬, 훨씬 덜 야심 차다. 그리고 이미 자리 잡은 전기자동차 생산 업체들은 자신들의 브랜드에 치명적인 타격을 입힐지 모르는 안전과 성능의 위험을 감수한 채 검증되지 않은 배터리 생산 업체와 계약을 맺으려 하지 않을 것이다. 유명 브랜드의 전기자동차에서 배터리 폭발로 운전자가 사망했다고 상상해 보라. 게다가 전기자동차 배터리는 모델에 맞춰 기

● IEA에 따르면, 2021년 기준 전 세계적으로 660만 대의 전기자동차가 팔렸다. 2022년에는 930만 대가 팔릴 것으로 예측된다.

술을 조정해야 하므로 항상 두 생산 업체가 긴밀히 협력해 개발된다. 배터리와 부품의 사양은 언제나 극비 사항이다. 따라서 배터리 시장은 구매자가 표준화된 상품을 구매하기 위해 입찰을 열고, 가장 저렴한 가격과 구매자에게 유리한 결제 방식을 제시한 이가 낙찰받는 일반적인 시장과는 차이가 있다. 다임러의 CEO가 주장한 바와 달리 배터리는 '상품화'되지 않았다.[74] 조만간 상품화될 것 같지도 않다.

리튬 광산과 자원민족주의

유럽 내 배터리 산업을 살펴보았으니, 이제 아직 태동 단계인 유럽의 리튬 광업으로 시선을 돌려보자. 오스트레일리아의 광업 기업 유러피안메탈스European Metals와 체코의 이야기는 노하우는 있지만 자본은 많지 않은 기업과 자본은 있지만 영토 안에 있는 자원을 어떻게 이용해야 할지 전혀 모르는 유럽 각국의 정부 사이에서 벌어지는 치열한 흥정을 잘 보여준다. 2012년 체코의 작은 마을 치노베츠Cínovec 근처의 탐사권을 사들인 유러피안메탈스는 그곳에 탄산리튬당량으로 약 2만 톤의 리튬이 묻혀 있다고 추정하며 2019년에는 채굴을 시작한다는 계획을 세웠다.[75] 이 회사는 광산을 가동하기까지 약 3억 9300만 달러가 필요할 것으로 예상했다.[76] 리튬 채굴은 배터리 제조와 마찬가지로 막대한 자본이 투입되는 영역이지만, 위험에 대한 보상이 막대할 수 있다. 치노베츠 프로젝트에 대한 예비 타당성 조사 결과 생산 비용은 톤당 3483달러였다.[77] 침체한 현재 시장에서도 배터리 등급 탄산리튬의 가격은 톤당 8000달러를 쉽게 넘어간다. 시장이 좋을 때는 1만 달러를 훌쩍 넘어서기도 한다.* 즉 톤당 4500달러에서 8000달러 사이의 수익이 발생하는 것이다.

2017년 여름에는 금융시장과 광업 산업에서 30년간 경험을 쌓아온 유러피안메탈스의 상무 키스 코플란Keith Coughlan에게 모든 것이 낙관적으로 보였다.[78] 그는 통신사 로이터와의 인터뷰에서 "허가 절차가 정상적으로 진행되고 있으며 모든 일이 질서 정연하게 이뤄지고 있다"라고 설명했다.[79] 광업과 환경을 담당하는 체코 당국에서 몇 가지 허가만 받으면 되는 상황이었다. 가을에 대통령 선거 유세가 시작되었지만 유러피안메탈스는 정치가 자신들의 사업에 영향을 미칠 거라고는 생각하지 않았다. 당시 체코는 안정되고 성숙한 민주주의 국가였고 EU 회원국이었다.

하지만 2017년에는 포퓰리즘의 물결이 유럽을 휩쓸고 있었다. 그보다 1년 전 영국은 국민투표로 EU 탈퇴를 결정했고, 체코의 이웃 나라인 폴란드에서는 사법부를 완전히 장악하려는 정부의 시도에 분개해 수천 명이 시위에 나섰다. 2017년 열린 체코 총선거에서는 카리스마 넘치는 지도자 안드레이 바비시Andrej Babiš가 이끄는 포퓰리즘 정당 '불만족스러

• 2022년 11월 기준 배터리 등급 탄산리튬의 가격은 톤당 10만 달러 안팎이다.

운 시민들의 행동Akce nespokojených občanů'이 압도적인 승리를 거머쥐었다. 바비시는 재주가 많은 사람이다. 비료 산업에서 부를 쌓기 시작한 그는 화학약품부터 대중매체까지 모든 분야에 관심을 보이며 사업을 확장해 대기업을 일궜고, 결국 체코에서 두 번째로 부유한 사람이 되었다.[80] 공산주의 정권 시절에는 잠시 체코의 정보 및 방첩 기관의 요원으로 일했다는 소문도 있다(물론 바비시는 이러한 주장을 완강히 부인했다).

상업적 감각이 뛰어났던 바비시는 자신의 나라가 미래의 핵심 자원에 대한 권리를 어째서 오스트레일리아의 광업 기업에 양도하려 하는지 도저히 이해할 수 없었을 것이다. 그는 손을 쓰기로 했다. 바비시는 의회 연설에서 체코의 국익을 팔아넘긴 자신의 전임자들을 비난한 뒤 연립정부의 지지를 얻어냈다.[81] 체코 행정부는 지금까지의 합의를 무시하라는 지시를 받았다.[82] 유러피안메탈스는 여전히 리튬에 대한 합법적 소유권을 가지고 있었으므로 국제 사법기관에 호소할 수 있었다. 하지만 아마 이 회사는 순식간에 적지로 보이기 시작한 곳에서 힘겨운 싸움을 벌이고 싶지 않았던 듯하다. 그사이 리튬 시장의 흐름이 바뀌었고 자금 사정은 빠듯해졌다. 체코 정부와 갈등을 빚고 있는 유러피안메탈스를 지원하려 하지 않는 투자자들도 있었다. 이러한 충돌이 좋게 끝나는 일은 드물었기 때문이다.

결국 유리피안메탈스는 압박을 못 이기고 체코의 국유기업인 체코에너지설비České energetické závody, CEZ와 합의했다. 조건부 합의를 통해 유러피안메탈스는 대출을 받았고, CEZ는 이 대출을 주식으로 전환할 수 있는 권리를 얻어 유러피안메탈스를 통제할 만큼의 지분을 획득했다.[83] 겉으로는 윈윈win-win처럼 보였다. 유러피안메탈스는 자금 사정이 어려워진 시기에 현금을, 체코 정부는 치노베츠 프로젝트가 성공을 거뒀을 때 유러피안메탈스를 통제할 권리와 수입 일부를 확보했다. 체코의 리튬을 둘러싼 대서사시는 지금도 계속되고 있다. CEZ는 자국의 리튬을 발판 삼아 배터리 산업에 진입하겠다는 허무맹랑한 장밋빛 계획을 세우고 있지만, 광산 개발은 여전히 아주 초기 단계에 머물러 있다.[84] 체코의 사례는 신에너지 경제에서 자신들의 이익을 지키려 움직이는 이들이 중국이나 미국, EU 같은 세계의 열강들만이 아니라는 사실을 잘 보여준다.

리튬 화합물과 양극재에 집중하는 유럽

그런데 유럽이 독립적이고 비용 효율적인 배터리 공급망을 구축하려 한다면 영토 내에서 리튬을 채굴하고 배터리 공장을 짓는 것만으로 충분할까. 혹시 퍼즐에서 빠진 조각이 있지 않을까. 앞서 3장에서 설명했듯이 중국은 오스트레일리아에서 들여온 리튬을 배터리에 사용되는 수준으로 가공한다. 하지만 오스트레일리아와 달리 유럽은 중국에서 상당히 멀다. 선박을 이용하면 중국에서 오스트레일리아까지 약 10일이 걸리지만 유럽까지는 약 30일이 소요된다. 선박 운영비 중 약 60퍼센트는 동력을 제공하는 중유를 구매하는 데 들어간다.[85] 전기로만 가동되는 선박은 아직 설계 단계에도 이르지 못했다. 중유는 값비싼 석유 상품으로, 연소하면서 이산화탄소를 배출한다. 따라서 유럽에서 채굴한 리튬을 중국까지 보내 가공한 뒤 다시 유럽의 배터리 공장으로 들여오는 것은 시간이 오래 걸리고 비용이 많이 들며 오염까지 유발하는 방법으로 전혀 좋은 해결책이 아니다. 즉 유럽과 미국이 신에너지 경제의 퍼즐을 맞추고 전기자동차 생산 업체들과 정치인들이 목표하는 공급망을 확보하려면 지역 내에 리튬 가공 시설을 지어야 한다.

리튬 화합물을 생산하는 것은 경험이 풍부한 업체라 해도 어려운 작업이므로 쉽지 않은 과제다. 톈치리튬이 오스트레일리아 퀴나나에 가공 시설을 짓고 부분적으로 운영하기까지 3년이 걸렸고 4억 달러가 투입되었다.[86] 매년 수산화리튬 2만 4000톤을 생산하는 1단계에 진입하려면 다시 12개월에서 18개월이 더 필요할 것으로 보인다.[87] 테슬라의 모델 3에 장착된 배터리에는 약 55킬로그램의 수산화리튬이 들어간다. 따라서 톈치리튬의 1단계 생산량만으로도 약 43만 대분의 모델 3에 수산화리튬을 공급할 수 있다.[88] 2019년 전 세계에서 전기자동차가 약 200만 대 팔렸다는 점을 생각하면 시장점유율이 상당할 것으로 예측된다.[89] 톈치리튬은 원래 목표한 생산량에 사실상 도달하기 어렵다는 사실 그리고 세계 자동차 산업이 오로지 전기화를 향해 나아간다는 가정에 기초해 여기서 멈추려 하지 않는다. 이 회사는 2억 500만 달러를 추가로 쏟아부어 퀴나나에서의 연간 수산화리튬 생산량을 4만 8000톤까

지 늘리고자 한다.[90]

유럽의 일부 리튬 생산 업체는 자신들의 광산 근처에 가공 시설을 세우고 수산화리튬을 생산하려 계획하고 있다. 하지만 텐치리튬이 이를 위해 들인 돈과 시간을 생각하면 이른 시일 안에 그들의 계획이 현실화될 것 같지는 않다. 하지만 유럽이 공급망 독립이라는 길을 따라 더 전진하길 원한다면 이러한 시설을 적어도 하나는 보유해야 한다. 이 오래된 대륙에서는 2019년 한 해에만 전기자동차가 27만 대 이상 판매되어 미국 내 판매량을 넘어섰다.•[91]

남아 있는 퍼즐 조각 중 리튬의 가공을 논의했으니, 이제 다음으로 넘어갈 차례다. 바로 배터리의 핵심 요소인 양극재 생산이다. 유럽은 두 기업 덕분에 이 퍼즐 조각을 어느 정도 쥐고 있다. 바로 독일의 바스프와 벨기에의 유미코다. 유미코아는 한국과 중국의 공장을 통해, 바스프는 일본 도다공업戶田工業과의 합작 및 미국과 일본의 여러 공장을 통해 양극재 산업을 주도하고 있다. 이들의 주 고객은 한국, 중국, 일본의 배터리 생산 업체다.

바스프가 양극재 중 가장 많이 팔리는 NCM 양극재를 발명한 것은 아니다. 앞서 언급한 것처럼 미국 아르곤국립연구소가 니켈, 코발트, 망가니즈, 리튬이 각각 다른 비율로 섞여 층을 이루는 NCM 양극재의 혁

• 유럽자동차제조협회(European Automobile Manufacturers' Association)에 따르면 2021년 기준 유럽 내 전기자동차 판매량은 121만 대에 달했다. 반면 미국에서는 50만 대의 전기자동차가 판매되는 데 그쳤다.

신적인 결정구조를 만들었다. 당시 아르곤국립연구소의 과학자들은 마구잡이로 뻗어나가는 아시아의 배터리 산업이 특허와 관계없이 자신들의 발명품을 베낄까 봐 걱정했다.[92] 그래서 이 물질의 판매권을 특허를 침해하지 않을 거대 기업들에만 부여해 인위적으로 시장에서의 희소성을 조성하자는 기발한 아이디어를 냈다. 이러한 전략에 따라 두 거대 기업, 즉 바스프와 도다공업이 독점 판매권을 얻게 되었다.[93]

2015년 바스프는 생산 역량을 키우기 위해 산화철 산업에서 나노 단위로 광물을 가공해 온 경험이 있는 도다공업과 손잡았다. 이 협력 관계는 성장 중인 일본의 배터리 시장에 접근할 기회도 되었다.

그사이 자체적으로 NCM 양극재를 개발해 판매하기 시작한 유미코아는 자신들의 제품은 고유한 것이라 바스프처럼 판매권을 부여받을 필요가 없다고 믿었다. 짧은 법적 분쟁 이후 미국 국제무역위원회 International Trade Commission 는 유미코아와 유미코아의 NCM 양극재를 사용하는 기업들 모두가 특허를 침해하고 있다고 판단했다.[94] 유미코아는 판매권을 사서 바스프, 아르곤국립연구소와의 법적 문제를 해결할 수밖에 없었다.[95]

이후 유미코아와 바스프는 과거의 분쟁을 뒤로하고 아시아에서 갈고닦은 경험과 생산 프로세스를 활용해 유럽 양극재 시장을 완전히 장악하고 있다. 유미코아는 2021년 폴란드의 니사 Nysa 에 NCM 양극재 공장을 세웠다. 브로츠와프에 있는 LG화학의 배터리 공장에 양극재를 납품하고자 가까운 니사를 선택한 것이었다.[96] 한편 바스프는 베를린에

있는 테슬라의 기가팩토리 근처에 양극재 공장을 건설한다는 계획을 밝혔다.[*97]

다크호스를 꿈꾸는 인도

설사 내세울 만한 리튬이나 전기자동차 시장이 없다고 해도 리튬을 둘러싼 게임에 참가하지 못할 이유는 되지 않는다. 인도는 군사력과 경제 규모 때문에 미래에 신흥 세력으로 자리매김할 나라 중 하나로 꼽힌다. 명목 GDP만 따지면 이미 세계 5위의 경제 대국으로 독일과 영국 사이에 자리한다. 앞으로 13억 명이 넘는 인구에 힘입어 더 높이 뛰어오르게 될 것이다.

2019년 인도에서 판매된 전기자동차는 1500대가 조금 넘었다.[**98] 국경선 안에서 리튬 매장층이 발견된 적도 없다. 하지만 이 나라는 특히 심각한 오염 수준과 수입 석유에 대한 의존도를 낮추기 위해서라도 언젠가는 수많은 인구가 저렴하게 전기 모빌리티를 이용할 방법을 마련

- 이 양극재 공장은 2024년 가동을 목표로 슈바르츠하이데(Schwarzheide)에 건설 중이다.
- 인도의 전기 모빌리티 시장은 주로 이륜차와 삼륜차에 집중되어 있다. 버스를 포함한 사륜차는 시장점유율이 4퍼센트 미만인 탓에, 지금까지 전기자동차의 불모지로 평가받아 왔다. 다만 인도 정부 차원에서 국가전기모빌리티정책계획(National Electric Mobility Mission Plan)을 추진 중으로, 시장조사 기업 넷스크라입스(Netscribes)에 따르면 2021년 기준 23만 대의 전기 모빌리티가 판매되었다.

해야 한다. 국제 환경보호 단체 그린피스에 따르면 세계에서 가장 오염이 심한 도시 30곳 중 22곳이 수도 델리를 비롯한 인도의 도시들이다.[99] 또한 이 나라는 중국과 미국에 이어 세계에서 석유를 세 번째로 많이 수입하는데, 자국 내 수요의 85퍼센트를 수입에 의존한다.[100]

게다가 인도가 석유를 많이 수입하는 나라는 대부분 정치적으로 불안정하다. 2018년의 5대 수입국 중에는 이라크, 이란, 베네수엘라가 포함되어 있었다. 2017년 인도 수상 나렌드라 모디Narendra Modi는 2030년부터 내연기관차의 판매를 금지하자고 제안했다. 이는 이미 유럽에서 전기자동차 도입을 주도하고 있는 작은 나라들, 즉 덴마크나 아이슬란드의 목표와 유사하다. 지나치게 앞서 나간 기준은 이후 더 합리적인 목표로 수정되어 2030년까지 인도에서 판매되는 새 자동차 중 전기자동차의 비중을 3분의 1까지 끌어올리기로 했다. 이런 전환을 지원하기 위해 다양한 보조금 프로그램과 세금 우대 조치가 시작되었다. 그러면서 인도는 역사적으로 관심이 거의 없었던 남아메리카를 정치적 차원에서 바라보기 시작했다. 2019년에는 이 나라의 정치인들이 '리튬 삼각지대', 즉 아르헨티나, 볼리비아, 칠레의 대표자들을 모두 만났다.[101] 특히 인도 정부 대표단이 볼리비아를 찾은 것은 처음이었다.

인도 정부는 국가 소유의 광물 기업 세 곳, 즉 국영알루미늄공사 National Aluminium Company와 힌두스탄코퍼Hindustan Copper, 미네랄익스플로레이션Mineral Exploration이 힘을 합쳐 해외에서 리튬과 코발트를 확보하고 특수 목적 차량을 개발하도록 지휘한다.[102] 이 나라의 정치인들이 보기에는 인도에서 신에너지 혁명을 일으키기 위해 극복해야 할 가장 큰 장애물은 배터리 공장이 없다는 사실이 아니다. 이 정도는 자국 기업들에 언제든 허가를 내줘 해결할 수 있는 문제다. 타타TATA처럼 강력한 기업이 있는 인도 자동차 업계는 언젠가 이 나라의 중산층들을 위한 전기자동차를 만들 잠재력이 있다. 하지만 리튬이란 귀중한 자원은 무無에서 만들 수 없다. 땅속에 있거나 아예 없거나, 둘 중 하나다. 인도가 전 세계에 퍼져 있는 리튬 8000만 톤 중 4700만 톤이 몰려 있는 남아메리카의 리튬 삼각지대로 눈을 돌린 이유다.[103]

다음 장에서는 리튬 삼각지대를 들여다보며 땅에 묻혀 있는 새로운 석유와 최근의 어지러운 정세, 외세의 영향, 자국 내 파벌이 이 지역의 미래를 결정하는 데 어떤 역할을 하고 있는지 알아볼 것이다.

5장

라틴아메리카에
펼쳐진 리튬 삼각지대

칠레 아타카마염원은 지구에서 생존에 가장 부적합한 장소 중 하나다. 연간 평균 강우량이 2밀리미터 이하로 매우 건조하다. 사하라사막도 비가 많이 내리는 해에는 강우량이 100밀리미터를 넘어간다. 나는 이 책을 〈스케치스 오브 스페인Sketches of Spain〉*의 선율에 맞춰 빗방울이 창문을 두드리는 런던에서 쓰고 있는데, 이 도시에는 매년 평균 106일간 583밀리미터의 비가 내린다.

아타카마염원에 녹아 있는 리튬은 안데스산맥의 한 줄기인 도메이코Domeyko산맥에 보호받고 있다. 도메이코산맥은 칠레의 광물자원 연구에 공헌한 나의 동포 폴란드인 이그나치 도메이코Ignacy Domeyko에서 이

---

* 미국의 재즈 음악가 마일스 데이비스(Miles Davis)가 1960년 발표한 곡이다.

름을 따왔다.

이 지역은 말 그대로 바위투성이고 황량하지만 다른 세계에 온 듯한 아름다움이 있다. 해가 지기 직전에는 땅과 하늘이 강렬한 색채로 가득 차 다른 행성의 표면에 서 있는 듯하다. 이 불친절한 땅은 소금 평원에서 번성하는 법을 배운, 역시 익숙지 않은 색채를 자랑하는 새의 고향이기도 하다. 분홍색 홍학은 카로티노이드carotenoid•가 풍부한 조류와 동물 플랑크톤을 수면 아래서 능숙하게 찾아내 먹는다.

이 장의 주인공은 홍학과 마찬가지로 좀처럼 보기 어려운 사람이다. 논쟁적인 동시에 숨은 실력자이며 한때는 사망한 칠레 독재자의 사위였으나 자신을 이 나라의 기득권층 중 한 명이라고는 생각한 적이 없는 인물이다. 주가조작[1]으로 시작해 〈파나마 페이퍼스Panama Papers〉••에 등장하는 조직들을 떠올리게 하는 복잡한 역외 체계를 만들고[2] 선거운동에 자금을 지원해 정치 지형에 영향을 미치는 등 온갖 스캔들과 혐의로 얼룩진 그는 칠레가 리튬 산업에서 거둔 성공의 아버지이기도 하다.[3] 폰세 레로우의 날렵한 체형과 감정을 숨기지 않는 생생한 표정은 그가 오랫동안 칠레 재계와 정계에서 맡아온 노련한 수완가 역할과 잘 어울린다. 그는 수십 년간 칠레 리튬 산업에 영향력을 발휘해 왔고 그의 인

• 동식물계에 광범위하게 존재하는 노란색과 붉은색 계통의 색소다.

•• 파나마 최대의 로펌인 모색폰세카(Mossack Fonseca)가 보유한 비밀문서로 각국 지도자와 정치인, 유명 인사들의 조세 회피 의혹이 담겨 있다.

생은 이 나라의 정치적·경제적 역사와 긴밀히 얽혀 있다.

쿠데타의 조짐

폰세 레로우는 탄탄한 의사 집안의 중산층으로 태어났다. 그의 가족이 피노체트의 집과 그리 멀지 않은 곳에 살았던 덕분에 일찍 미래의 아내를 만났다.[4] 그의 주장에 따르면 장인과의 유대감과 우정은 수년간의 결혼 생활이 끝난 후에도 이어졌다. 정신적으로 매우 가혹한 대가를 치르게 한,[5] 그의 인생에서 가장 '값비싼' 관계였다.[6] 폰세 레로우는 국가와 관련된 수많은 기업과 기관에서 다양한 자리를 거쳤으면서도 자신이 피노체트와의 관계 덕분에 성공했다고 보지 않는다.[7] 이러한 믿음이 단순히 '자수성가'의 반열에 오르고 싶다는 강렬한 욕구에서 나온 신기루인지, 아니면 어떤 식으로든 사실에 근거한 것인지 누가 판단할 수 있겠는가.

목재와 펄프는 금속, 어류, 과일, 화학물질과 함께 오랫동안 칠레의 중요한 수출품이었고 아마 앞으로도 그럴 것이다. 야심으로 가득 찼던 젊은 폰세 레로우가 산림·토목 엔지니어가 된 것도 놀라운 일은 아니었다. 그는 파나마에서 임업 사업을 벌여 처음으로 경제적 성공을 맛봤고, 고정급뿐 아니라 수수료까지 챙기며 상당한 돈을 모았다.[8] 그는 피노체트가 권력을 잡았을 때 파나마에 있었다. 트위터가 등장하기 전이라 산티아고 거리에서 벌어지는 일이 제대로 전해지지 않는 시대였다. 폰세 레로우는 자기 장인이 쿠데타를 이끌고 있다는 사실을 전혀 모른 채, 오히려 최고위 무관으로 알려진 피노체트가 혼란스러운 정세에 안전할지 걱정했다.[9]

칠레와 이 나라의 리튬 산업이 처한 상황을 제대로 이해하기 위해 잠시 역사적 배경을 짚고 넘어가는 게 좋겠다. 칠레의 최근 역사와 국민의 영혼에는 모든 형태의 반대에 가혹한 조치를 가했던 다년간의 독재 정치로 인한 상흔이 깊게 남아 있다. 피노체트는 1990년 물러났지만, 불행했던 세월과 독재 정치의 잔재를 청산하는 작업은 오늘날에도 현재 진행 중이다.

1970년대 초 칠레는 라틴아메리카에서 드물게 안정적인 나라였지만, 사회적 불만이 축적되면서 정권 교체의 계기가 마련되었다. 1973년의 쿠데타를 이해하려면 연관된 세 세력을 파악해야 한다. 합법적으로 선출된 대통령 살바도르 아옌데Salvador Allende, 의회 그리고 리처드 닉슨 미국 대통령이다. 아옌데는 극좌파였고 민주주의 국가에서 선거를 통해 뽑힌 최초의 마르크스주의자 대통령이었다. 칠레사회당Partido Socialista de Chile의 창립자 중 하나였던 그는 1952년, 1958년, 1964년 대통령 선거에 출마했고, 1970년 선거에서 마침내 간발의 차로 승리했다.

당시에는 대통령 선거 결과 득표율 차이가 작으면 의회에서 당선자를 결정했다. 냉전이 절정에 달했던 시기였으므로, 미국이 보기에 자신들의 뒷마당에서 공개적으로 마르크스주의자임을 밝히는 후보는 바람직한 존재가 아니었다. 미국 중앙정보국Central Intelligence Agency, CIA은 의회의 결선투표 후보자 두 명 중 한 명을 선호했고, 나머지 한 명은 피하려 했다. 볼 것도 없이 아옌데가 후자였다. 당시 칠레 대통령이었던 에두아르도 프레이 몬탈바Eduardo Frei Montalva는 CIA가 믿을 만한 인물이었다.[10] 진보적 세제 개혁이나 구리 산업 국유화 계획을 보면 전형적인 자유 시장 옹호자라 하기 어려웠지만, 군부독재자들이 라틴아메리카를 좀먹던 당시에는 미국에 안전한 선택처럼 보였다. 칠레 헌법은 연임을 금지했기 때문에 일단 대체 후보인 호르헤 알레산드리Jorge Alessandri를 대통령으로 만든 뒤 바로 사퇴하게 하면 몬탈바가 합법적으로 새 대통령 선거를 치를 수 있었다. 하지만 알레산드리가 조기 사퇴한다는 자신의 계획을 국회의원들에게 누설하면서 정교한 음모가 무너졌다. 격분한 의원들은 마지못해 아옌데에게 표를 던졌다.

혁명가의 조언

아옌데는 권력을 쥔 3년간 외국의 정책 전문가들이 보기에는 칠레를 결국 공산주의 국가로 바꿔놓을 수 있는 변화를 도입했다. CIA가 가장 두려워했던 상황이 눈앞에 닥친 듯했다. 칠레는 주요 기업을 대대적으로 국영화하기 시작했고, 의료 체계와 교육 체계를 공영화했으며, 대지주들에게서 몰수한 토지의 재분배에 돌입했고, 마지막으로 세계의 주목을 받으며 피델 카스트로Fidel Castro*를 초청했다. 하지만 CIA가 가장 두려워했던 일, 즉 칠레가 라틴아메리카에서 경제적으로 성공을 거둔 공산주의 국가가 되어 주위 국가들이 비슷한 모델을 따라갈지 모른다는 우려는 현실이 되지 않았다. 대신 인플레이션이 위세를 떨쳐 물가 상승률이 연간 140퍼센트에 달했다. 사람들, 특히 소규모 자영업자들이 거리로 내몰렸다. 사회경제적 환경이 위태로울 정도로 불안정해지면서 피노체트의 쿠데타를 위한 길이 열렸다.

카스트로는 아옌데에게 군대를 가까이 두라고 조언했다. 불행히도 아옌데는 너무 늦기 전에 이러한 통찰의 가치를 알아채지 못했던 듯하다. 그사이 칠레 장교들은 자신들만의 사회를 형성해 갔다. 대체로 정치에 무관심했으나 조금이라도 관심이 있다면 보통 우파였다. 파티에서 어울리고 함께 휴가를 보내면서 군이 소유한 휴양용 리조트에 고립되길 택했다. 폰세 레로우와 베로니카 피노체트Veronica Pinochet의 결혼은 예외였으나, 군인 가문끼리 결혼하는 경향까지 있었다. 다만 여기서는 칠레 장교들이 돈이 궁했다는 사실이 가장 중요할 것이다. 그들은 군부가 권력을 잡은 이웃 나라 군인들의 호화로운 생활을 부러워하며 바라보았다. 그렇게 군대에 위험한 분위기가 퍼져나갔다. 쿠데타를 위한 토양

---

* 쿠바의 사회주의 혁명가이자, 1~6대 위원장이었다. 부패하고 무능했던 풀헨시오 바티스타 (Fulgencio Batista) 정권을 무너뜨리고 쿠바에 자유를 선사한 혁명가, 언론 탄압과 반대파 숙청을 자행한 독재자, 미국의 집요한 경제 봉쇄에도 국가 기간 산업을 잘 추슬러 최악의 상황을 막아낸 정치인 등의 다양한 평가를 받는다.

그리고 불을 피울 불꽃만 있으면 되었다.

행정부와 입법부, 즉 정부와 의회의 분열이 커지면서 드디어 불꽃이 튀었다. 사회경제적 혼란이 커지자 아옌데 정부는 이러한 상황을 사회 질서 재정립을 위해 권력을 강화할 구실로 이용하려 했다. 의회는 행정부에 반기를 들라고 군대에 요구했다. 1973년 9월 11일 피노체트를 포함한 군대의 주요 지휘관들이 불안해하는 대통령과 국방부 장관의 전화를 받지 않기 시작했다. 곧 군대가 칠레를 접수했고 라디오와 텔레비전 방송국들은 문을 닫았다.

아옌데와 측근들은 소박한 대통령궁인 라모네다La Moneda에 남아 있었다. 경제 상황이 심각했지만, 대통령은 여전히 강력한 지지를 요구했다. 칠레 사회는 전무후무할 정도로 분열되어 있었다. 아옌데는 무력 분쟁, 즉 내전만은 원하지 않았다. 그는 곧 폭격이 시작되리란 걸 안 후에도 도망치거나 지지자들에게 도움을 청하지 않고 대통령궁에 남았다. 마지막까지 투항하지 않은 채 선거를 통해 민주적으로 선출되었다는 정당성에 의지했다. 최후에 그가 택한 것은 카스트로에게 선물 받았다고 알려진 AK-47**의 총알이었다. 이후 피노체트가 통치하는 동안에는 리튬이 발견된 바로 그 아타카마사막 가득 강제수용소가 들어섰다. 정적인 좌파 인사들이 실종되었고 대량 처형이 빈번히 이뤄졌다.

** 소련에서 개발한 자동소총이다. 만들기 쉽고 잘 고장 나지 않으며 저렴해 세계의 모든 분쟁 지역에서 볼 수 있는 총이 되었다.

젊고 야망 있는 개혁가

폰세 레로우는 타고난 기업가다. 베로니카와 교제하기 전 10대 시절에는 지역 어부들에게 생선을 사들여 미래의 장모에게 팔았다.[11] 그가 성장했고 미래의 장인이 가족들과 파견되었던 발파라이소Valparaiso 지역은 칠레의 아름다운 해안 지대로 온천과 자연 그대로의 풍광을 자랑한다. 하지만 동시에 다소 거친 동네이기도 하다. 폰세 레로우는 언젠가 자신은 공교육 체계를 거친 덕분에 빈곤도, 감옥도 두렵지 않다고 밝힌 적이 있다.[12] 이런 현실감각과 중산층이라는 배경은 탁월한 직업적 능력과 함께 피노체트와 남다른 유대감을 쌓는 바탕이 되었다. 피노체트는 대부분이 귀족이나 기업가, 지주 가문 출신인 칠레 지도층에서 흔치 않게 폰세 레로우와 같은 중산층에서 자랐다.[13]

폰세 레로우가 언론과 제대로 인터뷰한 것은 세 번뿐이다. 때로는 노출을 꺼리는 태도 자체가 실력자에게 가십과 추측을 부르는 신비로운 아우라를 선사하기도 한다. 그는 사적인 자리에서 오스카 와일드Oscar Wilde*를 즐겨 인용하는데, 측근에 따르면 폰세 레로우가 가장 좋아하는 문장 중 하나는 "살면서 사람들의 입에 오르내리는 것보다 더 나쁜 유일한 일은 아무도 언급하지 않는 것이다"라고 한다.[14]

• 아일랜드 출신의 극작가로 19세기 영국에서 대단한 성공을 거두었다. '예술을 위한 예술'이라 할 수 있는 유미주의(唯美主義)를 지향했으며, 날카롭게 비꼬는 언어유희와 비유가 특징이다.

장인과 가까이 지냈으면서도 폰세 레로우는 자신을 피노체트와 연관 짓는 것을 싫어했다. 대중과 언론은 그를 그냥 '사위el yerno'라 불렀다. 무척 사교적이고 느긋해 보이는 사람이었지만, 독재자와 자신의 관계를 알게 되었을 때 주위 사람들의 태도가 변하는 것을 싫어했다.[15] 농담을 무척 즐겼고 모든 종류의 명분과 형식을 경멸했다. 국유기업들과의 네트워크를 통해 칠레의 임업과 목재 산업 대부분을 통제하는 칠레국립삼림회사Corporacion Nacional Forestal, CONAF에서 일할 때는 자신을 '사장님 el director'이라 칭하는 직원들에게 이름으로 부르라고 지시하기도 했다.[16] 그러면서도 아내의 가족들에게는 맹렬히 충성했다. 1980년대 후반에는 피노체트의 인기가 급락했다. SQM에서 자신과 함께 탁자에 앉은 누군가가 독재자나 아내를 두고 불쾌한 농담을 하면 폰세 레로우는 이보다 훨씬 작은 일에도 목숨을 잃은 사람이 많다고 쏘아붙였다.[17]

폰세 레로우는 CONAF 그리고 오늘날까지 칠레의 리튬 산업을 쥐고 흔드는 또 다른 주요 정부 기관인 CORFO의 수장을 역임하며 피노체트 정부를 위해 3300일 이상 일했다.[18] 오늘날의 그를 만든 것은 정부를 위해 일했던 시간이었다.

또한 폰세 레로우는 임업 분야의 민간기업에서도 성공을 맛봤다. 그는 20대에 이미 칠레와 파나마에서 임원이 되었다. 오늘날의 기업 환경에서는 상상하기 어려운 일이지만, 당시 라틴아메리카에서 좋은 대학을 졸업한 이들에게는 일반적인 경로였다. 하지만 산업 전반에 걸친 인적 네트워크와 경험을 쌓기 위해서라면 정부 소속이 되는 게 최고였다.

폰세 레로우가 공공 부문에 진출하기로 한 것은 돈 때문이 아니었다. 칠레 정부 기관에서 제안한 보수는 파나마에서 받던 것보다 90퍼센트나 적었다.[19] 하지만 젊고 이상적이었던 그는 해외 민간기업에서 일하며 축적한 경험을 활용해 거대한 조직이었던 CONAF를 바꿔놓을 수 있을 거로 믿었던 듯하다. 이 기관은 사회주의 정부를 거치며 비용이 급격히 증가한 상태였다. 폰세 레로우는 자신이 아직 초기 단계인 국가의 전략 산업을 이끄는 임무를 맡았다고 생각했다.[20]

폰세 레로우는 직원 규모를 줄이는 것으로 일을 시작했다. 불필요한 인력을 해고하고 비효율적인 시설을 폐쇄했을 뿐 아니라 자신의 비전에 반대하는 간부들을 모두 제거해 영향력을 강화했다.[21] 폰세 레로우는 칠레의 임업 분야를 전 세계에 소개하고 칠레산 목재를 여러 신흥 시장에 수출하며 외국인 투자자들을 끌어들이는 데 중요한 역할을 했다.

처음에는 CONAF, 이후에는 CORFO을 이끌면서 폰세 레로우는 막대한 영향력을 얻었다. 그는 두 정부 기관을 통해 설탕, 화학, 석유, 통신, 삼림, 광물, 전기 산업 등 다양한 분야의 국유기업 15곳에서 임원급 직책을 맡았다.[22] 이후 폰세 레로우는 언론과의 인터뷰에서 이러한 직책을 맡은 데 대한 경제적 보상은 전혀 없었다고 해명하기도 했다. 자신이 책임자로 있던 기관에서만 급여를 받았고, 15곳의 업무를 동시에 소화한 것이 아니라 오랜 세월에 걸쳐 몇 개씩 나눠 맡았다는 설명이었다.[23]

더 깊이 파고들기 전에 CORFO가 얼마나 특이한 정부 기관인지 알아두는 게 좋겠다. 다른 신흥 시장에서는 이와 유사한 성격을 띤 기관을 찾을 수 없을 것이다. CORFO는 1939년 칠레의 경제 구조를 바꾸기 위해 만들어졌다. 석유, 가스, 화학, 통신 등 이 나라의 전략산업에서 가장 큰 기업들이 대부분 CORFO의 손에서 시작되었고, 이 기관은 피노체트 정권 막판의 민영화 프로그램이 시작되기 전까지 오랫동안 여러 기업의 지분을 보유하고 있었다. CORFO는 가난한 나라였던 칠레를 OECD 회원국으로 바꿔놓은 산업화 과정에서 중대한 역할을 했다. 지금도 신흥 시장에서 가장 큰 벤처 캐피털 중 하나를 운영하며 기술기업에 투자하고, 중소기업의 성장에 원동력을 제공할 막대한 규모의 대출담보를 제공하는 등 칠레의 경제성장에 큰 몫을 하고 있다.

주가조작과 정경유착의 릴레이

폰세 레로우는 피노체트가 정권을 거머쥔 이듬해인 1974년부터 CONAF를 지휘했고, 1979년부터 부패 혐의로 물러나야 했던 1983년까지 CORFO를 이끌었다.[24] 그리고 바로 농업과 임업 분야에 뛰어들었다. 그는 자신의 새 회사가 가축을 사들이기 위해 대출받을 때 CORFO에서 쌓은 인적 네트워크와 이 기관의 업무에 관한 지식을 활용했다.[25] 하지만 회사가 파산한 탓에 대출금은 일부만 갚았다.[26]

폰세 레로우는 사업에 실패한 후 건강을 잃었고 심각한 신경쇠약을 앓았다.[27] 하지만 우리 이야기에서 중요한 부분은 그가 SQM의 이사를 맡았던 시절이다. 그는 1987년부터 오랫동안 이사직을 유지하며 정권 교체와 SQM의 리튬 산업 진출을 지켜봤고, 2015년에야 또 다른 문제에 연루되어 조사받은 끝에 사퇴했다.[28]

폰세 레로우는 리튬 업계에서 가장 큰 생산 업체 중 하나인 SQM의 경영에 오랫동안 관여했을 뿐 아니라 민영화 후에는 이 기업의 최대 주주가 되었다.[29] 1980년대 후반 칠레는 민영화의 파도에 휩쓸렸다. 국유기업을 소수의 주주, 주로 회사의 노동자들이나 직원 연금 기금이 소유하는 민간기업으로 바꾼다는 구상이었다. 이후에 벌어진 일들은 러시아에서 진행된 과정과 유사했고, 동부 유럽 국가들이 겪은 일과도 어느 정도 공통점이 있었다. 기업의 소유권을 탈취하려는 개인이나 조직이 지분을 가진 노동자들에게 적정가격보다 저렴하게 주식을 팔도록 다른 인센티브를 제공하거나 판매를 강요했다. 소련이 붕괴할 때 러시아에서는 주요 국유기업의 주식과 바꿀 수 있는 교환권을 포기한 노동자들에게 보드카 몇 병을 안기거나, 극심한 인플레이션 속에 곧 휴지 조각이 될 현금 몇 푼을 쥐여주는 사례가 놀라울 정도로 많았다. 자본주의가 작동하는 방식에 더 많이 노출된 상태였던 칠레인들은 주식의 진정한 가치를 러시아인들보다는 더 잘 알고 있었지만, 민영화를 통해 선택된 일부가 막대한 부를 획득하는 메커니즘만큼은 유사하게 작동했다.

폰세 레로우는 역외에 구축한 조직의 네트워크를 통해 SQM에 대한 통제권을 획득했다.[30] 가령 그가 조세 회피처에 등록한 기업들은 폭포처럼 이어진다. 정확한 소유 구조를 파악하기 어렵게 한 회사가 다른 회사를 소유하고, 대출과 외부 투자자들을 활용해 적은 자본으로도 광범위한 통제권을 휘두를 수 있게 한다. 이러한 일련의 회사들을 최종적으로 소유한 것으로 지목되는 실체는 보통 신탁이다.[31]

신탁은 중세 영국까지 거슬러 올라가는 흥미로운 개념이다. 십자군 전쟁에 참전한 기사들은 자신들이 떠나 있는 동안 그리고 사망한 후에도 가족들을 위해 지명한 관리자가 자신의 재산을 통제할 수 있는 법적 체계를 요구했다. 오늘날에는 부유한 개인들이 주식이나 부동산, 요트 등 여러 자산의 소유권을 신탁에 이전하며 이러한 법적 체계를 활용한다. 미리 합의되고 명시된 지침의 틀 안에서 자산을 통제해야 할 의무가 있는 변호사들이 수혜자로 지정된 모든 이의 이익을 위해 신탁을 관리한다. 자산을 이전한 사람이 다시 자신을 수혜자로 지정할 수 있지만, 법의 관점에서 그는 더는 자산을 소유하고 있지 않다. 해당 자산은 신탁에 속할 뿐이다. 따라서 이혼이나 소송을 하더라도 수혜자의 자산은 법의 손길이 닿지 않는 곳에 안전하게 남는다.

SQM에 대한 폰세 레로우의 권리는 영국령 버진아일랜드Virgin Islands에 등록된 퍼시픽트러스트Pacific Trust에서 시작된다.[32] 그는 퍼시픽트러스트에서 뻗어 나오는 수많은 역외 조직을 통해 SQM의 주식 소유권을 관리한다. 다양한 조직과 법적 관할권을 넘나들고 가로지르는 진정한 비잔틴Byzantine•적 구조다.[33] 이러한 노력으로 대중의 관심은 피했을지

• 중세 동로마제국에서 유행한 문화로, 그리스·로마 문화와 동방 문화의 융합이 특징이다.

몰라도 칠레 금융 규제 기관의 조사는 피하지 못했으니,[34] 2013년 개인 투자자들과 연금 기금 주주들의 손해로 이어진[35] 주가조작 혐의로 기소되었다.[36]

폰세 레로우의 '폭포'에 포함된 조직 중에는 칠레의 투자회사들인 오로블랑코Oro Blanco나 니트라토스데칠레Nitratos de Chile처럼 증권거래소에 상장되어 누구나 주식을 거래할 수 있는 평범한 회사도 있었다.[37] 이런 상장기업 사이에 사업적으로 타당한 이유가 전혀 없는 거래가 오갔고, 그 간격이 너무 짧아 혼란에 빠진 소액주주들은 아무런 반응도 할 수 없었다.[38] 문제가 된 주식들은 시장에 나왔다가 비싼 값에 팔렸다. 해당 주식을 저렴하게 사서 비싸게 되판 회사에 이익을 몰아주기 위해서였다.[39] 주식을 비싼 가격에 다시 사들인 회사에 투자한 개인 투자자들은 손해를 보았다.[40] 주식시장에 상장된 기업의 관리자들은 회사와 주주의 이익을 위해 움직여야 한다. 법에 명시된 의무다. 하지만 무대 뒤에 숨은 의사 결정권자들은 주주들의 부를 추구하는 대신 자신들의 부를 위해 행동했다. 폰세 레로우는 SQM을 통제하는 여러 지주회사의 주주들을 희생하며 자신의 부를 좇은 대가로 7000만 달러에 달하는 벌금을 부과받았다.[41]

이 '폭포 사건Waterfall Case' 때문에 칠레 정계와 폰세 레로우의 관계도 밝혀졌다. 2010년부터 2014년까지 대통령을 지낸 피녜라는 재선을 노렸던 선거에서 바첼레트에게 패했으나, 2018년에는 대통령궁에 복귀하는 데 성공했다. 그의 권력은 정치력뿐 아니라 자신과 가문의 부에서도 나왔다. 피녜라의 아버지는 칠레의 UN 대사를 지냈고 어린 피녜라는 벨기에와 뉴욕에서 성장했다. 그의 자산은 28억 달러에 달하는데,[42] 칠레 남단의 자연보호 구역인 칠로에Chiloé섬도 소유하고 있다.[43] 2020년 3월 트럼프의 자산이 31억 달러로 추정된 것과 비교해 3억 달러밖에 차이가 나지 않는다.[44] 피녜라는 칠레 권력층에서 흔히 볼 수 있는, 하지만 폰세 레로우는 결코 자신과 동일시하지 않았던 귀족 혈통을 대표한다. 하버드대학교에서 유학한 그는 피노체트가 물러난 후 선거를 통해 선출된 최초의 우파 대통령이었다. 그는 바첼레트와 함께 몇십 년간 정계를 지배해 왔다.

피녜라는 1998년 당시 런던에 머물던 피노체트의 체포와 구금에 반대했다.[45] 하지만 그와 폰세 레로우가 친구인 것은 아니다. 적어도 지금은 그렇다. 칠레증권보험감독원Superintendencia de Valores y Seguros, SVS의 조사를 받는 동안 폰세 레로우는 공식적으로 다음과 같이 진술했다. "대통령 각하가 폭포 사건에 가담하지 않았다면 이 사건은 없었을 것이다."[46] 이 발언은 언론을 통해 널리 퍼졌다. 사실 피녜라가 주가조작 혐의에 휩싸인 건 이때가 처음이 아니다. 2007년 7월 SVS는 피녜라가 2006년 중순 이사를 지내며 산업 기밀에 접근할 수 있었던 LAN항공*의 주식을 매입한 혐의를 밝혀내 약 70만 달러의 벌금을 물리기도 했다.[47]

한편 SQM도 2008년부터 2015년까지 불법적인 경로로 정치자금을

•   2010년 브라질 항공사인 TAM항공과 합병해 LATAM항공이 되었다.

제공해 벌금을 낸 적이 있다.[48] 받은 적도 없는 컨설팅과 전문 서비스 명목으로 정치인들과 관련이 있는 단체에 돈을 건넨 것이다.[49] 이 리튬 생산 업체는 좌파와 우파를 가리지 않고 칠레 정계에 자금을 지원하는 것으로 알려져 있다.[50] 대부분의 기부는 완전히 합법적으로 이뤄진다.[51] 하지만 이러한 정계와의 관계 그리고 이례적인 소유 구조가 SQM을 '리튬 동물원'에서 유별난 동물로 눈에 띄게 한다.

리튬의 사우디아라비아, 칠레

리튬이 조만간 칠레의 가장 중요한 금속이 될 것 같지는 않다. 시장가격 변동에 따라 편차가 있긴 하지만, 구리가 칠레의 연간 수출액의 약 50퍼센트를 차지한다.[52] 2018년 칠레의 리튬 수출액은 총 9억 4900만 달러로,[53] 전체 수출액의 약 1.25퍼센트에 그쳤다. 하지만 언론에서 집중 조명하고 다양한 상상을 불러일으키는 금속은 단연코 리튬이다. 현재 시장가격을 적용하면 칠레에 있는 리튬 900만 톤의 가치는 약 5260억 달러에 달한다.[54] 2018년 칠레의 총수출액은 약 755억 달러였다.*[55] 같

• 국제무역 정보를 제공하는 글로벌트레이드아틀라스(Global Trade Atlas)에 따르면, 2021년 기준 칠레의 리튬 수출액은 9억 7700만 달러로, 전체 수출액 898억 달러의 1.08퍼센트였다. 칠레의 리튬 산업이 여전히 걸음마 단계임을 알 수 있다. 참고로 2022년 11월 기준 시장가격 (10만 달러)을 적용한 칠레 리튬의 가치는 9000억 달러에 달한다.

은 해 사우디아라비아의 수출액은 2945억 달러였고, 약 80퍼센트가 석유에서 나왔다.[56]

숫자가 너무 커지면 비교 대상이 있어야 이해할 수 있다. 리튬 생산 업체인 웰스미네랄스 Wealth Minerals의 CEO 팀 맥커천Tim McCutcheon이 "칠레는 본질적으로 '리튬의 사우디아라비아'"라고 했을 때 모든 투자자가 흥분했을 것이다.[57] 숫자는 종종 잘 만든 캐치프레이즈가 주는 흥분을 빼앗아 가지만, 보통 객관적 경제 상황을 더 잘 전달한다. 칠레 땅에 있는 리튬을 모두 파내 판매한다 해도 사우디아라비아가 3년간 수출한 석유의 가치에 미치지 못할 것이다. 칠레가 리튬의 사우디아라비아일지는 모르지만, 이 나라가 사우디아라비아가 될 수는 없다. 비슷하게 리튬이 칠레를 더 부유한 국가로 만들 잠재력을 가지고 있을지 몰라도 리튬만으로 이 나라가 부유해질 수는 없다.

이 장을 시작하며 소개한 아타카마염원은 세계 최고의 리튬 산지다. 중량백분율 percentage by weight, wt%**로 계산한 리튬 농도가 0.15에 달해 전 세계의 염원 중 가장 높다.[58] 1킬로그램의 염수에 1.5그램의 리튬이 존재한다는 뜻이다. 다른 염원은 거의 모두 이보다 수치가 낮다. 볼리비아는 평균 0.045, 중국은 보통 0.03에서 0.1 사이다.[59] 아타카마염원은 가장 높은 곳에 있는 소금 평원 중 하나이기도 하다. 강수량이 극단적으로

•• 특정 혼합물의 무게에서, 알고자 하는 구성 성분의 무게가 차지하는 비율을 백분율로 나타낸 값이다.

적고 태양에 노출되는 시간이 긴 덕분에 소금에서 리튬을 추출할 때의 핵심 과정인 증발이 원활히 일어난다. 선물과 같은 이러한 환경은 리튬 추출에 아주 유리해서 칠레에서는 리튬의 생산 비용이 연중 내내 톤당 2500달러 안팎에 불과하다.[60]

그렇다면 폰세 레로우와 그의 수행원들은 SQM이 리튬 시장에서 성공을 거두는 데 어떤 공헌을 했다고 할 수 있을까. 세계에서 가장 훌륭한 리튬 산지를 보유한 나라에서 뭐가 잘못될 수 있겠는가. 하지만 폰세 레로우가 당연한 성공을 자신의 덕으로 포장했다고 평가하지는 않겠다. 볼리비아는 의심할 여지 없는 세계 최대의 리튬 산지지만 자국의 자원을 상업화하기까지 수년을 허비했다. 뒤에서 자세히 살펴보겠지만, 볼리비아의 노력이 실패했던 이유는 자금이 부족해서가 아니라 인재와 관리 능력이 부족해서였다. 칠레에서 폰세 레로우를 가장 가혹하게 비판하는 이들조차 그가 아무도 예상하지 못한 규모로 성장할 사업을 시작하고 성공시킨 공로만큼은 인정받아야 한다고 동의한다.

리튬은 여전히 SQM의 여러 사업 부문 중 하나일 뿐이지만, 이 기업의 재무 성과에 대한 기대와 리튬 시장의 호황을 연관 짓는 전 세계 투자자들의 관심을 사로잡고 있다. 이미 2018년에 리튬은 SQM의 총이익 중 53퍼센트를 책임졌다. 투자자들의 접근 방식에 강력한 근거가 있음을 증명하는 수치다.[61]

SQM은 위험부담이 컸던 기업 인수를 계기로 소소한 프로젝트들을 벌여 리튬 추출을 시작했다. 1983년 아타카마염원의 각종 광물에 대한 추출권을 판매하는 경쟁입찰이 열렸다.[62] 그 결과 CORFO, 아맥스 Amax, 몰리메트 Molymet가 구성한 민관 합작회사로, 흔히 민살 Minsal이라고 불리는 아타카마염원광물연합 Sociedad Minera Salar de Atacama이 금속 상태의 리튬 18만 100톤을 추출할 권리를 따냈다(금속 상태의 리튬 양에 전환계수*5.323을 곱하면 탄산리튬당량을 구할 수 있다).[63]

오늘날 몰리메트는 극한 기온에서도 안정적인 상태를 유지해 다양한 산업에서의 널리 쓰이는 금속인 몰리브데넘을 세계에서 가장 많이 가공하는 회사다.[64] 아맥스는 엄청난 역사를 자랑하는 기업이지만 금속 산업에서의 위상은 많이 낮은 편이다. 일부에서는 지나치게 범위가 넓은 사업 다각화를 그 이유로 꼽는다.[65]

소금 호수에 쏟아부은 1800만 달러

SQM은 1995년 민살을 완전히 인수했다.[66] 폰세 레로우는 주주들에게 보낸 편지에서 민살이 세계에서 가장 큰 경제적 잠재력을 지닌 리튬에 대한 권리를 보유하고 있다고 썼다.[67] CORFO는 민살이 구성되기 전에도 칠레의 리튬을 상업화하려 한 적이 있었다. 피노체트가 권력을

* 하나의 수량을 여러 단위로 나타낼 때, 각 단위에 맞춰 환산하기 위해 적용해야 할 계수(係數)를 의미한다.

쥐고 있던 1980년 CORFO는 아타카마염원을 개발할 수 있는 권리를 역시 민관 합작회사인 칠레리튬연합Sociedad Chilena del Litio에 부여했다.[68] 이 회사는 CORFO 그리고 무려 1876년부터 희소금속을 공급해 온 푸트미네랄스Foote Minerals가 손잡고 만들었다.[69] 다만 이후 소유권이 여러 차례 바뀌었는데, 결국 오늘날 세계 최대 리튬 생산 업체이자 아타카마염원에서 SQM과 유일하게 경쟁 중인 앨버말의 손에 들어갔다.[70]

사실 폰세 레로우는 그 전부터 리튬에 관해 광범위하게 고민해 왔던 게 분명하다. 아마 CORFO의 동료들과 대화하며 자신의 구상을 가다듬었을 것이다. 물론 이 모든 건 추측에 불과하다. 우리가 분명히 알고 있는 사실은 SQM이 1990년대 초 볼리비아의 핵심 리튬 산지인 우유니Uyuni염원을 개발할 권리를 따내기 위해 입찰에 참여했다는 것이다. 우유니염원을 활용하려는 폰세 레로우의 야심을 막아선 것은 예상치 못했던 볼리비아 군대였다.[71] 볼리비아 군대는 칠레와의 국경에서 겨우 50킬로미터 떨어진 100제곱킬로미터 크기의 이 땅에 SQM이 접근하지 못하게 했고 입찰에서 실격시키기 위해 로비를 벌였다.

SQM은 민살에서 자사의 지분을 점차 늘려갔다. 처음에 SQM은 리튬 추출권을 민살의 다른 투자자이자 당시 주요 수산화리튬 생산 업체로 성장 중이던 미국의 화학 기업 FMC[72]에 넘긴다면, 민살의 지분 중 일부를 내주겠다는 제안을 받았다.[73] SQM은 대신 붕소*와 포타슘의 추

• 붕산의 주성분이 되는 준금속 원소다. 다이아몬드 다음으로 단단하다.

출권을 얻을 터였다.[74] SQM이 환영할 만한 조건은 아니었고, 비공개로 진행된 협상 끝에 거래가 무산되었다.

SQM은 민살 전체를 인수하는 데 관심이 있었고, 뜻을 이루려면 아맥스와 몰리메트의 지분을 모두 사들여야 했다. 당시 아맥스는 재정 상황이 좋지 않았다.[75] 이미 리튬 시장에 발을 들인 FMC는 아타카마염원에서 엄청난 잠재력을 보았고, 하여 아맥스에 700만 달러를 제안했다.[76] SQM은 당시 비슷한 형태의 거래들과 비교해 이례적으로 높은 금액인 1200만 달러를 제안했다.[77] 협상이 이어지던 마지막 날 밤 아맥스의 간부 한 명이 FMC의 미국인 동료에게 전화를 걸어 자신은 SQM의 제안에 찬성할 것이라고 알렸다. 그는 "산다는 건 어려운 일이야"라고 토로했다.[78] 몰리메트의 지분을 인수하는 비용까지 포함해 SQM은 아타카마염원의 자원을 두루 확보하고자 총 1800만 달러를 쏟아부었고,[79] 결국 민살의 지분 81.82퍼센트를 획득했다.[80] 나머지 지분은 정부 기관, 즉 CORFO가 가지고 있었으므로 딱히 손쓸 방법이 없었다.

SQM이 민살에 대한 통제권을 확보했다고 해서 바로 아타카마염원에서 자신들이 원하는 대로 할 수 있는 것은 아니었다. 리튬의 동위원소가 핵분열에 사용되기 때문에 칠레는 1979년 이 자원을 '전략 광물'로 지정했다. 이제 원자력발전에서 리튬은 극소량만 사용되므로,[81] 미국은 1998년부터 리튬을 전략 광물로 취급하고 있지 않다. 하지만 칠레는 오늘날까지 규제를 유지하고 있다.

칠레 법은 정부가 영토 내 리튬에 대한 모든 권리를 가지고 있으며 일시적으로만 기업에 관련 권리를 양도할 수 있다고 규정하고 있다. 지난 20년간 칠레 정부가 리튬에 관한 권리를 내준 기업은 SQM과 앨버말뿐이다. SQM은 민살을 인수하자마자 바로 CORFO와 2030년 말까지 아타카마염원의 819.2제곱킬로미터를 임대하는 계약을 맺었다.[82]

이는 기업이 땅속에 있는 광물자원의 소유권을 갖는 보통의 경우와는 큰 차이가 있다. 또 다른 정부 기관인 칠레원자력위원회Comisión Chilena de Energía Nuclear, CChEN는 할당량을 정해 기업들이 판매할 수 있는 리튬의 총량을 제한한다. SQM은 시장 상황이 어떻든 CChEN이 설정한 양 이상의 리튬을 시장에 내놓을 수 없다.[83]

칠레는 전기자동차 생산을 꿈꾼다

SQM과 CORFO는 몇십 년간 불편한 관계를 유지했고, 이러한 역학 관계는 확실히 칠레에 도움이 되지 않았다. 과거 CORFO 부청장이었던 비트란은 "오늘날 가장 까다로운 말썽거리는 …… SQM과의 커다란 문제라고 생각한다. 상대가 칠레 정치 체계 안에서 복잡한 게임을 하고 있기 때문이다"라고 밝혔다.[84] SQM이 정치에 개입해 역효과를 낳았다는 주장이었다. 이 회사와 정부 사이의 오랜 갈등은 2014년 CORFO가 임대료 납부를 둘러싼 분쟁에 대해 중재절차를 개시하면서 절정으로 치달았다.[85] CORFO는 SQM이 임대계약에서 정한 금액을 전액 지급

하지 않았다고 주장했다.[86]

외부인이라면 CORFO가 중재절차를 단순히 SQM에서 더 많은 금액을 얻어내기 위한 지렛대로 생각하지 않았다는 사실에 놀랄 것이다. 사실 CORFO는 임대계약이 만료되기도 전에 종료함으로써 칠레에서 유일하게 성공을 거두고 있는 리튬 생산 업체를 자국 내 자원에서 떼어놓으려 했다.[87] CORFO는 2016년에 두 번째 중재절차를 개시하면서 자신들이 진지하다는 것을 보여주었다.[88] SQM은 1993년 이후 CORFO와 두 가지 계약을 맺었다. 하나는 소금 평원의 임대에 관한 것이었고, 두 번째는 광물자원의 개발에 관한 것이었다.[89] CORFO는 임대계약 종료를 의도했던 첫 번째 중재절차가 자신들이 원하는 대로 순조롭게 진행되지 않고 있음을 깨닫자 전략을 바꿔 두 번째 계약을 무효화하려 했다. "CORFO는 (SQM의 운영 조직인) SQM살라르SQM Salar에 계약이 정한 의무, 특히 CORFO가 소유한 광물자원의 안전한 관리와 보전에 관련된 의무를 심각하게 위반하는 다양한 사례가 발생했다고 통지해 왔다."[90] CORFO의 성명에 따르면 SQM은 "기존 계약을 반복적으로 심각하게 위반해 왔으며 믿을 수 있는 파트너가 아니므로, 아타카마염원에 관한 계약을 조기 종료하기를 요구해 왔다."[91]

이에 수비에서 공격으로 전략을 바꾼 SQM도 자신들의 입장을 내세우며 중재절차를 신청했다. SQM은 재판관들에게 CORFO가 SQM에 요구한 금액이 "CORFO가 앞선 청구에서 그랬던 것처럼 임의로 선택한 기간의 사실뿐 아니라 모든 사실"에 근거하고 있는지 판단해 달라고

요청했다.[92]

둘의 분쟁은 2018년에야 끝났다. SQM은 2030년까지 탄산리튬당량으로 186만 톤을 더 추출할 수 있게 되었을 뿐 아니라, 그때까지 매년 21만 6000톤에 해당하는 규모만큼 시설을 확장할 수 있게 되었다.[93] SQM은 그 대가로 CORFO에 1750만 달러를 지급하고, 지역 사회에 최소 1000만 달러에서 최대 1500만 달러까지 환원하며, 연구개발에 최대 1890만 달러를 투자하고, 추가 추출량의 25퍼센트는 칠레에 기반을 둔 고객들에게 우선 공급하기로 합의했다.[94]

특히 마지막 조건을 주목할 만하다. 리튬 추출을 중심으로 일련의 산업들을 구축하면서 가치 사슬의 위쪽으로 올라가려는 칠레의 야심이 드러나기 때문이다. 이러한 야심을 둘러싸고 벌어지는 핵심 논쟁은 천연자원에 관한 악명 높은 저주와 관련이 있다. 천연자원이 풍부한 나라들은 천연자원이 희귀한 나라들과 비교해 경제성장이 뒤처지고 민주주의 발전이 더디며 개발의 성과도 좋지 못하다는 역설이다. 콩고나 앙골라 같은 나라가 자주 예로 언급된다. 칠레와 비교하기에는 석유 자원이 풍부해 경제적으로는 앞의 두 나라보다 훨씬 부유하지만, 역시 상당한 문제를 안고 있는 나이지리아가 더 적절할 수 있겠다. 나이지리아는 꾸준히 세계 10대 석유 수출국으로 꼽히지만, 정작 자국민은 자동차에 수입산 휘발유를 넣는다. 나이지리아 안에 단순히 석유를 추출하는 것 이상의 기술적으로 발전된 산업이 없기 때문이다. 연료 가격이 저렴할수록 시민들의 생활비와 자국 내 각종 산업의 운영비가 줄어들기 때문에 나이지리아 경제는 기회를 놓치고 있다고 할 수 있다. 부가가치를 더해 더 비싼 상품을 수출할 기회도 살리지 못하고 있다.

칠레가 배터리와 전기자동차 산업으로의 진출을 위해 더 확고한 기반을 구축하려 할 때 유리한 조건은 리튬뿐이 아니다. 이 나라는 전기 가격이 아주 저렴한데, 특히 태양광발전이 활발해 2025년에는 메가와트Mega Watt, MW당 가격이 15달러까지 떨어질 것으로 예상된다.[95] 유럽 내 평균 전기 가격과 비교하면 4분의 1 수준에 불과하다.[96] 런던의 거의 모든 우버 운전자들이 유지비를 따져서 전기자동차로 옮겨간 것을 생각한다면, 칠레에서는 관련 산업으로의 유인이 훨씬 더 강력할 것이다.

또한 칠레는 세계에서 구리를 가장 많이 생산하는 나라이기도 하다. 휘발유로 움직이는 내연기관차와 비교해 전기자동차에는 구리가 네 배 정도 더 들어간다.[97] 게다가 미래에는 충전소나 전기자동차 보급에 필요한 관련 기반 시설을 확충하기 위해 구리 배선 수요가 추가로 발생할 것이다. 동박銅箔은 전기자동차뿐 아니라 가전제품 산업에서 사용되는 모든 배터리의 필수 요소다.

아니, 리튬 채굴에 집중하라

하지만 가치 사슬에서 위로 올라가는 것이 무의미하고 비효율적이라는 주장도 있다. 현대 경제학에서 가장 널리 알려진 기초 이론 중 하나가 이 주장을 뒷받침한다. 바로 데이비드 리카도David Ricardo의 비교 우위 이론*이다. 비교 우위 이론의 핵심은 교역국들보다 더 낮은 기회비용으로 제품과 서비스를 생산할 수 있는 산업에 집중해야 한다는 것이다. 개방적인 세계경제에서 이 이론을 따르면 모든 행위자가 항상 상호 협력과 자발적 교역으로 이익을 볼 수 있다. 기회비용이 낮다는 것은 다른 대안들을 선택하지 않아도 잃을 것이 거의 없다는 뜻이다.

국제적으로 칠레는 리튬 추출에 높은 비교 우위를 지니고 있다. 현재 수익을 보나 잠재적 미래 수익을 보나 리튬 추출은 칠레에서 가장 매력적인 투자 기회이므로, 여기에 투자하면 잃을 것이 거의 없다. 그렇다면 우리가 던져야 하는 질문은 배터리 공급망에서 칠레의 비교 우위가 얼마나 확장되고 있는지, 또는 얼마나 확장될 수 있는지다. 현지에서 리튬을 가공하는 산업도 이 나라에 비교 우위를 선사할까. 아니면 가공은 아시아 국가들에 맡겨두어야 할까. 그리고 배터리 부품은 누가 만들어야 할까.

가치 사슬의 높은 곳을 향한 칠레의 도전에 부정적인 이들은 배터리 등급으로 리튬을 가공하는 일이 얼마나 어려운지 강조하며, 칠레는 추출에만 능하다고 설명한다. 이 나라는 수년간의 시행착오를 통해 염수에서 고품질 리튬을 추출하는 특별한 노하우를 축적했다. 칠레의 리튬

• 각 나라가 기회비용이 낮은 상품의 생산과 무역에 집중하면 상호 이익을 얻을 수 있다는 이론이다. 가령 A 나라는 컴퓨터를 좀 더 싸게, B 나라는 휴대전화를 좀 더 싸게 만들 수 있다면, A 나라는 컴퓨터를, B 나라는 휴대전화를 파는 게 모두에게 이익이다.

생산 업체들은 말 그대로 자원만 가지고 맨땅에서 시작했다. 기술자들은 염수에 함유된 리튬과 불순물의 양을 파악하는 방법부터 배워야 했다. 특히 추출 과정에서 일어날 수 있는 오염을 피하기 위해 노력을 기울였다.

염수에서 리튬을 추출하려면 일정한 양의 에너지를 가해 '잠든' 상태로 염수에 가라앉아 있는 리튬 성분을 '깨워' 분리한다. 이때 투입하는 에너지와 반응물질의 양은 추출하려는 리튬의 양에 따라 대략 지수적으로 증가한다.[98] 즉 에너지 집약적 과정이지만 적절한 환경에서는 무척 친환경적이다. 아타카마염원처럼 가물고 화창한 지역에서는 리튬을 회수하는 데 필요한 에너지의 70퍼센트 정도가 태양에서 나온다.[99] 조건이 좋지 않은 지역에서는 이 비율이 환경에 우호적이지 않은 수준까지 떨어질 수 있다. 기온이 떨어지면 몇몇 과정에서 황산염 불순물을 분리하기가 더 쉬워지므로 기온의 변동 폭도 중요하다.[100] 리카도의 비교우위 이론에 따르면, 칠레만의 독특한 환경과 리튬의 좋은 품질은 추출에 집중할 확실한 근거가 된다.

게다가 천혜의 환경을 갖춘 아타카마염원에서조차 염수에서 추출하는 리튬의 비율은 약 60퍼센트밖에 되지 않아 개선할 여지가 많다.[101] 배터리 공장을 짓는 대신 거기에 집중하는 게 낫지 않을까.

업계 내부자 중에도 배터리 등급 리튬 화합물을 얻는 게 얼마나 복잡한 일인지 과소평가하는 이들이 있다. 염수에서 탄산리튬 100킬로그램을 얻으려면 약 1만 5000킬로그램의 염수를 처리해야 한다.[102] 그렇게 하고도 최종 생산품 100킬로그램에 정화하지 않은 염수를 한 숟가락이라도 섞으면 모든 노력이 헛수고가 된다.[103] 그렇게 적은 양으로도 판매할 수 없는 제품이 되는 것이다. 이 간단한 사고실험은 배터리 산업이 얼마나 엄격한 품질을 요구하는지 알려준다.

일반적인 배터리 등급 리튬 화합물의 순도는 99.5퍼센트지만, 업계가 요구하는 가장 중요한 기준은 순도가 아니다. 본질적으로 0.5퍼센트의 잔여 물질 중 불순물의 수준을 미세 조정하는 기술에 배터리의 품질이 달려 있다.[104] 0.5퍼센트를 백만분율百萬分率*로 계산하면 5000피피엠parts per million, ppm에 해당한다. 최종 소비자인 양극재 생산 업체는 배송된 리튬의 칼슘과 황산염의 농도가 각각 100피피엠과 200피피엠 이상이면, 또는 철이 5피피엠 이상이면 제품을 인도받지 않을 것이다.[105] 5피피엠은 극도로 적은 양이다. 1리터의 물에 찻숟가락 하나만큼의 액체를 섞고 다시 1000배로 희석한 것과 같다.

게다가 최종 소비자마다 각각 다른 불순물이 각각 다른 정도로 함유된 리튬을 요구한다.[106] 이런 요구 사항은 특정 양극재의 특징과 직결되므로, 대개 협상 대상이 아니다.[107] 예를 들어 한 양극재 생산 업체는 붕소가 최대 15피피엠 함유된 탄산리튬을 요구하더라도, 다른 생산 업체는 10피피엠까지만 허용하는 식이다.

리튬 추출에 집중할 것을 주장하는 이들은 칠레가 앞서 예로 든 나이

• 특정한 값을 100만과의 비로 나타내는 방법이다.

지리아와는 달리 단순 추출의 결과물, 가령 광물 자체가 아니라 사실상 가치가 더해진 리튬 화합물을 판매한다고 주장한다. 이는 배터리 기술이 발전하면서 양극재 생산 업체들의 요구 사항이 까다로워져, 추출 후 바로 이어지는 아주 단순한 수준의 가공도 많이 어려워졌다는 지적과 일맥상통한다.[108]

그렇다면 일본과 한국처럼 이미 훌쩍 앞서 나간 경쟁자들이 버티고 있는 배터리 시장에서 새 자리를 찾으려 노력하기보다는 추출 과정의 효율을 높이고 품질 관리 수준을 한계까지 끌어올리는 데 집중하는 게 더 낫지 않을까. 게다가 배터리 공장은 어느 나라든 지을 수 있지만, 품질이 뛰어난 리튬을 보유한 국가는 극소수다.[109]

포스코와 칠레의 동상이몽

2017년 4월 CORFO는 리튬을 저렴한 가격에 공급받는 대신 칠레에 공장을 설립할 경험 많은 배터리 생산 업체를 유치하는 입찰을 열었다.[110] 이 나라에서 리튬을 추출해 온 두 기업, SQM과 앨버말은 당연히 이러한 결정을 반기지 않았다. 이때까지는 리튬을 전략 광물로 지정한 칠레의 규제 때문에 이 산업에 새로 진입하려는 기업이 거의 없었다. 따라서 칠레 배터리 산업의 발전을 지원할 임무는 두 기업에만 주어졌다.[111] 한편 리튬 수요가 계속 증가하고 있었으므로 SQM과 앨버말은 시장점유율을 유지하기 위해 추출량을 늘려야 했다. 하지만 칠레 정부가 허락해야만 가능한 일이었다. 칠레 정부는 미래 추출량의 무려 25퍼센트를 시장가격 이하에 자국 배터리 산업에 배분하는 조건으로 증산을 승인했다.[112]

배터리 공장을 건설하는 입찰을 따낸 기업은 칠레의 몰리메트, 합작회사를 구상한 한국의 포스코와 삼성, 중국의 쓰촨푸린운송四川富臨運業이었다.[113] 이 중 한국 기업들만이 배터리 산업에 경험이 있었다. 각 기업의 정확한 계획은 공개되지 않았으나 배터리 부품을 생산하는 게 핵심이었다. 가장 가능성이 큰 부품은 양극재였을 테고, 삼성은 배터리 조립을 염두에 두었을 수 있다. 지금까지 삼성은 리튬 산지에 배터리 공장을 세우지 않았다. 그보다는 수요처를 따라 주로 독일의 자동차 생산 업체들에 납품할 목적으로 중국과 헝가리에 공장을 지었다.

바첼레트 정부는 CORFO의 입찰이 성공적이었다고 평하며, 세 개의 프로젝트가 칠레에 총 7억 5400만 달러의 투자를 안겨줄 것이고, 기술적으로 매력적인 데다가 보수 또한 높은 일자리가 664개 이상 만들어질 것이라고 발표했다.[114] 칠레와 리튬 삼각지대를 이루는 볼리비아와 아르헨티나도 자국 내에 배터리 공급망을 구축한다는 비전을 드러내 왔지만, 칠레에서는 곧 현실이 될 듯했다.

얼마 지나지 않아 환상이 깨지기 시작했다. 입찰 결과가 발표되고 1년 만에 포스코가 발을 뺐다. 포스코는 칠레가 제공할 수 있는 리튬은 모두 탄산리튬인데, 자신들의 공장에는 수산화리튬이 필요하다고 주장했다.[115]

앨버말은 칠레에서 수산화리튬을 생산하지 않지만 다른 나라에서 충당한다. SQM은 칠레에서 수산화리튬을 생산하지만 양이 제한되어 있다. 포스코가 이런 사실을 미리 알지 못했을지 의심할 만하다. 공개된 정보였으므로 당연히 알고 있었을 것이다. 하지만 SQM과 앨버말이 시장의 요구에 따라 칠레에서 생산하는 리튬 화합물의 구성비를 바꿀 거로 기대했거나, 양극재에 탄산리튬 대신 수산화리튬을 사용하는 변화가 이토록 빨리 진행되리라고는 예상하지 못했던 듯하다.

포스코가 떠난 뒤 다른 입찰자들도 계획을 포기하거나 아무런 진전을 이루지 못했다.[116] 이들이 칠레에서 후퇴한 이유가 수산화리튬 부족 탓인지, 리튬 가격 하락 탓인지, 아니면 두 가지 이유가 모두 작용한 탓인지는 판단하기 어렵다. 리튬 산업은 파고들수록 현재보다 미래가 더 중요한 분야라는 것을 알게 된다. 리튬 산업의 이야기가 흥미진진한 이유다. 하지만 이 산업은 종종 한 걸음 전진한 뒤에 두 걸음 물러서는 것처럼 보이기도 한다. 동력을 잃고 멈춰 선 채 결코 결실을 볼 수 없는 프로젝트에 엄청난 자원이, 특히 시간과 돈이 투입되고 있다.

끝나지 않는 CORFO와의 줄다리기

SQM은 민살의 지분을 인수한 직후부터 자금을 대야 했고, 1억 7000만 달러를 쏟아부었다.[117] 사실 이 회사가 뉴욕의 증권거래소에 등장한 이

유도 리튬 산업에 발을 들이기 위해서였다.[118] 1995년 칠레 정부가 보유하고 있던 자국 기업들의 지분을 대거 정리하면서 CORFO가 약간 갖고 있던 민살의 지분도 SQM에 넘어갔다. 이 매각 과정에서 계약 조건이 변경되어 미래의 CORFO 수장들을 분노하게 했다. 새 조항에 따르면 SQM은 2030년 이후 CORFO와의 계약을 연장할 수 있는 특권을 갖게 되었다.[119] 새로이 얻은 특권에 힘입어 SQM은 이후 3년간 2억 7500만 달러를 더 투자했고, SQM살라르라는 이름으로 아타카마염원에 염화포타슘 potassium chloride,[*] 황산포타슘 potassium sulfate,[**] 붕소 그리고 탄산리튬을 생산하는 공장 세 개를 건설했다.[120] '민살'이라는 이름은 더는 쓰이지 않았다.

처음부터 SQM의 계획은 세계에서 비용 효율이 가장 높은 리튬 생산 업체가 되는 것이었다. 이 기업은 2년 만에 탄산리튬 1만 8000톤을 생산할 수 있는 시설을 확보했고, 국제 리튬 시장에서 약 30퍼센트의 점유율을 차지했으며, 상당히 다각화된 고객층을 자랑하게 되었다.[121]

1990년대 후반에는 리튬 시장이 매우 작아 전 세계적으로 수요가 탄산리튬당량으로 약 2만 톤에 불과했다.[122] 그마저도 리튬 시장의 60퍼센트 이상을 차지하는 도자기, 유리, 알루미늄 생산에 주로 쓰였다.[123]

- 비료의 재료다. 인체에 칼륨(포타슘)이 과도하게 투여되면 심정지를 일으킨다는 점에서, 사형수의 독살형을 집행할 때도 많이 쓰인다.
- 14세기에 처음 알려진 화학물질로, 17세기부터 비료의 재료로 널리 쓰여왔다.

그 외에 리튬이 많이 사용되는 영역은 윤활유와 그리스grease, 합성 고무 제조였다. 이미 그 당시에도 리튬을 전기자동차라는 새로운 영역에서 활용할 수 있다는 주장이 있었다. SQM이 세계에서 가장 저렴한 비용으로 생산한 리튬 1만 톤을 시장에 추가로 공급하자 처음에는 대혼란이 벌어졌다.[124] 리튬 산업의 성공 가능성을 확인한 SQM은 2030년에서 30년을 더해 2060년까지 아타카마염원을 임대하고 시설을 확장하기 위한 허가를 받으려 했다.[125] 하지만 정권이 교체되면서 CORFO의 경영진이 바뀌었고 SQM의 계획은 무산되었다. 이후 지금까지 SQM과 CORFO는 불편한 관계를 유지하고 있다. SQM은 아타카마염원에 대한 권리나 시설 확장, 임대 연장을 위해 점점 더 많은 현금을 제안하는 중이다.[126]

CORFO는 SQM이 정당한 게임을 한다고 보지 않았다. 이 정부 기관의 경영진들은 세입자가 임대인에게서 집을 빼앗으려 한다고 생각했다.[127] CORFO 부청장이었던 비트란은 SQM이 세입자에 불과한데도 아타카마염원의 수자원에 대한 권리를 자신들의 이름으로 등록했다고 주장했다.[128] 이 때문에 세간에는 결국 SQM이 2030년 이후까지 임대를 연장하게 될 것처럼 알려졌다.[129] 이 염원을 개발하기 위해 막대한 돈을 투자한 회사로서는 충분히 납득할 만한 일이었지만, CORFO의 인사들은 격분했다. 그들이 보기에는 2030년에 다시 한번 입찰을 열어 가장 높은 금액을 제시한 기업에 임대권이 주어져야 했다.[130] SQM은 아타카마염원이 자신들의 것인 양 굴면서 그 안에서 이뤄지는 모든 일에 CORFO가 아니라 자기 이름을 내세웠다. 이로써 미래에 입찰에 참여할 만한 기업들이 CORFO의 제안에 매력을 덜 느끼도록 했고, 결과적으로 자신들에게 유리하도록 경쟁의 장을 왜곡했다.[131]

외부인이라면 아타카마염원을 둘러싼 곤란한 문제에서 감정적 쟁점을 보지 못할 수 있다. 그렇다면 한번 이렇게 생각해 보자. 여기 옛 독재자의 사위가 부분적으로 소유하고 있으며 소금 평원의 생태계에 거의 관심을 기울이지 않아 규제 기관과의 계약상 합의를 깨뜨렸다고 비난받는 기업이 있다. 심지어 이 기업은 2060년까지 임대계약을 연장해 아타카마염원의 리튬을 사실상 자신들만의 것으로 만들고자 규제 기관의 퇴직자들을 고용하는 등 수단과 방법을 가리지 않고 있다.[132] CORFO가 SQM과 법적 분쟁을 벌이던 시절 CORFO의 이사였던 라파엘 길리사스티Rafael Guilisasti가[133] (폰세 레로우의 지주회사인) 팜파칼리체라Pampa Calichera의 회장으로 자리를 옮긴 일이 있었다.[134] 당연히 길리사스티는 CORFO가 SQM을 상대로 구사할 협상 전략을 훤히 꿰뚫어 볼 것으로 전망되었다.[135]

외부인의 눈에는 SQM과 CORFO가 맞서는 것이 어리석은 일처럼 보인다. 국익을 위해서라면 칠레 정부가 자국의 선도적인 리튬 기업을 더 지원할 수 있지 않을까. 역시 아타카마염원을 기반으로 SQM과 경쟁했던 미국 기업이자 2015년 앨버말에 인수된 록우드Rockwood가 오랫동안 CORFO에 염원 사용료를 전혀 내지 않았던 데 반해, 칠레 기업은 선적된 상품 가치의 6.8퍼센트를 CORFO에 지급했다는 사실은 충격적이다.[136] 사실 CORFO는 록우드의 지분을 갖고 있었다.[137] 하지만 함께 보유했던 민살의 지분과 마찬가지로 CORFO는 리튬 산업이 그다지 대단해 보이지 않던 시절에 록우드의 지분을 매각했다.[138]

누가 경제성장을 방해하는가

최근 몇 년간 염원 사용료는 변화를 맞이했다. 칠레 정부는 SQM과 앨버말에 설비 확장을 허용해 주는 대가로, 두 가지를 요구했다. 자국 배터리 산업에 시장가격보다 더 저렴하게 리튬을 판매할 것과 염원 사용료를 조정할 것이었다. 새로운 염원 사용료에 따르면, 리튬 가격이 톤당 4000달러 이하면 가격의 6.8퍼센트를, 5000달러에서 6000달러 사이면 10퍼센트를, 7000달러에서 1만 달러 사이면 25퍼센트를, 1만 달러를 넘어가면 40퍼센트를 내야 한다.[139]

이런 변화를 비판하는 이들은 바뀐 요율을 적용하면 더는 칠레에서 가장 저렴한 비용으로 리튬을 생산할 수 없다고 주장한다. 하지만 CORFO의 생각은 다르다. CORFO는 전 세계의 염원 사용료 체계와 아타카마염원에 있는 설비의 비용 구조cost structure*를 비교, 분석해 리

---

* 사업을 운영하는 데 발생하는 모든 비용을 말한다. 어디에서, 어떤 자원을 활용해, 무엇을 만들고, 누구에게 팔 것이며, 이때 어떤 개인, 또는 단체와 함께 일할 것인지 등을 모두 고려해 계산한다.

튬의 평균생산비용*이 아니라 (탄산리튬 1톤을 추가로 생산할 때 발생하는 총생산비용의 증가분인) 한계생산비용**을 고려해야 한다고 결론 내렸다.[140] 이들의 논리는 다음과 같다. SQM은 이미 소금 평원에서 포타슘을 추출하기 위해 엄청난 양의 염수를 퍼 올리고 있다.[141] 거기에서 더 많은 리튬을 추출할 수도 있지만 그렇게 하지 않는다. 정부가 설정한 연간 할당량을 초과하지 않기 위해서일 수도 있고, 시장 수요가 충분치 않아서일 수도 있다. 따라서 SQM은 추출하지 않은 리튬을 다시 아타카마염원에 되돌리는 데 또 비용을 써야 한다. SQM은 매년 탄산리튬당량으로 (현재 전 세계 소비량보다 많은) 50만 톤을 퍼 올리고, 이 중 대부분을 다시 돌려놓는 것으로 추정된다.[142] 비트란은 리튬을 소금 평원에 돌려보내는 비용을 매몰 비용으로 취급하면 리튬의 한계생산비용은 톤당 2000달러를 넘지 못한다고 주장했다.[143] 이렇게 보면 SQM은 아타카마염원에서 세계에서 가장 저렴한 비용으로 리튬을 생산하고 있는 것이다. 한편 한계생산비용을 이용한 접근 방식은 포타슘 생산의 부산물로 리튬을 추출하는 것이 아니라 온전히 리튬 생산에 집중하는 앨버말에는 적용되지 않는다.

이는 엄청난 영향을 미친다. 앨버말은 칠레 밖에 있는 생산 시설이

- • 생산원가를 생산수량으로 나눈 값이다. 평균비용이라고도 한다.
- •• 생산수량이 한 단위 증가할 때마다 늘어나는 비용이다. 한계생산비용은 생산수량이 증가할수록 감소하다가, 어느 지점부터 다시 증가하는 특징을 보인다. 한계비용이라고도 한다.

더 많으니 여기서는 SQM에 집중해 보자. 첫째, 이 회사는 리튬의 가격이 낮을 때 수익성이 더 좋을 수 있다. 둘째, 톤당 1만 달러 이상이라는 가격은 최근 몇 년간 질 좋은 배터리 등급 리튬 화합물이 꾸준히 거래되어 온 가격 범위에 충분히 들어간다. 상대적으로 가격이 낮을 때는 염원 사용료를 높게 설정할 이유가 없다. 따라서 염원 사용료의 변화가 SQM과 앨버말이 잠재적인 칠레 내 배터리 생산 업체에 저렴한 수산화리튬을 공급하지 못하게 막는 원인일 수 있다. 역사적으로 줄곧 수산화리튬의 가격은 다른 리튬 화합물보다 상당히 비쌌다. 그런데 SQM과 앨버말은 수산화리튬 생산량 중 25퍼센트를 칠레 내 배터리 생산 업체에 저렴하게 공급해야 할 뿐 아니라, 수출량에 대해서도 (톤당 1만 달러 이상일 경우) 40퍼센트라는 기가 막힌 염원 사용료를 세금처럼 부담해야 하는 것이다.

CORFO는 자신들이 SQM과 싸우느라 칠레의 경제성장에 인위적인 병목현상을 빚고 있다는 사실을 모르지 않는다. 하지만 옛 독재자의 사위가 가진 SQM의 지분과 통제권 그리고 과거의 정치적 이슈나 미래의 환경문제에 대한 칠레 사회의 감수성을 생각하면 CORFO는 이 문제를 세심하게 다룰 수밖에 없다. 이 정부 기관은 두 회사를 대하는 태도에 공정성을 유지하기 위해 어떤 쟁점이 발생하면 앨버말과의 협상 상황을 기준으로 삼는다.[144]

훌륭한 장애물달리기 선수, SQM

SQM은 1997년부터 탄산리튬을 생산하기 시작했지만, 수산화리튬은 2005년에야 처음 내놓았다.[145] (그때까지 배터리 생산 업체들은 수산화리튬의 공급 부족을 이유로 칠레에서 철수했다.) 배터리 산업이 발전하면서 점점 더 엄격한 품질이 요구되었고, 이에 맞춰 SQM도 변화하고 혁신해야 했다. 처음에는 니켈 카드뮴 배터리*가 대유행해서 노트북과 휴대전화 등의 전자 기기에 쓰였지만, 곧 리튬 이온 배터리로 대체되었다. 니켈 카드뮴 배터리의 제일 큰 문제는 메모리 효과memory effect였다. 즉 사용할 때마다 매번 완벽히 충전하지 않으면, 마지막에 충전했던 수준으로 배터리 용량이 줄어들었다. 당연히 바쁘게 돌아가는 일상에서 늘 신경 쓰기 어려운 일이다. 우리는 종종 집이나 사무실을 떠나기 전 휴대전화를 10퍼센트 정도만, 그것도 계속 사용하면서 충전하기도 한다. 리튬 이온 배터리는 이런 문제가 없고, 같은 양의 에너지를 더 작은 공간에 저장할 수 있다.

SQM이 리튬으로 이례적인 성공을 거두긴 했지만, 아타카마염원에 지어진 설비의 주 수익원이 처음부터 리튬이었던 것은 아니다. 리튬은 원래 염화포타슘 제조 과정에서 얻어지는 호화로운 부산물로 취급되었

• 제2차 세계대전 때 개발되었을 정도로 오래된 배터리다. 니켈을 양극재로, 카드뮴을 음극재로 사용한다. 대형 니켈 카드뮴 배터리는 비행기나 자동차의 시동을 거는 용으로, 소형 니켈 카드뮴 배터리는 장난감이나 휴대용 전자 기기의 전원으로 많이 쓰인다.

다. 염화포타슘이 시장에서 역사상 최고로 높은 가격에 거래되던 시절이었다.

상황은 SQM에서 리튬을 사들이는 고객들의 구성이 바뀌면서 달라지기 시작했다. 원래 이 회사는 품질의 엄격함보다는 양에 더 관심이 많은 고객들을 보유하고 있었다. 하지만 배터리 생산 업체들이 등장해 각자 매우 적은 양을 매우 구체적인 순도로 요구했다. 이 분야의 수요가 급격히 증가하면서 SQM은 생산을 멈출 수 없는 고객들을 위해 심지어 비행기로 리튬을 납품하기 시작했다. 리튬은 다른 특수 화학물질이나 상품과 마찬가지로 대개 컨테이너선에 선적되는데, 컨테이너당 대략 20톤의 리튬이 실린다. 칠레의 항구도시 안토파가스타Antofagasta, 메히요네스Mejillones, 이키케Iquique에서 출발해 상하이에 도착하기까지 약 50일이 걸린다. 비행기로는 하루면 가지만 당연히 비용이 훨씬 더 많이 든다. 이를 감수할 정도였으니, 한마디로 호시절이었던 셈이다.

이처럼 SQM은 칠레의 정치적·경제적 상황을 능수능란하게 이용한 폰세 레로우와 유리하게 변화한 시장 상황에 힘입어 오늘날 세계 최대 리튬 생산 업체로 발돋움했다. 동시에 리튬의 채굴과 가공을 두고 정부와 여전히 긴장 관계를 유지하고 있다. 그렇지만 큰 틀에서 SQM은 장애물달리기를 훌륭하게 해내고 있다. 리튬 삼각지대를 이루는 다른 두 국가의 상황을 이어서 살펴보자.

6장

혼란한 정치와
흔들리는 리튬 산업

BATTERY WAR

리튬 삼각지대에 속한 또 다른 나라인 아르헨티나는 리튬이 세계에서 두 번째로 많이 묻혀 있는데, 그 양이 1700만 톤에 이르는 것으로 추정된다.[1] 이는 칠레보다 두 배가량 많은 것인데, 2019년 기준 리튬 생산량은 칠레의 약 3분의 1 정도였고* 중국 내 생산량보다도 적었다.[2] 현재 아르헨티나에서는 칠레와 유사하게 염수에서 리튬을 추출하는 시설 두 곳만 운영 중이다.[3] 리튬 생산 업체 리벤트Livent와 오로코브레Orocobre가 각각 관리하는 옴브레무에르토Hombre Muerto염원과 올라로스Olaroz염원의 시설들이다.

• USGS에 따르면, 2021년 기준 칠레의 리튬 생산량은 2만 6000톤, 아르헨티나의 리튬 생산량은 6200톤으로, 차이가 더 벌어졌음을 알 수 있다.

아르헨티나는 칠레나 볼리비아와 달리 각각의 특성이 극단적으로 다른 다양한 염원을 보유하고 있다. 미래를 생각하면 이러한 특징이 이 나라의 리튬 산업에 도움이 될 수 있다. 리튬의 다양한 원천은 끊이지 않는 주문이나 새로운 프로젝트에 존재하는 위험을 희석해 줄 수 있기 때문이다.[4] 아르헨티나 리튬 산업의 또 다른 특징은 현재 약 40여 개의 신규 프로젝트가 진행되고 있다는 것이다. 다양한 주체가 각자 다른 공정과 접근 방식으로 프로젝트를 추진하고 있다.

염수를 활용하는 새 프로젝트를 개발하려 할 때 최악의 접근법은 그냥 다른 프로젝트를 따라 하는 것이다. 지역마다 자원의 특성과 기상 조건이 다르므로 이에 맞춰 추출 공정의 설계를 조정해야 한다. 예를 들어 염수마다 특정한 불순물이 존재한다. 가령 리튬 삼각지대의 염원들은 기상 조건과 미기후微氣候*에 따라 구분된다. 남쪽의 대형 염원에는 종종 비가 내리지만 북쪽의 염원에는 강한 햇볕이 내리쮠다. 영리한 기업들은 추출이나 관련 공정의 설계를 시작하기 전에 먼저 해당 지역의 귀중한 데이터를 모으고자 기상관측소를 설치한다. 연못마다 리튬의 생산량을 일정하게 유지하려면 기상 조건에 따라 반응물질의 투입량을 바꿔야 한다. 증발량이 많을 때는 투입하는 양을 늘리고 반대의 상황에서는 줄인다. 계획을 제대로 세우려면 먼저 특정 지역의 기상 조건을 이해해야 한다. 전체 규모나 필요한 연못의 수뿐 아니라 조달 계획도 기상

•   공간적으로 작은 규모로 발생하는 기후를 의미한다.

조건을 바탕으로 수립해야 한다. 강우율降雨率**이 높아지면 투입하는 반응물질의 양을 늘려야 한다.[5]

맞춤형 리튬 화합물의 생산을 자세히 들여다보면 극도로 복잡하고 까다롭지만, 크게 보면 아주 간단히 설명할 수 있다. 먼저 리튬을 함유한 염수를 여러 개의 연못에서 태양열로 증발시켜 농축한다. 증발 과정에서 중간생성물인 염화리튬이 생기는데, 염화리튬에 소다회***를 섞으면 탄산리튬을 얻을 수 있다. 보통은 여기서 공정이 끝난다. 수산화리튬을 얻고 싶다면 탄산리튬에 석회를 더해야 한다.[6] 문제는 반응물질인 소다회와 석회를 염원에서 외떨어져 있는 가공 시설까지 운반하는 게 쉬운 일이 아닌 데다가, 둘 다 상당한 양이 필요하다는 것이다.[7] 때로는 리튬 삼각지대 밖에서 반응물질을 수입하고 대금은 달러로 지급해야 하는데, 아르헨티나에서는 여러모로 어려운 일이다.[8]

아르헨티나의 특산물, 채무불이행

아르헨티나에는 거대한 스테이크, 탱고, 호르헤 루이스 보르헤스

** 단위 시간당 내리는 비의 강도를 나타낸다.
*** 굉장히 다양한 분야에서 쓰이는 화학물질이다. 고대에는 소금기가 풍부한 땅에서 자란 식물을 태워, 그 재(灰)에서 얻었는데, 오늘날에는 소금과 석회암을 가공해 대량 생산한다. 유리, 종이, 비누, 인조 견사 등을 만드는 데 쓰인다.

Jorge Luis Borges[*] 등 유명한 게 많지만, 경제 위기를 자주 겪는 나라로도 잘 알려져 있다. 아르헨티나는 1816년 독립한 이래 국가 부채로 여덟 번이나 채무불이행 상태에 빠졌고, 가장 최근에는 2014년에 같은 경험을 했다. 채무불이행이란 간단히 말해서 정부가 부채 상환을 거부하는 것이다. 정부가 발행하는 채권(부채)은 보통 가장 안전한 투자처 중 하나로 여겨지므로 대개 수익률이 낮다. 대부분의 나라가 채무불이행을 선언한 적이 한 번도 없기 때문에 아르헨티나의 기록은 단연 눈에 띈다. 2014년 이후에도 변화에 대한 열망과 달리 아르헨티나의 상황은 그다지 개선되지 않았다.^{**}

채무불이행을 선언했던 크리스티나 페르난데스 데키르치네르_{Cristina Fernández de Kirchner}의 뒤를 이어 2015년 대통령이 된 마우리시오 마크리 _{Mauricio Macri}는 월스트리트의 기대를 한 몸에 받았다. 먼저 밝혀두자면 그는 오랜만에 등장한 급진주의자^{***}도, 페론주의자^{****}도 아닌 대통령이

- 아르헨티나를 넘어 라틴아메리카 문학을 대표하는 대문호다. 독특한 서사 형식은 동시대 작가들뿐 아니라, 포스트모더니즘 철학자들에게도 지대한 영향을 미쳤다.
- •• 실제로 아르헨티나는 2020년에 아홉 번째 채무불이행을 선언할 뻔했으나, 해외 채권단과 채무 구조조정안에 극적으로 합의해 간신히 모면했다.
- ••• 아르헨티나에서 급진주의자라 하면, 대개 급진시민연합(Unión Cívica Radical) 소속이거나 비슷한 정치적 견해를 지닌 사람을 가리킨다. 급진시민연합은 1891년 창당했을 정도로 역사가 긴 중도좌파 성향의 정당이다.
- •••• 페론주의는 아르헨티나의 전 대통령인 후안 페론(Juan Perón)과 그의 부인 에바 페론(Eva Perón)이 이끈 정치 운동이다. 임금 인상, 복지 정책 확대, 원주민 차별 해소 등 좌파적인 면모와 공산당과의 결별, 국가 주도 경제정책 수립 등 국가주의적인 면모를 동시에 지녔다.

었다. 정치 운동으로서 페론주의는 아르헨티나 정치에 막대한 영향을 미쳤고, 지금도 영향력을 유지하고 있다. 페론 전 대통령과 그의 아내 에바가 창시한 페론주의는 먼저 뮤지컬로 만들어진 뒤 영화로 재창작된 〈에비타 Evita〉 덕분에 유명해졌다. 하지만 페론주의자들은 광업계가 따뜻하게 환영할 만한 존재들이 아니었다.

페론주의자 네스토르 키르치네르 Néstor Kirchner와 그의 아내 크리스티나 페르난데스는 부부가 잇달아 대통령직에 오르며 2003년부터 2015년까지 아르헨티나를 통치했다. 이들의 정책은 달러에 대한 페소의 강세를 인위적으로 유지하기 위한 통화통제 그리고 관대한 보조금과 사회적 지출로 요약할 수 있다. 두 페론주의자는 2001년 채무불이행 선언 이후 국가 경제를 활성화하는 데 성공했으나, 사실 아르헨티나의 경제 상황이 실제보다 좋아 보이게 하는 환상을 만들어 냈을 뿐이다. 이들의 정책은 결국 2014년 또 다른 채무불이행 선언으로 이어졌다.

마크리는 아르헨티나를 위한 다른 계획을 가지고 있었다. 그는 임기를 시작하고 몇 시간 만에 통화통제 정책을 폐기했다. 또한 채무 재구성과 정부 지출 삭감을 위한 계획을 시행했다. 금융시장은 열광적으로 반응했다. 마크리의 계획은 오랜 세월 좌파 정권이 집권하며 외국인 투자자들이 건드릴 수 없는 곳으로 여겨졌던 고립된 아르헨티나를 자본가와 자유 시장에 친화적인 나라로 개혁하고 외자를 유치하는 것이었다. 아르헨티나에 리튬 기업들을 받아들인 것은 이 거대한 계획에 아주 잘 들어맞았다.

리튬 기업들에 유인책으로 작용한 것은 아르헨티나 정부의 태도 변화와 자원만이 아니었다. 마크리 정부는 추출 장비와 부품에 대한 수입 제한을 해제하는 동시에, 수익의 국외 반출 금지, 총수출액의 5~10퍼센트에 달하는 부담스러운 세금 등의 제약도 없앴다. 노동시장 규제도 철폐해 기업들이 유연한 고용정책을 활용할 수 있게 했다.

광업 후진국에 도전한 에라메트

아르헨티나는 연방제 국가로 주마다 고유한 법체계가 있다. 따라서 주마다 광업에 적용하는 규제가 다르다. 또한 많은 규제가 각 주의 주지사와 광업 책임자의 재량에 달려 있다. 리튬 산업의 관점에서 볼 때 가장 중요한 세 주는 살타 Salta, 카타마르카 Catamarca, 후후이 Jujuy인데, 이곳의 주지사들은 모두 자기 지역에 일자리와 재정 수입을 안겨주는 리튬 산업을 대폭 지지한다고 알려졌다.[9] 무엇보다 이들은 수도의 정치적 변화에도 불구하고 놀라울 정도로 오랫동안 권력을 유지해 왔는데, 이러한 사실은 행정가로서의 역량이 나쁘지 않다는 증거일 수 있다. 후안 마누엘 우르투베이 Juan Manuel Urtubey는 2007년부터 2019년 12월까지 살타 주지사였고, 루시아 코르팍시 Lucía Corpacci는 2009년부터 카타마르카 주지사를 맡고 있다. 산업 친화적인 성향만 보고는 짐작하기 어렵겠지만, 두 사람은 페론주의 정당인 정의주의자당 Partido Justicialista 소속이다. 사업 목적으로 아르헨티나를 방문했던 테슬라의 경영진이 살타 주지사를 만난 것만 봐도 주 정부의 영향력이 얼마나 큰지 알 수 있다.[10]

다른 면에서도 주 정부에 많은 것이 달려 있다. 아르헨티나는 구리가 풍부한 이웃 나라 칠레와 달리 광업 국가가 아니다. 광업의 전통이 없다는 사실은 장점이 될 수 있다. 예를 들어 아르헨티나에는 시대에 뒤떨어진 법처럼 번거로운 유산이 없으므로, 상황에 따라 리튬 추출에 친화적인 동시에 환경에도 친화적인 법체계를 자유롭게 만들어 갈 수 있다. 하지만 기반 시설이 부족하고, 광업에 대한 국가의 야심을 뒷받침하기 위해 정부가 무엇을 할 수 있는지 불확실하다는 단점도 있다.

외딴곳의 광산이라도 가스와 전기, 물, 철도와 잘 이어진다면 충분히 개발할 수 있다. 전 세계에 제품을 실어 나를 수 있는 항구와 바로 연결되어야 하며 (항상 트럭 운송보다 비용이 저렴한) 화물열차를 이용할 수 있다면 가장 이상적이다. 한마디로 상호 작용하는 것인데, 광산 개발에는 기반 시설이 필요하고 동시에 광산 개발이 기반 시설의 발전을 뒷받침한다. 이렇게 새로 구축된 기반 시설은 이후 다른 분야의 경제활동에 활용된다.

마크리는 임기 중반 어느 시점부터 인기를 잃기 시작했다. 페론주의자인 전임자들이 권력을 쥐고 있을 때는 발전 산업에 많은 보조금을 안긴 덕분에 부에노스아이레스 시민들은 매달 담배 한 갑 가격밖에 안 되는 전기 요금을 내고 살았다. 반면 마크리는 금욕적 연설에서 국민에게 난방 온도를 낮추고 두꺼운 옷을 껴입으며 아르헨티나의 추운 겨울에 맞서자고 격려했다. 물론 아르헨티나인들은 재정난에 익숙한 상태였다. 이 나라의 중산층들은 자국 은행이나 화폐를 거의 신뢰하지 않는다. 보통은 아껴 모은 돈을 달러로 바꿔 집에 숨겨놓고, 아주 부유하거나 경제에 밝은 사람들은 해외 은행에 돈을 맡긴다.

그렇다고 해서 아르헨티나인들이 자국의 상황에 진저리를 치고 있었다는 뜻은 아니다. 마크리에게 표를 던질 때는 그가 허리띠를 졸라맬 것을 잘 알고 있었고, 그런 조치 덕분에 경제가 나아지는 한 참고 견딜 준비도 되어 있었다. 하지만 인플레이션이 여전히 거세서 2017년과 2018년에는 물가 상승률이 각각 20퍼센트와 30퍼센트를 넘겼고, 2019년에는 무려 50퍼센트를 넘어섰다. 마크리는 페소를 구하기 위해 IMF에서 무려 5억 달러를 빌렸다. 역사상 가장 큰 규모였다. 아르헨티나인 대부분이 한계에 달했다. 마크리가 취임한 후 생활은 점점 더 어려워졌고, 동시에 그의 긴축 모델은 기대처럼 경제를 바로잡는 대신 국가 채무만 늘렸다. 2019년 대통령 예비선거에서 마크리는 32.1퍼센트를 득표하는 데 그쳐 월스트리트를 놀라게 했다. (페론주의자) 알베르토 페르난데스Alberto Fernández가 47.7퍼센트의 득표율을 기록했다. 시장은 아르헨티나의 자산을 대량 매각하는 것으로 반응했고, 페소 가치는 더 떨어졌다.

산업을 국유화하고 통화를 억제하며, 투자 수익의 송금을 막고 사업비용을 증가시켜 온 페론주의자들의 역사를 잘 알고 있는 외국인 투자자들은 아르헨티나에서 철수하기 시작했다. 2019년 대통령 선거에서 페르난데스가 승리하며 최악의 시나리오가 현실화되었다. 상황이 심각해지자 자유 시장의 옹호자였던 마크리가 임기가 끝나기 전에 통화통제를 시행했고, 페론주의자인 후임자도 같은 정책을 유지했다.

이런 상황이 아르헨티나 리튬 산업에는 딱히 나쁘게 작용하지 않았다고 주장하는 이들도 있다. 페르난데스는 대통령으로 취임하기 전부터 리튬 기업들을 만나 그들을 변함없이 지원하겠다고 안심시켰다.[11] 여기에는 현실적인 이유가 있었다. 리튬 수출은 이 나라의 부채를 상환하는 데 필요한 현금, 특히 달러를 만들어 낸다. 하지만 통화통제는 중요한 문제다. 기업들이 달러로 대금을 받으면 아르헨티나 법에 따라 바로 페소로 교환해야 한다. 이때는 암시장 환율보다 훨씬 낮은 공식 환율이 적용된다. 하지만 리튬 기업들이 아르헨티나 현지에서 계약한 납품 업체들과 고용인들은 제품과 서비스 비용에 실시간으로 바뀌는 암시장 환율을 적용해 달라고 요구한다. 시약이나 기계 같은 물품을 외국에서 들여오려면 페소를 달러로 바꿔야 하는데, 공식 환율을 따르면 페소를 사는 가격과 페소를 파는 가격의 차이가 크다. 따라서 기업은 수출할 때는 달러를 페소로 바꾸면서, 수입할 때는 페소를 달러로 바꾸면서 손해를 본다. 달러를 그냥 은행에 넣어두고 필요할 때만 사용하는 이상적 상황과는 차이가 크다. 하지만 이렇게 개별 기업에는 불리한 상황이 아르헨티나 화폐에는 유리하게 작용해서 힘을 키우는 데 도움이 된다.

광업 기업들은 정치 환경과 거시 경제 환경에 탄력적으로 반응하는 경향이 있다. 그들은 자원이 있는 곳을 파헤쳐야 하는데, 보통 신흥 시장일 때가 많다. 심지어 전쟁 중인 콩고에서도 성공적으로 코발트를 채굴해 왔다. 그에 비하면 아르헨티나의 경제문제는 심각하지 않다. 그런데도 아르헨티나의 리튬 산업은 이미 심각한 좌절을 겪고 있다.

에라메트Eramet는 역사가 1880년까지 거슬러 올라가는 프랑스의 대형 광업 기업이다. 현대사를 통틀어 가장 부유한 가문이자 수많은 음모론의 주인공이었고 19세기에 그 명성이 절정에 달했던 전설적 은행가 가문인 로스차일드가에서 자금을 댔다.[12] 오늘날 에라메트는 상장기업이자 배터리 물질 생산 업체로 탈바꿈했다.[13] 살타에서 진행하던 센테나리오Centenario 리튬 프로젝트는 수백만 달러를 투자하며 상당한 진전을 이뤘으나 지금은 중단된 상태다.[14] 이 회사는 아르헨티나의 거시 경제 환경이 운영을 중지하기로 한 중요한 이유 중 하나라고 발표했다.[15] 시간이 지나면 다른 프로젝트들도 에라메트의 사례를 따를지 알 수 있을 것이다.*

눈 가리고 아웅 하는 환경영향평가

아르헨티나의 경제를 구하려는 조치지만 국경 내 모든 산업에 영향을 미치고 있는 가혹한 정책들과 달리, 광업에 특화된 세금 우대 조치와 광산 사용료 체계는 건재하다. 칠레가 염원 사용료를 최종 생산물 가격

---

* 2022년 6월 에라메트는 해당 프로젝트가 재개되었다고 밝혔다.

의 40퍼센트까지 부과할 때 아르헨티나는 막 채굴을 마친 광물 가격의 3퍼센트만을 일괄 적용한다.[16] 게다가 리튬 프로젝트는 지방세와 인지세도 면제받는다. 주 정부들도 리튬 산업에 새로운 투자를 유치하기 위해 자신들이 할 수 있는 일을 하고 있다.

하지만 리튬 산업을 육성하려는 노력을 비판하는 이들도 있다. 모든 광업 산업은 근본적으로 침략적이며 환경에 흔적을 남긴다. 한 나라에서 40개의 리튬 프로젝트가 진행되는 만큼[17] 환경에 영향을 미칠 가능성이 매우 크다. 가장 중요한 문제는 리튬 추출에 많은 물이 필요한데, 이미 수자원이 무척 귀한 건조 지역에서 작업이 진행된다는 점이다. 염원은 호수나 연못 같은 수역水域이 수천 년간 강한 태양열에 노출되어 증발해 만들어진 독특한 지형이다(아타카마사막의 태양열은 모하비사막의 태양열보다 30퍼센트 이상 강하다). 세계에서 리튬이 가장 많은 곳인 볼리비아의 우유니염원[18]은 선사시대에 형성된 여러 호수가 3만 년에서 4만 년간 증발하고, 또 증발한 결과물이다. 염원은 초자연적으로 느껴질 정도로 평평하기도 하다. 면적이 1만 260제곱킬로미터에 달하는 우유니염원은 전체 지형의 높이 변화가 1미터도 되지 않아 인공위성 장치들의 측정값을 교정하기에 이상적인 장소다.

염원은 전혀 안락해 보이지 않는 외형과 달리 다양한 생태계를 품고 있다. 또한 수천 년간 이 지역에 거주하며 자연이 자신들에게 제공하는 것을 최대한 이용함으로써 적응해 온 원주민의 터전이다. 문제는 이런 지역공동체가 '새로운 석유'의 탐사로 혜택을 볼 수 있는지 그리고 리튬 산업이 주도권을 쥐기 전에 존재하던 상태 그대로 염원을 보존하기 위한 모든 조치가 제대로 이루어지고 있는지다.

염원에서 리튬 1톤을 생산하려면 약 200만 리터의 물이 필요하다.[19] 염수를 증발시키는 연못 주위에 펌프장이 흩어져 있는 이유다. 염원과 연못을 잇는 호스의 길이만 몇 킬로미터에 달한다. 염수에서 리튬을 채굴하는 것을 종종 수채굴水採掘이라 부르는 것도 이해할 만하다. 펌프는 초당 2000리터의 염수를 퍼 올린다.[20]

리튬 추출이 수자원이 부족한 지역에서 엄청난 물을 소비한다는 사실은 잘 알려져 있다. 하지만 염원 내의 그리고 근처의 담수에 미치는 영향은 그다지 알려지지 않았다. 리튬 산업에서 선호하는 이론은 염수가 함유된 대수층은 어떤 식으로든 식물과 동물, 사람이 소비하는 담수 대수층과 연결되지 않는다는 것이다. 정말 그렇다면 아무리 염수를 이용해도 풍경이 바뀌는 것 외에는 누구에게도 해를 끼치지 않으므로 대체로 괜찮을 테다. 하지만 일부 과학자들과 비정부기구들은 염수를 퍼 올리면 깨끗한 물이 빠져나간 물을 대체하게 되어 지하수의 미묘한 균형이 훼손된다고 주장한다.

특히 가장 큰 문제는 정부가 염원 내 수자원 문제에 관한 조사를 바로 그 수자원을 고갈시킨다고 비난받는 리튬 기업들에 맡긴 탓에 누가 옳은지 검증할 데이터가 충분하지 않다는 것이다. 기업들이 제시하는 측정치에 맞서거나, 기준치로 활용할 수 있도록 독립된 기관, 또는 정부에서 수행한 연구 결과 자체가 없다.

아르헨티나 법에 따르면 리튬 기업은 프로젝트를 시작하기 전에 환경영향평가를 실시해야 하고, 그 결과를 제시해야만 정부 당국의 허가를 받을 수 있다. 하지만 같은 관청에서 광업 홍보와 환경영향평가의 승인을 모두 담당하므로 명백히 이해 충돌이 발생한다.[21]

리튬 추출이 진행되는 염원 근처의 지역공동체에서 비정부기구들이 수집한 증언에 따르면 가축과 인간이 소비할 만한 수자원이 눈에 띄게 감소했고, 물이 오염되었으며, 무리 지어 사는 동물들의 불가사의한 죽음이 목격되었다고 한다.[22]

원주민들의 도둑맞은 권리

아르헨티나 입법부는 자신들의 땅과 자원을 개발하고 통제할 원주민들의 권리를 인정한다. 이 나라는 UN의 원주민권리선언Declaration on the Rights of Indigenous People에 조인했으며, 따라서 "원주민의 땅이나 영역, 다른 자원에 영향을 미치는 모든 프로젝트, 특히 광물이나 수자원, 다른 자원의 개발이나 이용, 활용과 관련된 프로젝트를 승인하기에 앞서 (원주민들에게) 충분한 정보를 제공하고 자유로운 환경에서 동의를 얻어야" 한다.[23] 하지만 이런 의무를 국내법으로는 규제하지 않아서 원주민들의 승인 절차는 관례상 환경영향평가의 일부로 진행된다.

사전에 원주민들에게 승인받은 사례로는 우안카르Huancar와 파스토

스치코스Pastos Chicos에 인접한 올라로스카우차리Olaroz Cauchari 염원의 프로젝트 정도가 있다.[24] 이 프로젝트를 진행하는 리튬 기업들은 염원 주위의 지역공동체를 안심시키려 했지만, 승인 과정 그리고 매년 수백만 달러의 수입을 안겨주는 자원에 접근하는 대가로 제공하는 혜택들이 과연 타당한 수준인지 의문을 불러일으킨다.

아르헨티나의 비정부기구 환경천연자원재단Fundación Ambiente y Recursos Naturales이 진행한 인터뷰에 따르면 원주민들은 프로젝트에 동의하기 전 정보를 제대로 제공받았다고 생각하지 않았다. 그들이 만난 리튬 기업 대표들은 프로젝트 때문에 발생할 수 있는 환경문제를 충분히 강조하거나 논의하지 않았다. 원주민들의 질문에 기업 관계자들은 어려운 기술 용어를 사용해 답했다. 회의에 정부나 학계를 대표하는 제삼자는 참석하지 않았다. 원주민들은 기득권이 없는 자신들을 지원해 줄 누군가가 존재한다는 느낌을 받지 못했고, 그 결과 자신들에게 대단한 협상력이 있다고 생각하지 않았다. 따라서 전체 과정 내내 상당히 수동적인 태도를 보이며 기업들이 제안하는 것이 무엇이든 기쁘게 받아들였다. 기업들이 약속한 가장 중요한 혜택은 일자리였고 원주민 대부분은 취업 환경이 열악한 곳에서 일할 기회를 얻을 수 있다는 데 만족했다. 한 지역공동체에는 기업이 후원하는 중등학교가 생겨서 아이들에게 더 좋은 기회를 주기 위해 떠났던 일부 구성원이 돌아오기도 했다.[25]

지역공동체들이 매년 받는 보상금은 2만 5000달러에서 6만 5000달러 사이로, 탄산리튬을 3톤에서 10톤까지 판매했을 때 얻는 수입과 동일하다. 한편 2019년 올라로스카우차리염원에서 시설을 운영한 한 리튬 기업은 1만 2600톤이 넘는 탄산리튬을 생산했다.

말도 안 되는 일이다. 근처 광산에서 발생하는 막대한 이익에 세금을 매기거나, 임금을 높여 부를 재분배하는 지역공동체들의 사례가 세계 곳곳에 다수 존재한다. 사우디아라비아의 석유는 유목민들을 무일푼에서 거부로 바꿔놓았다. 이 나라의 전설적인 석유상 알리 알나이미Ali al-Naimi*는 유목민들의 천막에서 어린 시절을 보냈다.[26] 그런데 왜 아르헨티나 같은 나라에서는 원주민들이 조상 대대로 몇 세기 동안 살아온 땅에서 부를 얻어 중산층 정도의 생활수준을 누리지 못할까.

리튬 삼각지대의 세 번째 나라이자 이 자원이 가장 풍부한 나라인 볼리비아의 상황은 무척 다르다. 이 나라에서는 최초의 원주민 대통령이 13년간 권력을 누리기도 했다. 볼리비아의 리튬을 둘러싼 아주 특수한 환경 그리고 지구라는 행성에서 가장 큰 리튬 산지를 상업화하려 했던 길고 무익한 역사를 서술하려면 한 장을 온전히 할애해야만 한다. 바로 페이지를 넘겨보자.

• 유목민 출신으로 양을 치다가, 열두 살의 어린 나이로 사우디아람코의 전신인 아라비안아메리칸오일컴퍼니(Arabian American Oil Company)에 사환으로 들어갔다. 미국인 임원들의 눈에 띄어 레바논과 미국에서 유학할 기회를 얻었다. 이후 승승장구해 1984년에 사우디아람코 최초의 사우디아라비아인 사장이, 1988년에 CEO가 되었다. 1995년에는 사우디아라비아의 석유 및 광물자원 장관에 임명되어 OPEC(석유수출국기구)을 진두지휘했다.

7장

가능성으로 가득한
불모지

2019년 11월 11일 밤, 멕시코 정부 소유의 비행기 한 대가 볼리비아 중부의 도시 치모레Chimore에서 이 나라를 13년간 이끌다가 망명을 택한 지도자를 태우고 이륙했다. 비행기가 멀어지자 볼리비아는 혼란에 빠졌다. 두 수도° 중 하나이자 스페인어로 '평화'를 뜻하는 도시 라파스는 폭력 시위로 몸살을 앓았다. 이 도시에 있는 대사관 대부분이 직원들에게 재택근무를 지시했다. 라파스의 중심지인 무릴로Murillo 광장은 저항 세력의 임시 거점으로 바뀌었고, 2014년의 우크라이나 혁명을 떠올리게 했다.

• 볼리비아의 수도는 행정수도 라파스(La Paz)와 사법수도 수크레(Sucre)로 나뉘어 있다. 실질적인 수도 역할은 라파스가 담당하나, 헌법상 수도는 수크레다.

이 시위는 미주기구Organization of American States*의 참관인들이 부정선거로 간주한 대통령 선거가 치러진 이후 몇 주 동안이나 계속되었다. 하지만 국민 모두가 에보 모랄레스Evo Morales의 퇴진을 원했던 것은 아니었다. 라틴아메리카 국가 가운데 가장 높은 비율인 55퍼센트의 인구가 원주민을 자처하는 볼리비아에서 모랄레스는 최초의 원주민 출신 대통령이었다.[1] 그는 오랫동안 권력을 유지하며 빈곤율을 상당히 낮췄고, 국제 자원 시장의 활황에 힘입어 이 나라가 수년간 강력한 경제성장을 이어가도록 이끌었다. 사실 그가 볼리비아를 떠나기 며칠 전부터 더는 대통령의 권한을 인정하지 않았던 경찰은 모랄레스의 지지자들이 수도로 행진할까 봐 우려하고 있었다.

볼리비아에서 흔히 '에보'라 불리는 모랄레스는 자신의 망명이 쿠데타 때문이라고 주장했다. 물론 그는 총으로 위협당하지 않았다. 또한 철과 유리로 만들어져 라파스에 우뚝 솟은 새 공관 '인민 대저택Casa Grande del Pueblo'에 폭탄이 쏟아진 것도 아니었다. 하지만 거리에서 벌어지는 일들 때문에 볼리비아 군대의 총사령관 윌리엄스 칼리만Williams Kaliman 장군이 방송 연설로 퇴진을 권한 것은 사실이었다.[2]

선입견 없는 관찰자에게는 쿠데타가 가장 많이 발생한 나라로 악명 높은 볼리비아에서 군부의 제안을 따른 것이 신중한 선택처럼 보일 수

---

* 아메리카대륙 내 국가들의 협력을 위해 설립된 기구다. 1948년 창설되었고, 현재 35개국이 가입해 있다.

있다. 하지만 모두가 쿠데타라고 믿은 것은 아니었다. 브라질 대통령 자이르 보우소나루Jair Bolsonaro는 자국 신문《글로부O Globo》와의 인터뷰에서 모랄레스의 주장에 대해 "좌파가 패하면 쿠데타라는 단어가 많이 쓰인다. 자신들이 승리하면 합법이고, 패배하면 쿠데타다"라고 평했다.[3]

몇 주가 지나 거리의 긴장감이 가라앉았을 즈음 모랄레스가 망명 후 처음으로 응한 인터뷰가 공개되었다. 그는 리튬 때문에 쿠데타가 일어났다고 전적으로 확신했다. 모랄레스는 "국가적이고 국제적인 쿠데타였다. 산업화된 국가들은 경쟁을 원하지 않는다"라고 주장했다.[4] 그는 자신이 미국 대신 중국의 지원을 받아 리튬 프로젝트를 진행하기로 한 이후 워싱턴의 용서를 받지 못했고, 그 와중에 볼리비아는 자원의 규모를 앞세워 리튬 가격을 주도하는 국가로 성장 중이었다고 설명을 이어 갔다.[5]

볼리비아의 '하얀 석유'

볼리비아가 세계에서 가장 많은 리튬을 보유한 것은 사실이다. USGS가 추산한 이 나라의 리튬 매장량은 2100만 톤이다.[6] 볼리비아 자체 추산치는 훨씬 더 큰데, 자국 내 최대 소금 평원인 우유니염원에만 리튬이 1억 4000만 톤 있다고 본다.[7]

하지만 볼리비아가 어떤 식으로든 리튬 가격에 영향을 미칠 만한 국가로 발돋움하고 있었다거나, 비슷한 경로를 밟고 있었다는 주장은 사실과 거리가 멀다. 볼리비아 세관이 발표한 통계에 따르면, 이 나라에서 (모랄레스가 쫓겨나기 전해인) 2018년에 수출한 탄산리튬은 컨테이너 하나로 운송할 수 있는 20톤에 불과했다. 이는 모두 중국으로 갔다.*

하지만 볼리비아만큼 '리튬은 새로운 석유'라는 발상이 국민감정이나 국가 전략에 영향을 미치는 나라는 찾기 어렵다. 리튬을 이용해 볼리비아를 풍요롭게 한다는 꿈은 모랄레스가 대통령에 취임한 2006년부터 시작되어 이 정권을 정의하는 요소 중 하나가 되었다. 또한 볼리비아인들에게 리튬은 자국의 GDP를 끌어올리는 수단 이상이었다. 볼리비아는 천연자원에 대한 트라우마를 가지고 있었고 모랄레스는 이를 극복하려 했다. 랭커스터대학교 명예교수인 리처드 M. 오티Richard M. Auty는 1993년 발표한 중요한 저서《광물 경제의 지속적 발전Sustaining Development in Mineral Economies》에서 천연자원에서 비롯된 단점이 장점보다 많은 나라들을 묘사하기 위해 '자원의 저주resource curse'라는 용어를 만들어냈고, 대표적인 예로 볼리비아를 들었다.

리튬 산지인 우유니염원이 있는 포토시Potosi 지역은 볼리비아가 스페인에 침략당한 1545년부터 독립한 1825년까지 식민국에 엄청난 부를 안겨준 곳이었다. 스페인어로 '부유한 산'이라는 뜻의 세로리코Cerro

---

• 세계은행(World Bank)이 운영하는 국제무역통합시스템(World Integrated Trade Solution)에 따르면, 2021년 기준 볼리비아는 1009톤의 탄산리튬을 수출했다. 이 중 중국으로 604톤이 갔다.

Rico 광산에서 나온 막대한 은銀은 이베리아반도에 물가 상승을 일으킬 정도였는데, 채굴 과정에서 볼리비아인 800만 명이 죽었고, 그중 대부분은 원주민이었다. 은 덕분에 17세기 초 포토시는 규모에서 런던과 밀라노를 훌쩍 넘어서는 국제도시로 꼽히기도 했다. 이 도시의 문장紋章에는 "나는 세계의 보물이자 모든 산의 제왕이며 왕들의 부러움을 사는 부유한 포토시다"라고 적혀 있었다. 하지만 포토시의 명성은 영원하지 않았고 은과 함께 사라졌다.[8]

독립한 후에는 스페인 이주민의 직계 후손들, 즉 '크리오요criollo'가 권력을 쥐었다. 이들은 대개 광물자원으로 부를 일궜다. 국제 주석 시장의 약 30퍼센트를 좌지우지했던 '주석 거물' 파티뇨스Patiños가문과 아라마요스Aramayos가문, 호스칠드스Hochschilds가문은 18세기와 19세기에 부의 정점을 찍었다.[9] 1952년 국유화된 이들의 광산은 주석 가격이 폭락한 1986년까지 볼리비아 국고에 확실한 수입을 안겨주었다.

2003년 남아메리카에서 베네수엘라 다음으로 매장량이 많은 볼리비아의 가스 탐사를 두고 충돌이 빚어지면서 일명 '가스 전쟁'이 나라를 뒤흔들었다. 그 결과 '고니Goni'라 불리던 곤살로 산체스 데로사다Gonzalo Sanchez de Lozada 대통령이 권력을 잃었고, 이어진 선거에서 모랄레스가 승리했다. 가스 전쟁의 시작은 영국과 스페인의 대형 석유 기업과 가스를 거래하기로 한 산체스 정부의 결정이었다. 이로써 볼리비아 곳곳에서 대규모 시위가 벌어졌다. 군경과 시위대가 충돌하며 모랄레스의 정치적 거점이었던 엘알토El Alto에서 60명이 사망했다. 가스 수출로 볼리비아가 얻을 수 있는 수입은 매년 4000만 달러에서 7000만 달러에 불과한 것으로 추정되었다.

분노에 기름을 부은 것은 파이프를 통해 원형 그대로 수출된 가스가 칠레에서 액체화된 뒤 멕시코와 미국으로 향하는 배에 선적된다는 사실이었다. 이는 볼리비아인들에게 미가공 상태의 천연자원만 수출해온 오랜 역사 그리고 1883년 칠레와의 전쟁*에서 패해 태평양과 접한 영토를 잃은 씁쓸한 기억을 다시 떠올리게 했다. 산체스 정부의 결정은 매년 3월 23일 볼리비아의 여러 도시에서 '바다의 날' 행진을 열며 이어온 집단적 자의식에 충격을 안겼다.

모랄레스는 가스 전쟁을 대통령직으로 향하는 구름판으로 이용했다. 그는 탄화수소 자원의 완전 국유화를 요구하는 시위를 주도한 인물 중 하나였다. 모랄레스가 볼리비아 대통령이 된 후 제일 먼저 한 일 중 하나가 매장된 모든 가스를 국유화하는 법안에 서명하는 것이었다. 이 법안에 따르면 정부는 탄화수소 자원에 대한 "소유권과 완전하고 절대적인 통제권을 회복한다."[10] 이후 2019년 볼리비아가 가스 수출로 얻은

---

* 볼리비아가 태평양으로 나가는 유일한 길목인 안토파가스타(Antofagasta) 지역을 누가 차지할지를 두고 벌어진 전쟁이다. 태평양전쟁(War of the Pacific)으로 불린다. 1874년 볼리비아는 국토 개발을 위해 안토파가스타에 입주한 칠레 기업에는 25년간 세금을 면제해 주겠다고 약속한다. 하지만 1876년 경제 위기를 맞은 볼리비아가 약속을 깨고 칠레 기업에 세금을 부과하며 갈등이 벌어진다. 긴장이 고조되는 차에 볼리비아는 페루와 비밀 군사동맹을 맺고, 이에 칠레가 1879년 안토파가스타를 강점하며 전쟁이 발발한다. 전쟁은 1883년 볼리비아의 패배로 마무리된다. 이후 안토파가스타는 칠레에 병합되나, 볼리비아는 오늘날까지 영유권을 주장하고 있다.

수입은, 가스 산업을 민영화할 시 매년 얻을 수 있다고 추정한 4000만 달러에서 7000만 달러를 훌쩍 넘긴 20억 달러에 근접했다.[11]

우유니염원 쟁탈전에 뛰어든 FMC

볼리비아 정부가 주도한 가스전 개발은 성공적이었다. 하지만 역시 시작부터 중요한 의제였던 리튬 산업의 성적표는 달랐다. 사실 외국 기업들은 모랄레스의 집권을 기회의 창이 열리는 것으로 오인했고, 특사를 파견해 신임 대통령에게 리튬 탐사권과 관련 계약을 요구하기 시작했다. 하지만 당시 상황을 파악하기 전에 먼저 볼리비아에서 리튬을 둘러싼 이야기가 어떻게 시작되었는지 살펴보아야 한다.

볼리비아 정부는 1974년에 이미 리튬이 풍부한 우유니염원을 그 소유권은 물론이고 경계 내의 모든 광물자원을 이용하고 관리할 수 있는 법적 권리까지 국가에 부여하는 '국가 재정 구역'으로 지정했다.[12] 몇 세기 동안 염원 주위에서 살아온 원주민들의 권리는 고려하지 않고 진행된 일이었다. 이후 오랫동안 볼리비아의 리튬은 관심을 받지 못했다. 1980년대 후반 미국 기업 리스코Lithco(FMC의 자회사)와 볼리비아 정부 간의 협상이 시작되었다. 40년간 우유니염원의 리튬을 공동 탐사할 권리를 놓고 진행된 협상은 5년 만에 타결되었다.[13] 계약을 마무리하려면 당시 볼리비아 대통령이었던 하이메 파스 사모라Jaime Paz Zamora가 서명하고 국회가 승인해야 했다.

1990년대 초에는 리튬 수요가 많지 않았지만, 이미 배터리 산업이 흥미진진한 미래의 수요처로 떠오르고 있었다. 제너럴모터스는 배터리로 가동되는 전기자동차가 등장할 가능성을 처음으로 제시했다. 한편 프랑스는 핵융합 방식을 적용한 새로운 원자로의 건설을 염두에 둔 듯했고, 결국 많은 양의 리튬이 필요할 터였다. 리튬 산업의 주요 기업 중 하나였던 FMC는 이러한 상황에서 수익을 보장해 줄 광물자원의 원천을 확보하려 했다.

FMC는 조심스레 움직였는데, 먼저 600만 달러를 투자해 볼리비아 현지에서 3년간 예비 타당성 조사를 진행할 계획이었다. 그 결과 우유니염원을 개발할 경제적 근거가 확인되면 리튬 추출 시설을 짓는 데 추가로 4000만 달러를 투자하려 했다. 당시 미국인들은 이 프로젝트가 일자리 200개를 만들어 내고, 이후 10년간 1억 달러 규모의 수출이 발생할 거로 추정했다.[14]

그런데 FMC의 리튬 프로젝트는 처음부터 정치적 논쟁거리가 되었다. 심지어 "우유니염원을 넘겨주려는 이들에게 죽음을"이라고 적힌 깃발을 내걸고 단식투쟁을 벌이는 이들도 있었다.[15] 물론 사모라는 미국 기업과 일하는 데 찬성했고, "투자를 유도하는 가장 좋은 조건을 만들"기 위해 "진보에 대한 두려움이나 콤플렉스 없이" 온건함과 "현대적 마음가짐"을 보이라고 요구했다.[16] 하지만 그는 이 지역에서 수십 년간 중요한 역할을 해왔고, 이후 모랄레스의 든든한 지지 세력이 될 남부고

원농업노동자단일지역연합Federacion Regional Unica de Trabajadores Campesinos del Altiplano Sur, FRUTCAS의 강력한 저항에 맞닥뜨렸다.[17] FRUTCAS는 우유니염원 근처 원주민의 대다수인 농업 종사자 4만 명을 대표하는 거대한 조직이다.

대통령은 계약에 서명했지만, 의회는 이를 승인하기가 어려운 상황이었다. 사회적 압력도 있었고, 계약서 문구도 국회의원들의 우려를 불러일으켰다. 무엇보다 40년의 계약 기간 안에 FMC가 리튬을 1그램이라도 추출한다는 보장이 없었다.[18] 바꿔 말해 리튬이 전혀 추출되지 않는 일이, 가능성이 아주 희박하다고 해도 일어날 수 있었다. 예비 타당성 조사에서 이 프로젝트에 경제성이 없다는 결과가 나오면 미국인들은 다른 기업이 우유니염원에 접근할 기회를 차단한 채 시장 환경이 바뀌기만을 기다릴 것이었다.

한편 FMC는 협상이 진행되며 10퍼센트에서 13퍼센트로 오른 부가세율을 수용할 뜻이 없었다.[19] 자신들은 2월에 계약서에 서명했고 부가세율은 5월에 바뀌었기 때문에 새로운 세율을 따를 이유가 없다고 주장했다. 국회의원들은 FMC의 이러한 태도도 받아들일 수 없었다. 마지막으로 우유니염원이 FMC의 손에 떨어졌을 때 이 지역에 주어지는 이익이 전체 수익의 2퍼센트밖에 되지 않을 것이라는 예측이 나오자 FRUTCAS가 승인에 반대하는 로비를 벌이기 시작했다.[20]

결국 지지부진한 협상과 대중의 반응이 FMC를 낙담시켰다. 이들은 1993년 볼리비아를 떠나 아르헨티나의 옴브레무에르토염원에서 리튬 추출 시설을 성공적으로 운영하게 되었다. 이후 불과 3년 만인 1997년에 상업 규모 생산을 시작했다.[21] 당시 아르헨티나는 좌파 애국주의자인 페론주의자들이 권력을 쥐고 있었는데도 FMC의 프로젝트는 정부의 지원을 받았다. 볼리비아보다 염원의 마그네슘 불순물량이 훨씬 적고 증발률이 높아서 기술적 어려움도 덜했다.

뚝심과 아집 사이

1993년부터 모랄레스가 대통령이 된 2006년까지는 무슨 이유에서인지 리튬이 볼리비아의 공적 의제로 다뤄지지 않았다. 사모라와 모랄레스 사이에 권력을 잡았던 여섯 명의 대통령은 천연자원 분야에서 우선순위가 모두 달랐고, 가스 개발에 집중하려 했다. 대통령들의 임기가 짧고 볼리비아 정계에 격동적 변화가 그치지 않은 상황도 리튬 프로젝트를 장기적 시각에서 효과적으로 개발하는 데 방해가 되었다.

모랄레스가 도입한 최초의 본질적 변화는 개헌을 통해 볼리비아를 자국 내 원주민들의 지위를 인정하는 다민족국가로 정의한 것이었다. 이러한 변화는 원주민들의 조상이 가졌던 철학이자 자연과 조화를 이루며 국가 발전을 이루자는 대안적 개념인 '잘 살자vivir bien'의 적극적인 홍보와 함께 이루어졌다. 자신들만의 독특한 용어를 사용해 볼리비아에 친환경 국가라는 이미지를 덧입히려 한 시도였다. 모랄레스는 2009년 열린 코펜하겐 기후변화 정상회담 연설에서 자본주의를 기후변화의 근원으로 지목했고, 현실에서는 실행할 수 없을 정도로 지나치게 과감한 대안들을 제안해 회담장을 들썩이게 했다. 연장선에서 그는 부유한 나라들이 남반구 나라들에 기후변화 배상금을 지급해야 한다고 주장하며 기후사법재판소 창설을 요구했다.[22] 자신의 제안이 큰 반향을 얻지 못하자 2010년에는 기후변화에 대처하기 위한 기존의 국제적 체계들을 거부하고 자체적으로 정상회담을 조직하려 들기도 했다.

반자본주의적 태도, 환경에 대한 관심, 원주민 우호 정책이 리튬 추출에 대한 모랄레스의 공식적인 접근 방식을 결정했다. 하지만 자국 내에서 그를 비판하는 이들의 주장에 따르면, 모랄레스의 대처는 이중적이었고 민족을 구분 짓는 화법으로 볼리비아를 갈라놓았다.[23] 2014년 도입된 새 광업법은 모랄레스의 자기 홍보와 실제 행동의 차이를 보여주는 좋은 예였다. 이 법은 수자원에 대한 권리를 광업 기업에 넘기고, 영향받는 지역공동체와 협의하는 과정을 제한하며, 무엇보다 채굴에 반대하는 모든 행동을 범죄화했다.[24] 결국 모랄레스는 박애라는 이데올로기를 자신을 지지하는 이들의 이익을 밀어붙일 때만 선택적으로 적용하는 편의 도구로 활용한 다른 우파나 좌파의 권위주의 지도자들과 다를 게 없었다.

모랄레스는 자본주의와 부유한 나라라면 알레르기 반응을 일으키는 사람이었다. 그런데도 리튬에 관심을 품은 서구의 정치인들과 기업가들이 그가 대통령으로 취임하자마자 환심을 사려 했다고 한다면 아마 선뜻 이해되지 않을 것이다. 정부 관료들이나 기업 경영진들이 모랄레스의 성격을 몰랐을 리 없다. 그래도 그렇게 복잡한 프로젝트를 혼자 밀고 나갈 정도로 고집불통일 거로는 생각하지 못했을 것이다.

염원에서의 리튬 추출은 은이나 주석 같은 금속을 채굴하는 것보다 훨씬 까다로운 작업이다. 게다가 모랄레스는 추출한 리튬을 가공 없이 그대로 수출하는 데는 관심이 없었다. 그의 신념과 완전히 반대되는 일이었다. 볼리비아는 너무 오랫동안 가공하지 않은 광물만 수출하면서 호황과 불황의 순환에 휘둘려 왔다. 그는 리튬을 배터리 등급으로 가공한 뒤 볼리비아산 배터리 생산에 그리고 언젠가는 볼리비아산 전기자동차 생산에 쓸 수 있길 원했다.[25]

볼리비아 같은 개발도상국에서 이런 목표를 달성하려면 불가피하게 더 산업화된 국가들의 지원이 필요하다. 이 문제를 아주 초보적인 수준에서라도 이해하는 사람이라면, 모랄레스와 그를 둘러싼 핵심 인물들이 이와 다른 생각을 품고 있으리라고 상상하기 어려웠을 테다. 하지만 바로 그 '다른 생각' 때문에 볼리비아 권력층의 환심을 사려 했던 일본, 한국, 프랑스, 캐나다의 시도는 끝내 실패했다.

"스미토모 씨 계신가요?"

2009년 2월 볼리비아 국가광업감독관 프레디 벨트란 Freddy Beltran은 일본의 미쓰비시와 스미토모, 프랑스의 볼로레Bolloré, 한국의 LG 등 네 기업이 우유니염원에 관심을 표했다고 밝혔다.[26] 한편 볼리비아 정부가 운영하는 볼리비아광물자원공사Corporacion Minera de Bolivia, COMIBOL는 독립적으로 탄산리튬 시범 공장을 건설하고 있었다. 여기서 주목해야 할 사실은 당시 리튬 산업의 거물들은 누구도 볼리비아의 자원에 관심을 보이지 않았다는 것이다. 그들은 자원의 국유화 위험이나 부족한 기반 시설, 리튬의 품질을 우려했을 가능성이 크다. 새로 가동되는 추출 시설에 타격을 입힐 수 있는 폭우를 비롯한 기후 문제도 빠뜨릴 수 없다.

볼리비아에 배터리 공급망을 구축하려 할 때 필요한 것은 미개발 지역에 대한 막대한 투자뿐이 아니었다. 볼리비아의 기술 교육 수준과 현장에 필요한 숙련 노동자의 수도 중요했다. 이 나라는 광업 분야의 전문 인력을 보유하고 있었지만, 화학 분야나 최첨단 기술 분야는 상황이 달랐다.

모랄레스가 2009년 프랑스를 방문해 니콜라 사르코지Nicolas Sarkozy 대통령을 만났을 때, 볼리비아의 가스와 리튬이 정상회담의 중요한 의제로 다뤄졌다. 해당 논의는 세계적인 석유 기업 토탈Total과 볼로레의 고위 경영진이 주도했다.[27] 당시 볼로레는 물류 사업으로 아프리카에서 확고한 입지를 다졌고, 유럽 배터리 시장에서도 가능성을 인정받고 있었다. 모랄레스는 회담에서 국제적인 투자가 필요하다는 사실을 인정하면서도, "어떤 가격에도 (미가공 상태의) 리튬을 팔지 않을 것"이라고 못 박았다. 회담이 끝난 뒤 볼로레는 리튬의 탐사와 추출, 가공, 마케팅

그리고 전기자동차의 제조까지 포괄하는 제안서를 볼리비아 정부에 제출할 예정이라고 발표했다.[28]

협상 과정에는 불신이 가득했다. 모랄레스는 프랑스의 두 기업이 "약탈자가 아닌 동반자가 되어야 한다"라고 강조했고, 특히 프랑스와 볼리비아의 합작으로 진행되는 가스 프로젝트들을 염두에 두고 자신은 러시아와 사이가 좋다고 거짓말했다. 토탈이 투자 규모나 시점에서 자신의 기대를 충족시키지 못하면, 볼리비아는 자국에 가장 유리한 것을 택할 수밖에 없다며 은밀히 위협하기도 했다.[29]

완전히 안심할 만한 분위기는 아니었지만, 볼로레는 약속을 지켰고 프랑스의 광업 기업 에라메트와 협업해 볼리비아 정부에 포괄적인 개발 계획을 제출했다.[30] 볼로레는 협상에서 긍정적인 결과가 도출되길 기대했지만, 시간이 흐를수록 희망은 사라졌고 대신 아르헨티나로 관심을 돌리게 되었다. 이 회사는 2010년 2월 결국 아르헨티나와 리튬 탐사에 합의했다.[31] 이러한 전략적 방향 전환의 결과물이 에라메트의 센테나리오 리튬 프로젝트다. 이 프로젝트는 2020년 아르헨티나의 경제 상황 악화로 보류되었으나, 여전히 불씨가 살아 있다.

볼리비아를 익히 알고 있던 한 광업 기업도 우유니염원 개발에 관심을 보였다. 하지만 이 나라에서 겪은 일들 탓에 처음부터 기대치가 낮았다.[32] 일본의 스미토모는 금속 가격이 높지 않았던 2008년 산크리스토발 San Cristobal의 은, 납, 아연 광산을 인수했다. 스미토모는 일본 기업들에서 고유하게 발달한 형태인 종합상사綜合商社다. 종합상사는 중개 역할을 하며 다양한 범주의 시장에서 활동하는데, 그 시작은 일본이 개항과 함께 세계에서 경제적 다리 역할을 맡았던 19세기 중반까지 거슬러 올라간다. 이후 종합상사들은 일본의 호황기에 축적한 막대한 현금과 전 세계에 뻗어 있는 광대한 네트워크에 힘입어 시장에서 강력한 위상을 유지했다. 일본 경제가 갑작스레 침체한 1990년 초부터는 세계 곳곳에서 금융업과 유통업에 투자하며 명성을 이어갔고, 또한 천연자원 분야에도 집중했다.

스미토모에서 일했던 한 인사는 당시 볼리비아 정부에 대응하는 것이 끔찍한 경험이었다고 밝혔다. 그는 정부 관료들과의 회의가 답답할 정도로 잦고 길었으며 그들은 보통 경험이 매우 부족했다고 회고했다.[33] "심지어 스미토모가 뭔지도 몰랐다. 회의를 요청하면 '누구시라고요?'라고 되물었다. 수신인이 '스미토모 씨'인 편지를 받거나, 스미토모 씨와 통화하고 싶다는 전화를 받기도 했다." 볼리비아 정부는 사기업을 무척 낮게 평가한다. 앞의 인사는 "지금 스미토모는 볼리비아의 최대 투자자 중 하나인데도 관료들은 스미토모의 경영진이 아니라 일본의 관료들을 상대하고 싶어 한다"라고 지적했다.[34]

볼리비아의 관료들은 스미토모가 저렴한 가격에 광산들을 사들여 산크리스토발의 전前 소유주들을 등치려 한다고 믿었다. 이 때문에 광산들을 국영화해야 한다는 의견도 팽배했다. 그들은 스미토모가 부채만 4억 달러에 이를 것으로 추정된 이 광산들을 인수하면서 엄청난 위험을 감수했다는 사실을 알아주지 않았다.[35] 게다가 현장에서도 충돌이 빚어졌다. 시위와 파업 탓에 광산들은 종종 일시적으로 운영을 중단해야 했다. 스미토모의 일본인 경영진들은 볼리비아에서 맞닥뜨린 높은 조세 부담 그리고 부가가치세 환급 같은 기본적인 문제에도 불만을 토로했다.[36]

결국 스미토모는 볼리비아의 관료주의와 상존하는 국영화의 위험 때문에 우유니염원에 발을 들이지 않기로 했다. 이후 리튬을 직접 추출하는 대신 (리튬이 들어가긴 하지만 더 가공된 물질인) 양극재 시장에 진입해 커다란 성공을 거뒀고, 테슬라의 주요 공급 업체가 되었다.[37]

외국 기업들은 볼리비아의 기대가 광업 분야에서 일반적인 방식이라 할 수 있는 사용료나 세금 형태의 단순한 재정 수입을 거두는 것이 아니라는 사실을 점점 깨닫기 시작했다. 볼리비아인들은 리튬 프로젝트에 필요한 기술 지원에 관심을 보였고, 그 대가로는 기껏해야 관련 합작회사의 소수 지분만을 허락할 터였다.

미심쩍은 선택으로 점철된 독자 행보

독자 행보를 택하면서 볼리비아는 절호의 기회를 놓쳤다. 위험성이 있는 프로젝트라도 막대한 자본과 시간을 투입할 뜻이 있었던 기업들은 다른 나라나 배터리 공급망의 다른 영역으로 시선을 돌렸다. 볼리비아에서 가장 오랫동안 리튬 산업을 주목해 온 전문가인 카를로스 수레타Carlos Zuleta는 당시《뉴욕타임스》와의 인터뷰에서 다음과 같은 견해를 밝혔다. "우리는 지구상에서 가장 대단한 리튬을 보유하고 있지만, 지금 경쟁에 뛰어들지 않으면 기회를 놓칠 것이다. 시장은 배터리 수요에 부응하기 위해 다른 해결책을 찾아낼 것이다."[38]

모랄레스가 외국 기업들과 볼리비아의 리튬을 놓고 줄다리기하는 사이 프로젝트의 진정한 통제권은 농부들의 조직이자 대통령의 확고한 지지 기반이었던 FRUTCAS에서 파생된 과학위원회Scientific Committee의 손에 떨어졌다.[39] FRUTCAS의 회장은 우유니염원 근처에 살며 곡물의 한 종류인 퀴노아quinoa를 키우는 사람이었다.[40] 당연히 과학위원회는 실질적 진전을 전혀 이루지 못했고, 과학위원회가 내놓은 결과물이 실현되지 않자 정부가 모든 권한을 앗아갔다.

COMIBOL은 2억 달러를 투입해 3년 만에 우유니염원에 탄산리튬 시범 공장을 짓는 데 성공했다.[41] 그럴듯하게 들릴 수 있지만, 상업 규모로 리튬을 대량 생산하기 전에 공정에 관해 더 많은 것을 알아내고자 만든 소규모 시스템에 불과했다. 단 몇 톤이나마 중국에 탄산리튬을 수출하기까지 3년이 더 걸렸다. 처음 몇 년간 시범 공장에서 나온 리튬은 품질이 너무 떨어져 세계에 내보일 수 없었다는 뜻이다. 시범 공장은 볼리비아가 가장 달성하기 쉬운 목표였고, 이 나라에 진전이 있다는 사실을 홍보하기 위해 만들어졌다. 잇달아 배터리 시범 공장과 양극재 시범 공장이 건설된 것도 같은 이유였을 것이다. 2019년까지 이 시범 공장들에서 만들어진 배터리의 총용량은 겨우 110킬로와트시로 현대적 전기자동차를 두 대 움직일 수 있는 정도였고, NMC 양극재는 대학 연구실에나 어울릴 법한 양인 28.5킬로그램을 내놓는 데 그쳤다.[42]

볼리비아는 홀로 나아가고 있다는 증거를 내보이며 지켜보는 이들을 안심시키려 했던 것과 달리, 시범 공장들을 건설하며 외국 기업에 크게 의존했다. 물론 그 과정에서 정부는 돈을 아끼지 않았다. 현재까지 볼리비아 정부가 가장 크게 투자한 금액은 10억 달러로 가스 프로젝트에 투입되었다. 이 프로젝트는 성공했고 가스에서 얻은 수익금은 리튬 프로젝트에 할당되었다. 2015년 모랄레스는 2019년까지 리튬 프로젝트에 9억 9500만 달러를 투자하겠다고 약속했다.[43] 2019년 중반까지 이미 약 6억 달러가 리튬 프로젝트에 흘러 들어간 것으로 알려졌다.

하지만 눈에 보이는 성과가 거의 없었다. 비교할 수 있게 예를 들자면, 같은 시기 이웃 나라 아르헨티나의 올라로스염원에서는 오로코브레가 2억 2900만 달러를 투입해 시설을 완공했고, 첫 번째 단계로 매년 1만 7500톤의 탄산리튬을 생산하고자 준비하고 있었다.[44] 오로코브레의 프로젝트도 상당한 난관과 차질을 겪었지만,[45] 라틴아메리카에서 실행된 리튬 프로젝트 가운데 민간기업이 국유기업보다 뛰어난 성과를 거둔 예라 할 수 있다.

볼리비아의 정책 결정자들은 리튬을 산업화하는 과정에서 처음부터 미심쩍은 선택을 연발했다. 이들이 고른 외국 기업들은 리튬과 배터리 산업에서 제대로 입지를 굳힌 곳이 아니었다. 견실한 기업들이기는 했으나, 리튬이나 배터리 산업 자체보다는 인접 영역에서 쌓은 경험이 더 많았다. 볼리비아는 양극재 시범 공장을 건설하며 양극재 생산 업체나 관련 설비 공급 업체와 협력하는 대신 공식 홈페이지에서 스스로를 '광전지 설비 공급 업체'라고 설명한 프랑스 기업 ECM그린테크ECM Greentech를 고용했다.[46] 간단히 말해서 이 회사는 태양전지판 생산라인을 전문으로 만든다. 함께 일할 기업을 선택할 때 해당 산업에 관한 지식보다는 모랄레스의 방문 이력과 정치적 동질감이 더 큰 역할을 했던 것으로 보인다. 배터리 시범 공장 건설을 맡은 린이겔론临沂Gelon도 중국 배터리 산업에서 기술적으로 가장 앞서 있는 정상급 거대 기업들과는 큰 격차가 있었다. 협상을 진행한 관료들의 지위나 프로젝트에 투입된 금액을 생각하면 역시 이해하기 어려운 선택이었다. 볼리비아 정부는 마음만 먹으면 리튬 분야에서 최고로 손꼽히는 기업들과 일할 수 있었을 것이다. 하지만 알 수 없는 이유로 다른 선택을 했다.

독일과 손잡다

다양한 상대와 협상을 벌이는 사이 리튬 산업의 양상이 바뀌기 시작했다. 볼리비아 정부도 이러한 변화만은 놓치지 않았다. 즉 시장에서 배터리에 활용되는 물질로 탄산리튬보다 수산화리튬이 더 선호되었다. 일부 전문가는 더 우수한 재료인 수산화리튬이 탄산리튬을 서서히 시장에서 몰아낼 것으로 예측하기도 했다. 볼리비아는 수산화리튬 공장을 설립하기 위한 파트너를 찾기 시작했다. 시간이 흐르면서 볼리비아의 기대도 바뀌었다. 차차 외국 기업들의 기술 지원에만 의존해서는 안 되고 자체적으로 투자해야 한다는 사실을 깨달았다. 과거에서 배운 교훈이기도 했고, 계속해서 시간과 돈을 낭비한 결과에 대한 두려움이기도 했다. 무엇보다 가스에서 나오는 수입이 줄어들면서 볼리비아의 상상력과 대규모 지출이 제한되었다.

볼리비아는 프로젝트를 통제할 만큼의 지분을 기꺼이 내어줄 동업자와 투자자를 찾기 시작했다. 볼리비아의 리튬에 관심이 있었던 독일 기업들은 모랄레스의 동료들이 정부 간 관계에 부여하는 무게를 이해하고 있었다. 동시에 독일 정부는 볼리비아 정부가 자국 내 기업들을 대변한다는 사실을 잘 알았다. 지멘스Siemens는 이미 볼리비아에 화력발전소 세 곳을 건설하며 이 나라의 가스 호황을 이용한 적이 있었다. 독일 정치권은 자국의 주요 자동차 생산 업체들이 관심을 가지고 개발에 속도를 내는 전기자동차에 원료를 공급할 기회를 포착했다. 더 크게 보면 중국의 배터리 공급망에 대한 독일과 EU의 의존도를 낮출 기회이기도 했다. 베를린은 2년 가까이 치열하게 로비를 펼쳤다. 독일의 정치인들은 외교라는 명목으로 자국의 기업가들과 여러 차례 볼리비아를 방문해 대화가 진전될 수 있도록 애썼다. 그들이 내세운 주요 장점은 정부 보증 형태의 재정 지원 그리고 명성이 자자한 독일 자동차 산업과의 접촉 기회였다. 그 위상을 직접 경험할 수 있도록 볼리비아 관료들을 독일 내 자동차 공장 네 곳에 초대하기도 했다. 그리고 마무리로 독일 경제에너지부 장관 페터 알트마이어Peter Altmaier가 모랄레스에게 편지를 보내 독일 기업들의 환경보호 노력을 강조하며 그의 '잘 살자' 철학에 호소했다.[47]

　독일은 외교전에서 막강한 적을 상대해야 했다. 모랄레스가 퇴진하기 전 볼리비아와 중국은 역사상 가장 돈독한 관계를 맺고 있었다. 모랄레스는 대통령으로서 중국을 네 차례나 공식 방문했고 중국 지도자들이 자신과 이념적으로 가깝다고 믿었다. 중국은 볼리비아에서 금속과 농산물을 수입하고 최첨단 기술을 수출했다. 또한 3억 달러를 받고 볼리비아 최초의 인공위성을 발사해 주었는데, 그중 2억 5110만 달러를 중국개발은행國家開發銀行의 저금리 대출로 지원해 15년간 상환할 수 있도록 했다. 볼리비아는 정적을 기소하는 데 악용될 수 있다는 논란 속에서도 중국의 최첨단 생체 측정 감시 시스템을 수입했다. 또한 중국은 자신들의 일대일로 구상에서 볼리비아가 더 큰 자리를 차지하게 될 것으로 생각했다.

　하지만 볼리비아산 리튬의 운명을 바꾸게 될 계약을 따낸 곳은 독일 남서부 보덴Bodensee호 근처에 있는 가족기업으로, 클린테크 및 산업 장비 제조 분야의 중형 기업인 ACI시스템스알레마니아ACI Systems Alemania, ACISA였다.[48] 볼리비아의 한 관료는 인터뷰에서 ACISA를 택한 결정적 이유로, 이 회사가 볼리비아에 유리한 계약 조건을 기꺼이 받아들인 점을 꼽았다. 실제로 계약에 따라 볼리비아는 우유니염원의 소유권과 리튬 프로젝트의 지분 51퍼센트를 가졌다. 이로써 독일 자동차 생산 업체들은 미래 리튬 수요에 한발 앞서 접근할 가능성을 확보했다.

ACISA는 리튬 프로젝트에 13억 달러까지 투자하기로 약속했다. 독일 정부의 강력한 지원이 없으면 ACISA의 규모로는 사실상 조달이 어려운 금액이라 무슨 생각으로 한 약속인지는 알 수 없었다. 2018년 12월 12일 베를린에서 볼리비아 외교부 장관과 알트마이어 독일 경제에너지부 장관이 지켜보는 가운데 볼리비아리튬공사Yacimientos de Litio Bolivianos, YLB와 ACISA가 70년간 이어질 계약을 체결했다.[49] 당시 YLB-ACISA 합작회사는 2022년부터 매년 3만 톤에서 4만 톤의 수산화리튬을 생산할 예정이었다.[50] (뒤에서 설명하겠지만, 결국 현실화되지 못했다.)

중국도 빈손으로 남지는 않았는데, 이러한 사실은 서구 언론에 거의 알려지지 않았다. YLB-ACISA 합작회사가 출범하고 두 달 만에 YLB는 터벤전력特變電工과도 합작회사를 만들었고, 중국 회사에 지분의 49퍼센트를 넘겼다. 중국인들은 우유니염원보다는 작지만 역시 리튬이 있는 코이파사Coipasa염원과 파스토스그란데스Pastos Grandes염원을 맡아 23억 달러를 투자하기로 약속했다. ACISA도 이 두 염원에 대한 입찰에 참여했다. 또 다른 경쟁자는 원자력발전 분야의 거물인 러시아 국유기업 로사톰Rosatom과 제휴한 우라늄원Uranium One이었다. 주볼리비아 중국 대사 량위梁宇는 볼리비아와 터벤전력의 계약이 '역사적' 의미가 있다고 찬사를 보냈다.[51] 여기서도 반복되는 패턴은 터벤전력이 리튬을 다뤄온 기업이 아니라는 것이다. 이 회사는 주로 발전소에 투자하며 이름을 알린 전력 분야의 대기업이다.

믿는 도끼에 발등 찍힌 독일

독일과 볼리비아의 합작회사가 환호 속에 출범하고 1년도 채 지나지 않은 2019년 11월 상황이 극적으로 바뀌었다. 11월 3일 모랄레스는 새로운 대통령령을 통해 합작회사가 성립되게 한 법령 3738호를 폐지했다. 아무런 설명도 없이 70년간 예정되었던 협력 관계가 사라졌다.[52] ACISA의 이사는 라디오 뉴스로 소식을 접했다고 밝혔다.[53]

이러한 결정은 포토시를 뒤흔든 시위의 물결에서 비롯되었다. 지역민들은 자신들에게 떨어질 '전리품의 몫', 즉 염원 사용료에 만족하지 못했다. 리튬을 둘러싼 볼리비아의 꿈을 현실로 만들어 가는 중에 포토시시민위원회Comité Cívico Potosinista에 속한 지역 실세들의 탐욕이 프로젝트를 탈선시키는 데모를 촉발했다.[54]

경제에너지부를 필두로 계약에 관여했던 독일 정치인들은 이 사건에 '놀라움과 유감'을 표하며 슬픔에 잠겼다. ACISA도 이 모든 것이 거대한 오해인 양 갑작스러운 상황을 받아들이지 못했고, 어떠한 난관도 참고 견딜 수 있다는 희망 속에 바덴뷔르템베르크BadenWürttemberg의 본사에서 작업을 이어갔다.[55] 이 회사는 현지 반대 세력의 요구나 수익 분배를 두고 불만이 컸던 지방정부의 내부 분위기를 알지 못했을 가능성이 크다. 볼리비아 정부는 독일인들이 투자를 단념할까 봐 자신들이 우려하는 문제를 공유하지 않았고, 대신 자체적으로 지역 내 이해관계자들과 어떻게든 협상하려 했을 것이다.[56]

주볼리비아 독일 대사는 트위터에 다음과 같은 글을 올렸다. "독일은 다시 한번 볼리비아의 리튬 프로젝트에 헌신하겠다고 확인한다. 이 약속을 지킬 것이다. 그런데 볼리비아는? 이 프로젝트를 중단하는 것은 양국의 경제 관계 그리고 투자처로서 볼리비아의 국제 신뢰도에 커다란 타격을 입힐 것이다."[57] 독일인들은 여전히 진창에서 빠져나갈 방법이 있다고 믿었다. 처음에는 YLB의 경영진이 교체되면 이 문제에 진전이 있을 것으로 생각했다. 모랄레스가 퇴진하면서 후안 카를로스 술레타Juan Carlos Zuleta가 YLB의 새로운 수장으로 부임했다. 하지만 모랄레스의 리튬 프로젝트를 오랫동안 비판해 온 그는 독일 기업과의 계약을 되살릴 뜻이 없었다.[58] 술레타는 YLB의 사무실을 한 달밖에 지키지 못했고,[59] 또 다른 시위의 물결에 휩쓸려 밀려났다.[60] 포토시에서 추진되어 온 리튬 프로젝트들을 탈선시킨 지역 조직들의 영향력은 그들이 차지하고 있는 강력한 위상을 증명한다. FMC부터 ACISA까지 볼리비아에서 리튬 사업을 하고 싶어 했던 외국 기업들이 오랫동안 지역 조직의 목소리를 무시해 왔다는 사실은 놀랍다. 볼리비아를 찾는 외국 정치인들과 기업가들은 지역의 정계와 재계가 실제로 얼마나 파편화되어 있는지는 거의 알아차리지 못한 채, 강력해 보이는 볼리비아 정부의 허울에 속고 있다.

독일인들은 대통령 선거를 기다렸다. 임시 대통령이었던 자니네 아녜스Jeanine Anez는 거의 1년간 정권을 잡고 코로나19 팬데믹을 평계로 선거를 미루며 자신의 권력 기반을 다졌다. 혼란이 이어지는 사이 아녜스는 정당방위를 위해 물리력을 행사할 때는 군대의 책임을 면제하는 새로운 법안에 서명했다. 아네스를 반대했던 이들은 그가 이끄는 정부를 기독교적 독실함과 군국주의의 결합으로 설명했다.[61] 전염병이 퍼진 지역에 군용 헬리콥터로 성수를 뿌리려 했던 계획은 이러한 특징을 잘 보여준다. 불안정한 시기였다. 많은 이가 아네스는 과연 얼마나 오래 권력을 쥐고 있으려 할지 그리고 선거가 공정하게 치러질 수 있을지 궁금해했다. 우유니염원에서는 염화포타슘 공장과 탄산리튬 시범 공장의 생산량이 모두 목표치를 크게 밑도는 등 상황이 좋지 못했다.[62]

한편 중국인들은 우유니염원에 탄산리튬 공장을 짓고 있고, 더 작은 염원에 자리 잡은 중국 기업과의 합작회사들도 프로젝트 취소 통보를 받지 않은 채 사업을 이어나가고 있다. 베이징메이화성엔지니어링北京美華盛工程技術이 진행하고 있는 프로젝트는 2018년 마무리될 예정이었으나, 현장은 여전히 거대한 공사판이다. 처음 정한 기한을 지키지 못했을 때 그들은 2020년까지 공장을 완성하겠다고 공언했다. 하지만 이 또한 실현되지 않았다.[63] 파란만장한 정치적·경제적 환경을 생각하면 놀랄 일은 아니다.＊

＊ 2022년 5월 YLB는 진척률이 78퍼센트에 도달했다고 밝혔다.

다음 상대는 중국일까

2020년 11월 열린 대통령 선거에서 사회주의운동당Movimiento al Socialismo-Instrumento Político por la Soberanía de los Pueblos, MAS의 루이스 아르세Luis Arce가 득표율 52퍼센트로 압도적 승리를 거뒀다. 보건 위기와 경제 위기가 겹쳤던 임시 대통령의 임기 동안 사람들은 오랫동안 권력을 잡아온 MAS가 대표하는 안정성을 열망하게 되었다. 아르세는 모랄레스 정부에서 11년간 경제재무부 장관을 지내며 대통령을 가까이에서 보필한 바 있다. 영국에서 교육받았고 책을 좋아하는 그는 볼리비아 정계의 기술 관료처럼 보인다. 정부에서 일하는 동안 국가가 두드러질 수밖에 없는 볼리비아만의 경제 모델을 신봉하며 국영화를 밀어붙였다는 사실과는 대조적인 인상이다. 아르세가 경제재무부 장관을 맡았던 대부분의 시간 동안 볼리비아 경제는 국제 자원 시장의 호황에 힘입어 좋은 성과를 거뒀다. 하지만 대통령으로서의 출발은 쉽지 않았다. 그는 선거 기간 내내 리튬 산업을 일으키겠다는 의지를 강조했다. MAS의 기조와 달리 그의 정책은 백지에서 시작하기를 제안하는 듯했다.[64] 그릇된 출발로 점철된 오랜 역사를 생각하면 가장 위험한 제안일 수 있었다.

그즈음 량위 중국 대사는 다시 한번 의견을 밝혔다. "2025년이면 중국은 리튬 80만 톤이 필요할 것이다. 우리는 금속과 화학물질의 산업화를 도울 수 있다. 에너지와 산업에 대한 볼리비아의 꿈을 현실로 만들어야 한다."[65]

볼리비아가 다시 처음부터 시작할지, 아니면 독일이나 중국의 길을 따라갈지는 아직 알 수 없다. 세계 어느 곳보다 리튬에 정치적·사회적 무게가 실리는 나라에서 궁극적으로 성공하고자 하는 개발업자라면 먼저 프로젝트의 문화적 측면에 대처해야 한다. 지역공동체와 정치적 이해관계자들을 아우르며 현지의 기반 시설과 교육에 투자하고, 모든 과정을 투명하게 진행하며, 대중과 소통하는 것이 가장 중요하다. 기술의 측면만큼이나 홍보의 측면에서 어려운 작업일 수 있다.

8장

리튬만큼 중요하고
다이아몬드만큼
소란스러운

리튬은 분쟁 광물conflict mineral이 아니다.
세계 어디에도 리튬 채굴에서 나온 수익으로 무장 단체를 지원하는 곳
은 없다. 재래식 채굴이나 아동노동이 이뤄지지도 않는다. 매장층의 위
치와 복잡한 채굴 방식 때문에 이런 상황이 변할 것 같지도 않다. 다만
배터리에 사용되는 금속 중 두 번째로 중요한 코발트는 좀 다르다. 시장
에 공급되는 코발트의 약 60퍼센트가 다양한 문제를 안고 있는 중앙아
프리카 국가 콩고에서 나온다.[1]

콩고는 삶의 질, 사업 환경, 문해력, 1인당 GDP 등에 관한 국제 지표
에서 보통 최하위를 기록하고 있지만, 가장 부패한 나라 순위에서는 정
상을 차지한다. 이 나라가 1998년부터 2003년까지 겪었던 내전은 연
루된 국가와 비국가 세력의 수, 피해자의 수 때문에 '아프리카대전Great

African War'으로 불리곤 한다. 이 내전은 공식적으로 종결되었지만, 여전히 적지 않은 게릴라 세력이 활동하는 등 콩고의 영혼에 지워지지 않는 흔적을 남겼다.

콩고의 면적은 대략 서유럽 크기지만 인구는 독일과 비슷하다. 오랫동안 계속된 갈등과 질병으로 콩고인의 중위 연령은 18세 전후를 오간다. 이 나라의 수도인 킨샤사Kinshasa는 완전히 서쪽에 치우쳐 있고 중부는 빽빽한 숲으로 덮여 있다. 르완다와 국경을 맞대고 있는 동부는 몇십 년간 치열함의 차이만 있었을 뿐 계속 게릴라전의 무대가 되어왔다. 콩고에는 사용할 수 있는 도로가 거의 없어 인구 대부분이 배나 비행기로 이동한다. 밀림, 늪, 강과 같은 자연적 장애물이 존재할 뿐 아니라 기반시설도 부족해 나라를 하나로 묶기가 쉽지 않고 동부 전역에서는 수도에 접근하기조차 어렵다. 이러한 환경은 콩고 정치계에 팽배한 지역 배타주의regional particularism로 이어졌다. 연장선에서 현재 콩고 대통령인 펠릭스 치세케디Félix Tshisekedi의 권위가 상대적으로 약한 것은 콩고의 26개 주 중 그를 지지하는 곳이 없기 때문이라는 설명이 보편적이다. 콩고 정치계의 거물들과 전임 대통령들은 보통 지방에 굳건한 권력 기반을 확보하고 있었다.

코발트, 콩고 외에 찾을 곳이 없다

이 책에서 특별히 들여다볼 곳은 콩고 남서부에서도 놀라울 정도로 많은 코발트와 구리가 묻혀 있는 길이 300킬로미터, 너비 30킬로미터의 지대다.[2] 이곳은 원래 수십 년간 카탕가Katanga 지역에 속했다. 하지만 2006년 조제프 카빌라Joseph Kabila 대통령이 권력 연장을 위해 행정구역을 세분화하면서 카탕가는 탕가니카Tanganyika, 루알라바Lualaba, 오트카탕가Haut-Katanga의 세 개 주로 분할되었다.

오랫동안 많은 국가가 지정학적 이익을 위해 카탕가에 발을 들였다. 벨기에는 20세기 초부터 1960년대까지 이 지역에서 구리를 채굴한 자국 기업 위니옹미네르뒤오트카탕가Union Minière du Haut-Katanga를 통해 엄청난 부를 축적했다. 제2차 세계대전이 터지고 그 여파가 이어지는 동안에는 미국이 이 지역에 풍부하게 매장된 우라늄에 나치와 소련이 손대지 못하도록 통제했다. 콩고가 오랫동안 염원했던 독립을 이룬 직후인 1960년대에는 벨기에의 광업 기업들이 그리고 나중에는 벨기에 정부가 직접 카탕가의 지역 배타주의를 부추기고 군사적으로 지원하면서 3년간 분리 운동이 벌어지기도 했다.

이후 아프리카대전이 벌어졌을 때 카탕가는 게릴라 세력인 마이마이Mai-Mai와 콩고 군대가 충돌하는 전장이 되었다. 마이마이는 '물'을 뜻하는 스와힐리어Swahili 단어로, 총알에서 자신을 보호하기 위해 몸에 성수를 뿌리는 전통과 관련이 있다. 마이마이는 단일한 무장 단체를 칭하는 것이 아니라 부족이나 마을 단위의 지역사회를 기반으로 하는 모든 종류의 게릴라 세력을 포괄한다.

21세기 들어 아프리카대전의 기억이 희미해지자 카탕가에 중국이 관심을 보이기 시작했다. 중국과 콩고의 무역량은 2002년부터 줄곧 가파르게 증가하고 있다. 콩고 사람들은 광저우로 날아가 중국산 직물, 휴대전화, 가전제품을 사들인 뒤 보통 100퍼센트 이상의 이윤을 붙여 자국 시장에 되판다. 한편 중국은 급속히 발전하는 중공업과 기반 시설 투자를 위해 점점 더 콩고의 광물에 의존하고 있다. 특히 콩고산 구리, 코발트, 목재의 수요가 많다.

중국은 과거부터 오늘날까지 라틴아메리카의 구리에 크게 의존해왔고, 목재는 다른 열대 국가들에서 대체재를 찾을 수 있었다. 하지만 코발트는 다르다. 2007년 이미 중국에서 소비되는 코발트의 85퍼센트가 콩고산이었다. 오늘날에는 이 수치가 98퍼센트에 달한다.[3] 배터리, 전자 기기, 전기자동차 생산 업체 중 몇몇은 자신들의 공급망에 콩고의 코발트가 끼어들 자리가 없다고 주장하지만, 세관 통계는 전혀 다른 사실을 보여준다. 간단히 말해서 지구상에서 코발트를 찾으려면 콩고 외에 갈 곳이 거의 없다. 중국을 제외하고 배터리에 들어갈 양극재와 그 재료를 어느 정도 생산하는 유이唯二한 나라 한국과 일본의 세관 통계를 봐도 두 나라의 기업들이 수입한 가공 전후의 코발트가 대부분 콩고와 중국에서 왔다는 사실을 확인할 수 있다.[4] 이 코발트들은 우리가 이미 살펴보았듯이 애초에 콩고에서 왔다.

삽 하나 들고 광산으로 향하는 사람들

콩고가 수출하는 코발트의 25퍼센트는 재래식 채굴로 생산된다.[5] 재래식 채굴이라고 해서 반드시 불법은 아니다. 하지만 삽, 끌, 곡괭이 같은 가장 기본적인 도구만 이용하며 보통 건강과 안전을 거의 고려하지 않는다. 이런 나라의 통계에는 속임수가 많지만, 다양한 비정부기구가 제공하는 데이터에 따르면 코발트 채굴 지역에서만 100개 이상의 재래식 광산이 운영 중인 것으로 추정된다. 재래식 광산을 방문하면 보호 장비를 갖추지 않은 일꾼들이 50미터 길이의 폭이 좁은 지하 터널로 들어가는 모습을 볼 수 있다. 콩고에서는 법적으로 16세부터 노동할 수 있으므로, 광부 대부분이 무척 젊다. 지하 깊은 곳의 열기는 견딜 수 없을 정도고, 매일 들이마시는 먼지의 양은 호흡기에 다양한 문제를 유발하는 '경금속 폐 질환 hard metal lung disease'으로 이어질 수 있는 수준이다.[6] 이 모든 부정적인 영향에도 불구하고 콩고의 광산들에서 인권침해를 조사해 온 대부분의 비정부기구는 재래식 채굴의 완전 금지를 주장하지 않는다. 고정소득을 만들 다른 기회가 없는 나라에서 너무 많은 이가 생계를 재래식 광산에 의지하고 있기 때문이다.[7] 카탕가에서만 적게는 7만 명, 많게는 12만 명이 재래식 광산에 종사한다는 추정치도 있다. 물론 콩고의 다른 지역에도 같은 방식으로 주석이나 금, 콜탄 coltan*을 생산하

• 탄탈룸과 니오븀이 추출되는 광물이다.

는 광산이 많다.

남자들만 이런 광산에서 일하는 것도 아니다. 광석으로 가득 차 40킬로그램에 달하는 자루를 혼자 나른 뒤 내용물을 세척하고 분류하는 여성들도 쉽게 볼 수 있다. 일하기에는 너무 어린 아이들도 대개 학교에 낼 돈을 벌기 위해 이런 작업을 돕는다. 콩고의 초등교육은 원칙적으로 무료지만, 교사들은 정부에서 너무 적은 월급을 받는 탓에 부모들이 돈을 보태주길 바란다.[8] 그러지 않으면 대개 교실 문간에서 아이들을 돌려보내곤 한다. 이 외에도 끔찍하게 보일 수 있는 재래식 채굴은 여성들이 돈을 모아서 가족과 지역사회에서 독립하는 수단이 되기도 한다.

비정부기구와 (적어도 원론적으로) 콩고 정부는 재래식 채굴을 공식화하려 한다. 작업 조건을 개선하고, 건강과 안전에 대한 위험 요소를 줄이며, 부모들에게 자식들의 학비를 감당할 수 있는 수익을 보장해 아이들이 광산에 오지 않도록 하겠다는 것이다. 말은 쉽지만 현실로 옮기기에는 녹록지 않다.

콩고의 구리-코발트 지대를 착취해 온 오랜 역사는 이 지역이 다양한 기업과 개인에게 속한 광산으로 빽빽이 뒤덮이게 했다. 실제로 재래식 채굴의 새로운 '모델'을 만들어 볼 만한 조그마한 땅조차 찾기가 무척 어렵다. 정부가 새로운 재래식 광산으로 지정할 땅을 찾아낸다고 해도 광부들이 합류를 주저할 수 있다. 이런 곳에서 나오는 코발트의 양이나 질이 감독받지 않는 광산과 비교해 떨어지는 경향이 있기 때문이다.

가장 매력적인 현장은 다국적 기업이 소유해 산업용 굴착 장비들을 활용하는 거대 광산들이다. 부가적인 수입을 올릴 수 있기 때문인데, 바로 광미鑛尾다. 광미는 기계가 광석에서 가치 있는 부분을 분리한 뒤 남은 부스러기다. 기계를 이용한 작업은 대규모로 진행되므로, 저런 부스러기들이 흘러나오곤 한다. 광부들은 밤이 되면 기업 소유의 광산 한편에 쌓인 부스러기 무더기에 접근해 팔 만한 것들을 추려낸다. 어떤 광산은 그 영역이 너무 넓어서 24시간 내내 모든 구역을 감시하기가 어렵다. 기업에 고용된 경비원들은 광미를 훔치는 광부들을 발견해도 이들을 잡아들이는 대신 제 몫을 챙기고 놓아주는 경우가 많다. 광부 한 무리가 기업 소유의 광산에서 경비원에게 대가를 치르고 불법적으로 일하는 경우도 상당히 흔하다. 심지어 때로는 기업에서 이들의 존재와 작업 방식을 인정하고 함께 일하기도 한다. 기업들은 자신들의 기계가 비효율적이라는 사실을 알고 있고, 작은 규모에서는 사람의 눈만큼 정확한 것이 없다는 사실도 인정한다. 그래서 광부들이 자신들의 광산을 파헤치도록 허용하고, 대신 그 안에서 찾아낸 것은 무엇이든 먼저 사들일 권리를 행사하는 것이다.

BMW와 분쟁 광물

오늘날 콩고의 코발트 광산에서는 리어나도 디캐프리오 주연의 영화 〈블러드 다이아몬드〉에서처럼 광부들에게 총구를 겨누며 노동을 강요하지 않는다. 구리-코발트 지대의 정치적·군사적 상황이 지금과 같을 때는 특히 그렇다. 하지만 과거, 특히 아프리카대전의 혼란 중에는 이런 일이 벌어지지 않았을 거라고 장담할 수 없다. 그래도 코발트를 분쟁 광물로 분류하는 경우는 거의 없다. 사실 많은 전문가가 코발트를 분쟁 광물로 취급하는 것은 콩고의 국익에 해로울 뿐 아니라, 사실에 비춰 적합하지 않다고 주장한다. 분쟁 광물에는 각 금속의 영어 이름 첫 글자를 따서 '3TG'라 통칭하는 주석, 탄탈룸, 텅스텐, 금이 있다.

국제법은 기업이나 개인뿐 아니라 국가에도 적용할 수 있다는 점에서 국내법과 다르다. 다만 해당 내용을 국내법에 통합하고 집행하는 역할을 각 국가에 맡긴다는 점에서 일종의 지침에 가깝다고 할 수 있다. OECD의 '지속 가능한 광물 공급망을 위한 기업 실사 지침Due Diligence Guidance for Responsible Mineral Supply Chains'도 비슷한 성격을 가진다. 비슷한 내용의 법으로, 아마 미국 정부 차원에서 분쟁 광물을 공급받은 기업에 상당한 재정적 불이익을 안길 수 있는 유일한 규제는 도드-프랭크법Dodd-Frank Act일 것이다. 이 법은 2008년 금융 위기의 여파 속에서 파생 시장에 대한 감독을 강화하기 위해 도입되었다. 물론 분쟁 광물에 관한 내용은 곁가지에 가깝지만, 이 법의 전체 목적에 부합한다. 그리고 곁가지치고 무척 강력하다. 미국의 증권거래소에 상장된 모든 기업은 콩고나 인접 국가에서 생산된 분쟁 광물을 활용할 시 자신들이 지급한 대금이 현지 무장 단체의 자금으로 쓰이지 않는다는 것을 실사를 벌여 밝혀내야 한다.

다행히도 분쟁 광물을 둘러싼 쟁점이 점점 알려지고 이 문제에 대한 사회적 인식이 높아지면서 기업들은 재정적 위험뿐 아니라 무엇보다도 중요한 평판을 신경 써야 하는 상황에 놓였다. 애플이나 BMW 같은 기업은 무형의 브랜드 가치가 회사 전체의 가치에서 커다란 부분을 차지한다. 세계적인 컨설팅 기업 인터브랜드Interbrand는 BMW의 브랜드 가치를 410억 달러로 평가했다.[9] 이 자동차 생산 업체는 콩고산 코발트와 거리를 두는 대신,[10] 오스트레일리아와 모로코의 광산에서 코발트를 직접 확보하려 한다. 안전한 동시에 영리한 전략으로, 이제 BMW는 "우리는 콩고에서 벌어지는 아동노동이나 분쟁과 아무런 관련이 없습니다"라고 말할 수 있다. 하지만 이게 정말 도덕적으로 옳은 일일까.

2019년 모로코에서 생산된 코발트는 전 세계 생산량의 1.5퍼센트에 불과하고 매장량은 콩고의 0.5퍼센트밖에 되지 않는다. 오스트레일리아에는 코발트가 훨씬 많아서 매장량이 콩고의 3분의 1에 달하는 것으로 추정되지만, 최근 몇 년간의 생산량은 모로코보다 두 배 많은 정도다.[11] 오스트레일리아에서는 니켈과 구리 채굴의 부산물로 코발트를 생산한다. 기술적·경제적·시간적 관점에서 볼 때 향후 10년간 오스트레일리아가 주요 코발트 생산국으로 자리매김할 가능성은 극도로 낮다. 따라서 BMW가 콩고산 코발트를 멀리하는 데 성공한다고 해도, 다른 기업들이 '일제히' 이러한 전략을 따를 수는 없다. 콩고 밖에는 그렇게 많은 코발트가 존재하지 않는다.

하지만 일종의 사고실험으로 콩고를 대체할 나라가 존재한다고 해

보자. 그렇더라도 콩고는 세계에서 유일하게 코발트 가격이 GDP 성장률에 직접 영향을 미치는 나라다. IMF에 따르면 2017년 코발트 가격이 급등하자 콩고의 GDP 성장률도 3.7퍼센트에서 5.8퍼센트로 뛰어올랐다. 콩고의 총수출액에서 광물이 차지하는 비중은 보통 80퍼센트에 달한다. 우리가 인구수에 비해 정부 예산이 극단적으로 적은 국가에 관해 이야기하고 있다는 사실을 잊어서는 안 된다. 세계은행의 자료를 바탕으로 추산해 보면 콩고 정부의 예산으로는 매일 국민 한 명에게 겨우 2달러를 제공할 수 있다.[12] 이런 상황에서 세계에서 가장 힘이 센 기업들이 윤리적인 이유를 대며 더는 콩고의 코발트를 사지 않는 것이 정말 좋은 생각일까.

콩고의 부패한 관료들이 코발트로 얻은 수입의 커다란 덩어리를 먹어치우고 있을 게 분명하더라도, 기반 시설이나 보건, 교육, 안보와 관련된 기본 요구들은 (덩어리의 나머지로 형성된) 정부 예산을 통해서만 포괄적이고 지속 가능하게 공급될 수 있다.

'닌텐도' 대통령의 자원 외교

21년간 이어진 카빌라가문의 통치는 콩고의 사업 환경을 투명하게 만드는 데 도움이 되지 않았다. 로랑 카빌라Laurent Kabila는 표범 가죽으로 만든 고급 전투모와 부패, "당신에게 총이 있다면 월급은 필요 없다"[13]라는 말로 유명한 난폭한 독재자 모부투 세세 세코Mobutu Sese Seko를 축출했다.[14] 아들 조제프 카빌라는 아버지가 10대에 불과한 경호원에게 피살당하자 30대 초반에 정권을 물려받았다. 로랑이 소년병들을 맹목적으로 신뢰했던 것을 생각하면 참으로 비극적이고 역설적인 사건이었다.[15]

조제프는 (자신이 인터뷰에서 부인한 바와 달리) 권력을 물려받을 준비가 되어 있지 않았다고 한다. 하지만 그의 아버지와 함께 권력을 쥐고 있었던 실세들은 나서기를 꺼렸고, 대신 부자간 승계라는 자연스러운 그림을 원했다. 조제프는 군대에서 탄탄한 경력을 쌓았으나 정치 기술과 언어능력이 부족했다. (아버지가 세세 세코와 싸우는 동안 안전을 이유로) 해외에 숨어 살았던 탓에 콩고의 주요 공용어인 프랑스어와 링갈라어Lingala 구사력이 심각하게 떨어졌다.

조제프는 카리스마가 부족하고 닌텐도 게임을 즐긴다는 이유로 조롱받았다. 실제로 '닌텐도'라는 별명을 얻기도 했다. 하지만 이처럼 정치인으로서 약점인 부분이 조제프가 거의 18년간 권력을 유지하면서 이 나라의 안보 상황을 월등히 개선하는 데 걸림돌이 되지는 않았다. 오늘날 콩고에서 벌어지는 분쟁은 많지 않고, 지리적으로 동부에 한정되어 있다.

코발트가 배터리 산업을 위한 전략 광물로 중요해진 것은 조제프의 통치가 시작되면서부터였다. 이후 이어진 일련의 과정에서 눈에 띄는 것은 중국인들과의 인연 그리고 논쟁적인 이스라엘 갑부 댄 거틀러Dan

Gertler와의 인연이다.

중국 최고의 군사학교인 중국인민해방군국방대학^{中國人民解放軍國防大學}에서 잠시 공부한 적이 있는 조제프는 아마 중국에 특별한 감정을 품었을 것이다. 중국에 입국할 당시 그는 정치적으로 민감한 인물의 아들이었고, 당연히 특별 관리를 받았다. 이후 중국은 아프리카에서 영향력을 확보할 수단으로 더 평범한 아프리카인 학생들을 위한 장학 프로그램을 대규모로 운영했다.

이후 조제프는 중국 기업들의 컨소시엄과 콩고 정부 간에 성사된 대형 계약을 감독하는 역할을 맡았다. 계약 조건은 간단했다. 광물 채굴권을 내주고 기반 시설에 투자받는 것이었다. 2008년 이 계약은 중국이 아프리카에 새긴 가장 큰 발자국이 되었다. 프로젝트에 투입되는 90억 달러 중 30억 달러는 광산에, 60억 달러는 기반 시설에 배정되었다.

일부에서는 이 계약이 콩고에 바람직한 계약이었다고 평가했다. 적어도 겉으로 보기에는 부패의 가능성을 제한하고 있었기 때문이다. 부패한 관료의 주머니로 들어가기 쉬운 현금을 받았지만, 이 나라의 국가적 보물인 광물 채굴권에 대한 대가는 아니었다. 대신 도로나 대학, 병원, 철도처럼 콘크리트로 만든 자산과 교환했다.

반면 세기의 도둑질이라 생각하는 사람들도 있었다. 가장 중요한 비판은 콩고의 광물이 무척 과소평가 되었다는 것이다. 중국은 코발트 600만 톤, 구리 1000만 톤 외에 파악되지 않은 매장량까지 포함한 채굴권을 보장받았다고 알려졌다. 현재 약세를 보이는 시장가격을 반영해도 코발트 600만 톤의 가치만 1980억 달러에 달한다.*

기존의 채무 변제 프로그램에 따라 콩고를 지원해 온 IMF나 세계은행 등의 기관은 중국의 투자를 대출로 판단했다. 국제기구들은 자신들이 콩고가 앞서 진 빚을 면제해 주느라 바쁜 사이 이 나라가 더 많은 빚을 지게 된 것을 달가워하지 않았다. 계약이 성사되고 10여 년이 지난 오늘날 콩고의 기반 시설 투자를 관찰한 외부인들의 평가는 상당히 부정적이다. 이미 완공된 시설은 품질이 떨어지는 경향이 있고, 약속된 프로젝트 중 일부는 시작도 되지 않았다.

국제 자원 시장의 지배자, 글렌코어

조제프 정부는 콩고의 자원을 중국인들에게 팔았을 뿐 아니라 글렌코어Glencore, 유라시안내추럴리소시스Eurasian Natural Resources 같은 서구의 초대형 광업 기업이나 자원 기업과도 대규모 계약을 맺었다. 이스라엘 다이아몬드거래소Israel Diamond Exchange 공동 창업자의 손자이자 조제프의 친구인 이스라엘 출신 사업가 거틀러가 이 계약들에 중요한 역할을

• 톤당 3만 달러 안팎이던 코발트 가격은 2017년부터 급격히 상승해 2018년 9만 달러를 넘어섰다. 하지만 곧바로 급락해 2019년부터는 다시 3만 달러대에서 거래되었다. 하지만 2020년 말부터 가격이 다시 올라 2022년 초에는 8만 달러를 넘었고, 이후 5만 달러대에서 거래되고 있다. 따라서 코발트 600만 톤을 현재 시장가격으로 계산하면 3000억 달러에 달한다.

했다고 알려졌다.[16]

거틀러는 이스라엘 방위군에서 의무 복무를 마친 뒤 바로 다이아몬드 거래에 뛰어들었다. 행운을 찾아 헤매던 그는 변화의 바람이 불던 1997년 콩고에 도착했다.[17] 당시 로랑은 1960년대부터 콩고 '해방'을 위한 싸움을 이어가고 있었다. 그는 심지어 쿠바식 혁명을 중앙아프리카 국가들에 도입할 희망을 품고 잠시 체 게바라를 만나기도 했다. 게바라는 콩고에서 만난 사람 중에 로랑만이 "대중 지도자의 진정한 자질"을 지니고 있다고 밝혔다. 로랑은 권력을 쥐기 위해 30년 넘게 무장투쟁을 벌였다. 그의 아들 조세프가 20대의 거틀러를 만났을 때는 목표에 거의 다가선 상태였다.[18] 로랑이 세세 세코를 몰아낸 이후 혼돈에 빠진 콩고가 부분적으로나마 질서를 회복하기까지 2년이 넘게 걸렸다.

혼란을 멈추려면 돈과 무기가 필요했다. 그때 젊고 창의적이었던 거틀러가 로랑에게 돈과 무기를 한 번에 움켜쥘 방법을 제안했다고 한다. UN 보고서에 따르면, 이 이스라엘인은 다이아몬드를 빠르게 현금으로 바꾸고, 이스라엘의 군사 장비와 정보에도 접근할 수 있도록 자신의 회사 인터내셔널다이아몬드인더스트리스International Diamond Industries에 다이아몬드 독점 거래권을 달라고 설득했다.[19] 그의 가문이 이스라엘에서 누리는 높은 지위를 생각하면 가능성은 충분했다. UN은 이 거래가 콩고에는 불리하게 작용했다고 주장한다. 현지의 광부나 거래상들은 독점 시장보다 더 비싼 값을 받을 수 있는 자유 시장을 선호해서 다이아몬드를 인접 국가에 밀반출했고, 그 결과 콩고가 세금으로 벌어들이는 수입이 줄어들었다는 것이다.

하지만 거틀러와 조제프의 관계는 돈독해졌다. 시간이 흐르면서 거틀러는 콩고의 지하자원에 접근하려는 광업 기업들이 '먼저 찾아야 하는' 남자가 되었다. 그는 이 나라에서 석유를 포함한 각종 광물의 대형 거래를 다수 성사시켰다.[20] 코피 아난 Kofi Annan*이 의장을 맡았던 아프리카발전패널Africa Progress Panel은 거틀러가 조세 회피처에 등록한 기업들을 이용해 저평가된 광물 채굴권을 사들인 뒤 대통령과의 관계를 이용해 외국 기업들에 시장가격으로 되팔았다고 비난했다. 거틀러는 아무도 위험한 투자에 나서려 하지 않는 불안정한 시기여서 광물 채굴권을 상대적으로 싸게 샀을 뿐이라고 강변했다.[21]

또한 거틀러는 글렌코어와 함께 세계에서 가장 큰 코발트 광산인 무탄다 Mutanda에 투자했다. 이후 미국 규제 기관들이 조제프와 거틀러의 관계를 더 철저하게 조사하게 되자 글렌코어가 거틀러의 지분을 사들였는데,[22] 그 가치가 9억 2200만 달러에 달했다.[23] 겨우 10개월 후 미국이 마그니츠키법 Magnitsky Act에 따라 부패 가담 혐의로 거틀러를 제재하기로 하면서 지하자원 산업의 거물이 시의적절한 판단을 내렸다는 사실이 입증되었다.[24]

흔히 '한 번도 이름을 들어본 적 없는 가장 큰 회사'로 설명되는 글렌

---

* 가나 출신 외교관으로 1997년부터 2006년까지 UN 사무총장을 지냈다. 분쟁 종식, 전염병 퇴치, 환경 문제 해결 등 다양한 분야를 넘나들며 세계 평화를 위해 애쓴 공로를 인정받아 2001년 노벨평화상을 받았다.

코어는 거의 모든 자원 시장에서 중요한 역할을 하는 기업으로, 따로 책한 권을 써도 모자랄 만큼 다채로운 역사를 자랑한다. 스위스의 조용한 도시 추크Zug에서 소소하게 시작된 이 기업은 매출이 (뉴질랜드의 연간 GDP보다 많은) 2150억 달러에 달하는 조직으로 성장했다.[25] 이렇게 눈부신 성장에는 원유 현물시장의 창시자이자, '적(이란)과 거래'했지만 빌 클린턴에게 사면받은 논쟁적 인물 마크 리치Marc Rich의 재능과 노력이 큰 몫을 했다. 미국의 전직 대통령은 이후 자신의 결정을 "끔찍한 정치적 문제"라 일컬었다.[26]

글렌코어의 지분 매입은 거틀러와 관계를 끊는 방법이었을 뿐 아니라 전기자동차 산업이 주도하는 코발트 시장 호황이 시작되기 전에 해당 자원에 대한 소유권을 강화하려는 시도였다. 흥미롭게도 글렌코어는 거틀러의 주식을 비싸게 사들이고 얼마 지나지 않아 갑작스레 무탄다 광산의 보수 및 유지 작업을 2년간 진행한다고 발표했다. 사실상 세계 코발트 생산량의 20퍼센트가 증발했다. 2018년 정점을 찍고 떨어진 코발트 가격을 다시 끌어올리고, 전기자동차 판매가 급증할 더 좋은 시기를 대비하기 위해 광산의 수명을 늘리려는 조치였을 것이다.[27]

완벽한 친환경은 없다

코발트 채굴이 유발하는 문제와 비교할 바는 아니지만, 리튬 채굴도 논란의 대상이다. 리튬 채굴에서 비롯되는 부정적 영향은 크게 환경오염과 지역공동체의 피해로 나눠볼 수 있다. 앞 장에서 설명한 바와 같이 리튬은 염수나 경암 퇴적층에서 채굴된다. 염수에서 리튬을 얻는 방법은 이산화탄소를 거의 배출하지 않는다. 친환경 에너지인 태양열을 이용해 염수를 증발시켜 리튬을 농축하기 때문이다.

가장 우려되는 점은 염원에서 염수를 추출하는 작업이 근처 주민들이 이용해 온 수자원에 어떤 영향을 미치는지다. 여기서 한 가지 짚고 넘어가야 할 사실은 염수 자체는 식수로 사용할 수는 없다는 것이다. 염수는 질량 기준으로 소금 25퍼센트와 물 75퍼센트로 구성된다. 그래도 물이 많지 않냐고 생각할 수 있지만, 바닷물의 소금 함량은 3퍼센트고, 식수의 소금 함량은 0.1퍼센트도 되지 않는다는 사실을 기억하자.[28]

따라서 아무리 건조한 지역이라 해도 이렇게 소금이 많이 포함된 물을 사용하는 게 아주 대단한 낭비는 아니다. 다만 펌프로 염수를 퍼 올리는 과정에서 염원 주변의 담수 대수층에 미칠 영향이 문제다. 물의 이동을 연구하는 수문학자水文學子들이 복잡한 모델을 만들 수 있지만, 지금은 데이터 자체가 부족하다. 리튬을 추출하는 기업들이 수집한 데이터는 누구에게나 공유되지 않는다. 공유된다고 해도 편향된 데이터인지 확인할 방법이 전혀 없다. 또한 기준 삼아 비교할 데이터도 없다.

상상할 수 있는 최악의 시나리오 중 하나는 염원 외곽의 담수가 염수가 추출된 곳으로 빨려 들어가는 것이다. 비전문가가 보기에는 그럴듯한 전개지만, 실제로 이런 일이 벌어지고 있는지는 알 수 없다. 법정에서는 유죄가 입증되지 않는 한 무죄라고 추정한다. 기업들이 규제 기관을 상대할 때는 종종 그 반대가 된다. 칠레에서 리튬 추출량을 늘리려 했던 한 기업은 환경법원의 문턱을 넘지 못했다. 담수 대수층이 영향받지 않는다는 사실을 입증하지 못했기 때문이다.[29] 염원에서는 리튬을 추출하든 추출하지 않든 태양과 바람 때문에 증발이 끊임없이 일어난다. 그래서 채굴 작업의 영향을 파악하기가 더 어렵다.

우리가 배터리를 포기하지 않는 한, 그래도 염수에서 리튬을 추출하는 것이 그나마 나은 선택이다. 경암에서 리튬을 추출하는 일은 해악이더 크다. 그 과정을 살펴보면, 우선 채굴한 경암을 스포듀민 정광으로 가공한 다음 1050도의 열을 가한 뒤 냉각한다. 그리고 독성이 강한 황산과 섞은 다음 다시 뜨겁게 만든다. 가열, 재가열, 건조 과정에서 이산화탄소가 집중적으로 배출된다.[30] 이어지는 침출, 부유, 세척 단계에서는 깨끗한 물이 사용된다. 일부 전문가에 따르면 이때 들어가는 물이 염수에서 리튬을 추출할 때 사용되는 물보다 많다고 한다.

배터리 산업 전반에서 배출되는 이산화탄소의 양을 제대로 확인하려면, 염원 주변의 환경에 미치는 영향을 파악하려 할 때와 마찬가지로 독립적인 연구가 더 많이 이뤄져야 한다. 특히 이 산업이 빠르게 변하고 있으므로 그런 연구가 더 시급하다. 배터리 산업의 탄소발자국에 관한 권위 있는 연구로 언론에서 자주 언급되는 것이 아르곤국립연구소의 보고서다. 이 보고서는 대부분의 리튬을 태양열로 염수를 증발시켜 생산하던 2012년 처음 발표되었다.[31] 이후 경암에서 추출된 리튬의 비중이

점점 더 커지고 있다. 아르곤국립연구소의 보고서는 리튬 화합물 1톤을 생산할 때 발생하는 이산화탄소의 양을 2.5톤으로 보았다. 오늘날에는 이 수치의 일곱 배 이상일 수 있다.[32]

리튬을 염수에서 '친환경적'으로 추출할 때조차 이산화탄소 배출량이 두 배까지 늘었을지 모른다. 배터리 업계가 전기자동차에 쓸 만한 고성능 배터리를 생산하기 위해 탄산리튬보다 (더 많은 가공이 필요한) 수산화리튬을 선호하게 되었기 때문이다. 염수에서 리튬을 추출할 때 사용하는 시약의 영향도 고려해야 한다. 증발을 이용하는 공정은 대량의 석회와 소다회에 의존한다. 소다회는 무독성으로 여겨지는데, 실제로 산酸이 유출되면 이를 중화하기 위해 소다회를 사용하기도 한다. 그래도 먼지 형태로 들이마시면 위험하므로 주의해서 다루어야 한다. 더 큰 문제는 배터리 등급 리튬 화합물을 망칠 수 있는 마그네슘 불순물을 제거하기 위해 사용하는 석회다. 볼리비아의 환경 운동가들은 잔여 폐기물이 산처럼 쌓여 염원의 청정한 자연 풍경을 망치고 있다며 우려를 표하고 있다.[33]

리튬을 추출하고 남은 폐기물은 이미 세계에서 가장 큰 스포듀민 광산이 있는 오스트레일리아 서부에서 골칫거리가 되고 있다. 광업의 문제 중 하나는 항상 침략에 가까운 과정이 수반된다는 것이다. 원하는 것을 얻고자 땅에 구멍을 뚫는다. 그렇게 손에 넣은 것이 리튬이든 석탄이든 상처 입은 풍경만이 남는다. 대지 여기저기에 구멍이 나고, 자갈 무더기는 산처럼 쌓인다.

다르단업Dardanup은 오스트레일리아 서부의 예스러운 작은 마을로 포도가 자라는 비옥한 지역에 있다. 이 마을의 풍경은 그야말로 그림 같았다. 그런데 리튬 채굴 붐이 일어난 후 마을 외곽에 세계 최대의 스포듀민 광산에서 나온 폐기물이 쌓이기 시작했다. 매년 광석을 가공하고 남은 잔해 60만 톤이 이곳에서 폐기될 예정이다. 말할 것도 없이 지역 주민들은 이러한 상황을 반기지 않는다.[34]

전기자동차와 탄소발자국의 관계

가치 사슬을 따라 리튬이 배터리의 핵심이라 할 수 있는 양극재로 바뀌는 단계까지 올라가면, 다시 한번 이산화탄소 배출 문제와 맞닥뜨리게 된다. 양극재의 재료를 (점화와 소화를 반복하는 것이 경제적이지 않다는 이유로) 절대 꺼지지 않는 거대한 가마에 넣고 여러 차례 매우 높은 온도로 태워 휘발 성분을 없애기 때문이다.[35]

스포듀민 농축 과정과 양극재 생산 과정 모두 중국이 주도하고 있어, 이때 발생하는 오염도 자연스레 중국의 문제가 되고 있다. 중국은 전 세계 이산화탄소 배출량의 30퍼센트 이상을 차지하는 최다 배출국이다. 이산화탄소 배출 문제를 살펴볼 때는 규모와 강도라는 두 가지 측면을 고려해야 한다. 예를 들어 중국에서 생산되는 수산화리튬이나 양극재의 양은 이 나라의 건설 호황을 부채질하는 시멘트의 양에 전혀 미치지 못한다.

2019년 중국에서 생산된 수산화리튬은 7만 6000톤으로 추정된다.[36] 1톤의 수산화리튬을 만드는 과정에서 15톤의 이산화탄소가 나온다고 하면, 대기에 약 110만 톤의 이산화탄소가 배출된 것이다. 같은 시기 중국은 22억 5000만 톤의 시멘트를 만들었다.[37] (전기자동차 생산 업체들은 자신들의 제품이 오염을 일으키지 않는다고 홍보하지만) 시멘트 1톤을 생산할 때 배출되는 이산화탄소의 양은 수산화리튬 1톤을 생산할 때와 비교해 7분의 1에 불과하다. 그래도 전체 배출량을 따지면 수산화리튬 생산에서 발생하는 이산화탄소의 양은 시멘트 생산의 경우와 비교해 0.01퍼센트도 되지 않는다.

배터리 산업을 더 지속 가능하게 만들기 위해 할 수 있는 일들이 있다. 전기자동차는 결국 배터리에 담기는 전기가 친환경적인 만큼만 친환경적이다. 중국의 전력망은 주로 석탄에 의존한다. 석탄발전으로 생산되는 전기의 양이 전체의 65퍼센트에 달한다. IEA의 2020년 일사분기 통계를 보면, 그 외에 재생에너지 발전이 28퍼센트, 원자력발전이 5퍼센트, 가스발전이 3퍼센트를 차지했다.[38] 비교를 위해 예를 들면 2020년 독일에서 석탄발전으로 생산한 전력은 24퍼센트에 불과했다.[39] 석탄은 태울 때 다른 화석연료의 두 배에 달하는 이산화탄소를 배출하므로 특히 해롭다.

지난 몇 년간 전 세계적으로 증가한 재생에너지 설비용량 중 절반 가까이가 중국의 몫이다. 하지만 중국의 에너지 소비욕을 자극하는 것은 세계 최대의 인구뿐이 아니다. 그보다는 이 나라의 거대한 산업 기반이 훨씬 더 중요하게 작용한다. 따라서 중국이 더 친환경적이지만 동시에 더 산업화된 나라, 예를 들어 독일과 같은 수준에 이르려면 매우 힘겨운 과정을 거쳐야 할 것이다. 중국 내 배터리 생산량과 석탄발전량을 동시에 고려하면, 킬로미터당 이산화탄소 배출량을 기준으로 전기자동차가 전통적인 내연기관차보다 더 환경을 오염시킨다고는 할 수 없어도 동등한 수준이라고는 주장할 만하다.[40]

하지만 이런 환경도 바뀌고 있다. 2012년 미국에서 평범한 전기자동차가 연비가 뛰어난 내연기관차보다 이산화탄소를 덜 배출하는 지역에 사는 사람은 전체 인구의 절반도 되지 않았다. 하지만 2020년 들어 거의 모든 지역이 그렇게 바뀌었다. 즉 당신이 선택한 전기자동차가 이산화탄소 배출량이 어떻게 달라질지 결정한다. 다만 온실가스 배출량이라는 기준으로 살펴보면 환멸이 느껴질 정도로 그 차이가 작을 수 있다. 하지만 캘리포니아에서 테슬라의 신형 전기자동차를 탄다면 가장 연비가 좋은 내연기관차를 탈 때와 비교해 이산화탄소 배출량이 60퍼센트나 줄어들 것이다.[41]

개발도상국만 환경을 오염시키는 석탄발전의 문제를 안고 있는 것은 아니다. 첨단 기술의 요람인 일본은 배터리, 반도체, 로봇 공학, 특수 화합물, 첨단 소재에서 탁월한 성취를 자랑하는 나라지만, 여전히 이산화탄소를 배출하고 있다. 일본에서 생산되는 전력의 약 3분의 1이 석탄발전에서 나온다.[42] 일본과 '검은 황금'의 관계는 복잡하게 얽혀 있다.

1970년대까지 이 나라의 주요 에너지원은 석유였다. 그런데 OPEC이 제4차 중동전쟁에서 이스라엘을 지원한 국가들을 상대로 발효한 석유 금수 조치의 대상이 된 후로 석탄이 핵심 에너지원이 되었다. 원자력발전을 함께 활용했으나, 후쿠시마 참사로 그 신뢰가 완전히 무너졌다. 또한 지형이 험해 태양전지판을 설치하기에 적합하지 않고, 해안 근처의 해저가 너무 깊어 해상풍력발전도 어려운 탓에 재생에너지 활용이 더디다. 일본의 에너지원 구조가 조만간 크게 바뀔 것 같지는 않다. 실제로 2025년까지 22개의 화력발전소를 추가 건설할 예정이다.[43]

자동차 엔진을 온실가스를 배출하는 원흉으로만 바라보는 것은 실수일 수 있다. 이산화탄소 농도가 상대적으로 높아도 사람들의 건강에 직접적인 영향은 없다. 하지만 함께 배기관을 빠져나오는 미세먼지나 이산화질소는 이야기가 다르다. 특히 미세먼지는 코와 폐의 자연 방어막을 쉽사리 통과한다. 기후변화는 본질적으로 세계적 현상이고, 이 문제를 해결하려면 온실가스의 배출 총량을 살펴보아야 한다. 하지만 개인 건강의 차원에서는 당신 주위에 전기자동차가 많은지, 많지 않은지가 실제로 무척 중요하다. 이산화질소는 하루 이상 공기 중에 머무르지 않지만, 멀리 이동하지도 않는다. 가장 작은 입자도 처음 배출된 곳에서 겨우 몇 미터밖에 퍼지지 않는다. 이러한 미세먼지는 휘발유나 디젤로 덮인 금속들을 혈액으로 운반해 암을 유발하고 천식을 일으키거나 악화시킨다. 이산화질소와 미세먼지 농도가 기준치보다 훨씬 높은 지역에서 성장한 아이들은 폐활량이 줄어든다는 연구 결과도 있다. 따라서 전기자동차를 구매하는 것이 온난화를 멈추는 데 도움이 될지 완전히 확신할 수는 없다고 해도 당신과 당신의 아이가 숨 쉬는 공기의 질을 높여줄 것은 분명하다.

흑연과 니켈이라는 복병

대중적으로 사용되는 여러 유형의 배터리에 들어가는 금속은 리튬과 코발트뿐이 아니다. 흑연은 음극재를 만들 때 필요하며 니켈은 NCM 양극재에서 무척 중요한 역할을 한다. 일론 머스크는 테슬라가 생산하는 전기자동차의 배터리에는 리튬보다 흑연과 니켈이 더 많이 들어가므로, '리튬 이온 배터리'라는 명칭이 부적절하다고 주장하기도 했다.[44] 하지만 흑연과 니켈 시장은 배터리 생산을 위한 수요보다는 특히 철강 생산을 위한 수요가 주도한다. 니켈은 강철의 강도와 인성韌性,* 부식에 대한 저항력을 높여준다. 흑연은 강괴鋼塊**의 보호제로 쓰이며 또한 용광로를 싸는 막으로도 활용된다. 배터리에 사용되는 니켈은 전체 수요의 약 3퍼센트로 250만 톤 정도다.[45] 따라서 흑연과 니켈을 채굴하는 대부분의 기업에 배터리 산업은 새롭고 흥미로운 수요처지만, 더

---

* 물체의 질긴 정도를 의미한다. 외력(外力)에 잘 견딜수록 인성이 좋은 것이다.
** 강철을 녹인 쇳물을 주형에 주입해 응고시킨 것이다.

큰 그림에서 보면 그다지 중요하지 않다. 흑연이나 니켈을 생산한다고 해서 배터리 산업에 자사의 제품을 무조건 공급할 수 없다는 점도 문제를 복잡하게 만든다. 배터리에 필요한 것은 니켈 자체가 아니라 그 가공품 중 아주 최근까지도 틈새시장용 제품으로만 알려졌던 황산니켈 nickel(II) sulfate***이기 때문이다.

순위를 따져보자는 건 아니지만 흑연과 니켈 산업이 환경에 미치는 영향은 리튬이나 코발트 산업을 넘어서는 듯하다. 연필심과 거의 같은 물질인 흑연은 탄소의 한 형태인데, 탄소와 관련된 모든 것은 기본적으로 지저분하다. 이론적으로 흑연에 엄청난 압력과 열을 가하면 만들 수 있다는 다이아몬드만 예외다. 흑연은 채굴로 얻기도 하고 인공적으로 만들기도 한다. 두 가지 방법으로 생산한 흑연 모두 배터리에 사용할 수 있지만, 채굴된 흑연이 훨씬 저렴해서 음극 활물질活物質****을 생산하는 기업들은 대개 이쪽을 선택한다. 어떤 방식으로 만들어지든 흑연은 일반적으로 두께가 얇은 조각 모양인데, 음극재에 사용하려면 형태를 다듬고 정제해야 한다. 많은 경우에 그렇듯이 이후의 화학 처리 단계에 비하면 채굴 작업은 편하다고 할 수 있다.

중국은 전 세계에서 압도적으로 많은 흑연을 채굴하고 가공하는 나

*** 니켈을 녹인 황산을 증발시켜 만든다. 양극재 생산 업체들이 최대 수요처다. 시장조사 기업 QY 리서치에 따르면, 2021년 기준 96만 톤이 생산되었다.
**** 음극재를 구성하는 핵심 요소다. 양극재에서 나오는 리튬 이온을 받아들이는 역할을 하는데, 대부분 흑연으로 만든다.

라다.[46] 최근에는 분명히 배터리 산업을 염두에 두고 광산을 개발한 모 잠비크가 중요한 흑연 수출국으로 부상했다. 독일인들이 화학 처리 방법을 개발하고 특허로 등록하지 않은 덕분에 중국 기업들이 시장에 진입할 수 있었고, 사실상 구형球形 흑연 시장을 손에 넣었다. 오염이 발생하고 이윤은 적은 시장이라 선진국들은 크게 개의치 않았다. 중국은 공정에 기계 대신 값싼 노동력을 투입해 이윤을 높일 수 있었다. 또한 화학 처리 과정에서 필수적인 플루오린화수소산hydrofluoric acid•의 대량 사용도 수용했다. 중국의 흑연 산업에서 중요한 지역인 헤이룽장성 지시시鷄西市의 마을 마산麻山에 들어서면 분명히 자신들의 선택을 자랑스러워하는 사람들을 만날 수 있다. 마을에 설치된 광고판에는 흑연이 변화를 부르는 친환경 최첨단 물질이라고 홍보하는 문구가 적혀 있다.

하지만 사실 마산의 상황은 좋아지지 않았다. 이 지역은 사람들이 중국을 생각하면 전형적으로 떠올릴 법한 풍경을 자랑한다. 먹으로 그린 두루마기 그림 속 한 장면 같다. 특이하고 둥근 녹색 언덕이 여기저기 솟아 논을 감싸고 있다. 흑연 공장이 들어오기 전 마산은 농업과 관광으로 생계를 유지했다. 흑연 생산의 영향을 눈으로 확인하기까지는 어느 정도 시간이 걸렸다. 공기에 그을음이 너무 많아져서 저녁에는 빛이 반사되어 반짝거릴 정도가 되었다. 농작물의 상태가 나빠지기 시작했고,

---

• 흔히 불산으로 불리는 화학물질이다. 무언가를 만들 때 이물질을 닦아내거나 원하는 부분만 녹여 제거하는 식각(蝕刻) 공정에서 많이 쓰인다. 그 외 살균제나 소독제, 치약 등에도 들어간다.

민가에서 전통적으로 사용해 온 우물의 물을 마실 수 없게 된 경우도 많았다.[47]

중국에는 '하늘은 높고 황제는 멀리 있다'라는 오래된 속담이 있다. 마산처럼 광물이 채굴되거나 가공되는 지역은 권력의 중심부에서 아주 멀리 있다. 지역 파벌로부터 독립적인 언론과 비정부기구, 규제 기관도 아주 멀리 있다.

전 세계에 처음으로 마산의 흑연 문제를 알린《워싱턴포스트》의 기자들은 이 지역의 위협적인 분위기를 꼬집었다. 그들은 마을을 돌아다니며 질문하는 동안 미행당하는 느낌을 받았다. 주민들은 공식적으로 의견을 밝히는 것은 물론이고 기자들과 이야기하는 것조차 위험한 행동처럼 반응했다.[48] 실제적인 위험은 있을 리 없다고 생각하는 이도 있겠지만, 공매도 문제로 중국의 은 채굴 기업을 조사했던 애널리스트의 유명한 사례를 보면 조심해서 나쁠 게 없다.

공매도 거래자들은 과대평가되었다고 판단한 기업의 주식을 빌려 바로 비싼 값에 팔아치운다. 그리고 주식시장의 다른 참여자들이 자신들과 같은 결론에 도달하기까지 기다린 다음 낮은 가격에 해당 주식을 다시 사들여 빌린 주식을 갚는다. 주식을 판 가격과 산 가격의 차이가 공매도 거래자들의 수익이 된다. 이들은 때때로 목표로 삼은 기업에 불리한 내용을 담은 보고서를 발간해 주가가 내려가도록 유도하기도 한다. 반대로 중국에서 사업을 시작했지만 서구의 주식거래소에 상장해 자본을 모으려는 기업들은 곧 연차 보고서나 분기 보고서를 (우아하게 표현하자면) 지나치게 희망적으로 작성한다는 악평을 얻었다.

　캐나다인 애널리스트 쿤 황Kun Huang은 중국의 은 생산 업체 실버코프Silvercorp의 보고서를 치밀하게 검증했다. 그는 광석의 실제 선적량을 확인하기 위해 허난성의 작은 마을을 찾아 광산을 벗어나는 트럭들을 촬영했다. 직접 품질을 확인하기 위해 트럭에서 떨어진 광석들을 모으기도 했다. 이후 황은 실버코프가 공개한 실적에 의문을 제기하는 자체 보고서를 발표했다. 그러자 곧 중국을 떠나는 것이 금지되었고, 결국 체포당했다. 황은 2년간 감옥에 억류되어 있었다. 《뉴욕타임스》가 확보한 정보에 따르면, "기업의 신용도와 상품의 평판을 손상하는 범죄"를 저질렀다는 게 그의 죄목이었다.[49] 더 많은 정보를 공유해 결국에는 더 투명한 자본시장을 만들려 했던 행동 때문에 터무니없는 대가를 치렀던 것이다.

균형을 찾아서

　고성능 배터리를 위한 마지막 열쇠는 니켈이다. 이 금속도 중국 밖에서 환경을 해치고 있다. 니켈 채굴이 미치는 영향을 설명하려면 니켈 광산과 가공 시설을 모두 보유했던 러시아의 북극권 도시 노릴스크Norilsk를 살펴보면 된다. 문제의 시설들이 문을 닫은 2016년까지 노릴스크는 러시아뿐 아니라 세계에서 가장 오염이 심한 도시로 꼽혔다.[50] 그곳에서는 매년 100만 톤이 넘는 이산화황이 뿜어져 나왔다. 오염이 너무 심해 당시에는 이 도시에서 숨을 쉬기만 해도 입에서 황산 맛을 느낄 수 있었다고 한다.

현재 노릴스크니켈Norilsk Nickel은 부분적으로는 러시아 정부의 압박 때문에, 부분적으로는 투자자들의 기대 때문에 더 지속 가능한 기업이 되기 위해 많은 투자를 하고 있다. 오늘날 대형 펀드들은 환경 가치를 중시하는 주식에 투자하라는 지시를 따라야 하는 경우가 많다. 그런데도 사고가 발생한다. 2016년 노릴스크에서 가까운 달디칸 Daldykan강이 완전히 붉게 물들었다.[51] 폭우로 광산의 여과 시설이 넘친 탓이었다.

세계 2대 니켈 광산을 보유한 인도네시아와 필리핀은 니켈 산업에 서로 다르게 접근하고 있다. 인도네시아는 배터리와 전기자동차 생산의 중심지로 자리매김하려 하며 언젠가는 오스트레일리아, 한국, 일본의 부유한 시장에 니켈을 공급할 수 있길 바란다. 최근까지만 해도 이 나라는 니켈을 채굴한 뒤 곧바로 중국으로 실어 보냈다. 하지만 이제는 부가가치를 더할 수 있지만 환경보호를 위한 비용이 추가되는 가공 과정까지 자국에서 수행하고 싶어 한다.[52]

반면 필리핀의 권위주의 대통령 로드리고 두테르테는 환경보호와 관련해 행실을 바로 하지 않으면 "광업 기업들이 고사할 때까지 세금을 부과"하겠다고 협박하고 있다.[53] 그가 대통령에 취임한 이후 이 나라에서 사업을 진행하던 41개의 광업 기업 중 28곳이 감사를 받은 뒤 운영을 중단했다. 해당 기업들이 소유한 광산은 필리핀에서 니켈 생산량의

절반을 책임져 왔지만, 니켈을 함유한 적갈색 토양으로 강과 들판을 오염시켰다는 이유로 폐쇄되었다.[54]

두 나라는 다양한 생물과 자연 그대로의 열대림, 산호초로 유명하고, 애니메이션 〈니모를 찾아서〉에 주인공으로 등장하는 흰동가리의 고향이기도 하다. 이러한 맥락에서 아마 가장 충격적인 사실은 니켈 채굴 과정이나 가공 과정에서 나온 폐기물을 바다에 버려왔다는 것이다. 인도네시아에는 이렇게 폐기물을 처리하는 기업들이 있고, 이제 막 가공 시설을 건설 중인 니켈 생산 업체들도 분명히 이에 동참하려 하는 듯하다. 실제로 2020년 1월 두 니켈 생산 업체가 인도네시아 해양투자조정부에 광미의 심해 처리 계획을 제출했다. 현실이 된다면, 해저 150미터에서 250미터 깊이까지 뻗은 파이프를 통해 산호 삼각지대 Coral Triangle•에 수백만 톤의 폐기물이 쏟아질지 모른다.[55]

모든 인도네시아인이 정부처럼 배터리 산업을 반기는 것은 아니다. 붉은 흙 덕분에 자신들이 니켈 위에 앉아 있다는 사실을 알고 있는 카바에나Kabaena섬 주민들은 조상들의 땅을 관광 마을로 등록했다. 그들은 광부들이 섬으로 이주하는 것을 두려워한 나머지 원주민이라는 정체성을 유지하는 쪽을 택했다.[56] 그리고 사람들의 관심이 미적지근하더라도 연례 축제를 조직하는 등의 방법으로 관광을 활성화하려 한다.

• 인도네시아, 말레이시아, 필리핀 인근의 삼각형 모양 열대 수역으로, 다양한 종류의 산호가 서식하고 있다.

광업이 아무런 해도 끼치지 않는 것은 거의 불가능하다. 본질적으로 물리력을 동원해야만 자연의 보물들을 문명의 건설에 활용할 수 있기 때문이다. 인류 문명은 광업과 화학 산업에 극도로 의존하고 있다. 우리가 일상에서 사용하고 지니는 모든 물건은 땅에서 파낸 원소들을 재료 삼아 다양한 방식의 화학 처리 과정을 거쳐 만들어 낸 것이다. 배터리 생산 과정이 아무리 복잡하다고 해도 다를 건 없다.

중요한 것은 정보와 감독이다. 올바른 결정을 내리기 위해 그리고 환경보호의 측면에서 해악이 덜한 쪽을 택하기 위해 객관적인 정보가 필요하다. 또한 독립적인 관리, 감독과 그 결정에 힘을 실어줄 수단도 마련해야 한다. 지금은 이러한 장치가 존재하지 않는다. 사회 전반적으로 제대로 된 정보 없이 실체가 거의 없는 친환경 구호에만 매달리는 경향이 있다. 반대쪽 끝에서는 환경 운동가들이 대안도 없이 상업적 활동을 막아서며 전진한다. 현재의 체계는 대부분 이렇게 서로 반대쪽을 향하는 힘으로 가득하다. 이윤만을 좇는 걷잡을 수 없는 욕망이 근본주의적 환경 운동가들과 충돌하는 와중에, 균형에 도달하지 못한 채 산업을 예의주시하게 하는 정도의 결말에 이른다.

환경에 미치는 영향을 제한하기 위해 중도를 찾는 괴짜나 이단아, 기업가들도 있다. 화학 처리까지는 거부하지 못하더라도 최소한 채굴만은 멈추려 한다. 다음 장에서 살펴볼 주제는 바로 지하자원 채굴을 도시 광업으로 전환하는 것이다.

9장

두 번째 기회가 된
배터리 재활용 산업

제인 제이컵스 Jane Jacobs는 진정한 르네상스형 인간이었다. 정규 교육을 마치지 못했지만, 법학, 동물학, 경제학 등 다양한 분야에 통달했고, 뉴욕 맨해튼의 남쪽 지역인 소호 SoHo가 로어맨해튼고속도로 Lower Manhattan Expressway에 편입되어 사라지지 않도록 지켜냈다.

제이컵스는 전투기를 설계한 남자와 결혼했고, 1961년《미국 대도시의 죽음과 삶 The Death and Life of Great American Cities》을 출간했다. 도시계획 분야에 커다란 영향을 미친 책으로 '사회적 자본'과 '도시 광업' 같은 용어가 처음 쓰였다. 1960년대 말에 제이컵스는 도시가 "다양한 자원의 거대하고 풍요로운 광산"이 될 수 있다고 주장했다. "이러한 광산들은 더 오래 더 많이 이용할수록 더 풍요로워지므로 지금까지 발견된 어떤 광산과도 다를 것이다."[1]

실제로 인류 문명에서 중요한 역할을 해온 금, 은, 납, 아연의 매장량과 우리가 사용 중이거나 이미 버려진 다양한 물건에 포함된 양을 비교해 보면 후자가 더 많다. 게다가 우리가 사용하는 물건에 포함된 해당금속들은 땅에 묻혀 있을 때보다 훨씬 농축된 형태다. 배터리 물질도 예외가 아니다. 리튬 1톤을 얻으려면 스포듀민 250톤이나 염수 750톤을가공해야 한다.[2] 그 과정에서 엄청난 잔여물이 발생하고 이 또한 처리해야 한다. 하지만 폐기된 리튬 이온 배터리는 28톤만 있어도 리튬 1톤을 얻을 수 있다.[3] 이론적으로 놀라운 효율을 보여준다.

자원 부족의 나라

자원 부족에 대처하는 데 익숙한 나라들은 농축된 형태로 버려진 지상의 금속들을 놓치지 않는다. 특히 일본의 경우, 약간 과장하면 '희소성'이 그 나라를 정의한다고 할 수 있다. 도쿄의 비좁은 아파트들은 토지와 주택의 부족을 상징하며 대중문화의 한 요소가 되었다. 일본 부동산 가격이 절정에 달했던 1980년대에는 캘리포니아의 모든 부동산을합친 것보다 일왕이 사는 도쿄 황거 하나의 지가가 더 높다고 추정하는이들도 있었다.

일본이 식수 부족도 겪고 있다는 사실을 아는 사람은 많지 않다. 섬 나라인 데다가 이 나라에서 만든 공포 영화를 보면 배경으로 항상 비가 내리고 있으니, 언뜻 이해되지 않을 것이다. 하지만 산이 많은 지형 때문에 일본의 강은 길게 이어지지 않는다. 강수량은 태풍이 부는 계절에 집중되고, 빗물은 재빨리 바다로 흘러간다. 실제로 일본은 무척 가물어서 도쿄를 중심으로 하는 수도권에서는 1인당 이용 가능한 물의 양이 북아프리카나 중동의 사정과 비슷하다.

게다가 일본은 지하자원도 부족하다. 가장 많은 에너지를 수입하는 중국, 인도와 비교하면 그 양이 훨씬 적기는 하지만, 석유, 석탄, LNG를 세 번째로 많이 수입하는 나라다.

상황이 이러하니, 자국에서 만든 개념이라 주장할 정도로 일본에서 도시 광업이 인기를 얻은 것은 놀랄 일이 아니다. 이 나라에서는 도호쿠 대학 선광제련연구소選鉱製錬研究所의 난조 미치오南條道夫 교수가 1980년 대에 도시 광업이라는 용어를 처음 사용한 것으로 알려져 있어, 그를 '도시 광업의 아버지'라 부른다.

코로나19 팬데믹도 일본의 자원 부족을 악화시켰다. 1억 2700만 명의 인구가 뒷받침하는 탄탄한 산업 기반을 보유하고 있지만, 전염병으로 운송이 지연되고 출장이 줄어들자 고립감에 빠졌다. 한편 로봇 강아지부터 게임기까지 모든 전자 기기에 매혹되는 일본인들의 특성 탓에 매년 엄청난 양의 관련 폐기물이 쏟아진다. 일본에서 버려지는 전자 기기에 들어 있는 금이 남아프리카의 매장량보다 많을 것으로 추정될 정도다.

일본의 재활용 산업은 2005년 전자 기기 폐기물 10만 톤을 처리했는데, 오늘날에는 30만 톤 이상을 처리하고 있다.[4] 정부는 환경보호의 차원을 넘어 수익성 있는 경제 분야로 성장하도록 이 산업을 지원하고 있다. 오래된 회로 기판에서 금이나 은을 수확하거나 폐가전제품에서 구리를 찾아내는 사업은 이미 상당한 수익을 내고 있다.

올림픽은 언제나 개최국의 힘을 보여주는 무대로 활용된다. 일본은 2020년 도쿄 올림픽을 통해 환경 측면에서도 지속 가능한 첨단 기술 보유국의 이미지를 강화하려 했다. 이에 도요타는 전고체 배터리*로 움직이는 전기자동차를 세계 최초로 선보인다는 계획을 세웠다.[5] 이 기술은 배터리의 안전성을 강화하고 에너지 밀도를 높일 수 있지만, 리튬이 더 많이 들어간다. 또한 지금까지 일본에서 보지 못한 규모의 자율주행차들을 동원해 방문객들을 실어 나르려고도 했다.** 한편 선수들에게 주어지는 메달은 재활용된 금과 은, 구리로만 만들었다.

- 리튬 이온 배터리 같은 기존의 2차 전지와 달리 전해질을 액체에서 고체로 대체한 차세대 배터리다. 전해질이 액체일 때보다 월등히 안정적이고, 분리막을 쓰지 않아 그 공간만큼 배터리 용량을 늘릴 수 있어 '꿈의 배터리'로 불린다. 참고로 충전이 불가능한 배터리를 1차 전지, 충전이 가능한 배터리를 2차 전지, 스스로 전기를 만들어 내는 배터리를 3차 전지라 한다.
- 결과적으로 도요타의 계획은 전부 이루어지지 않았다. 완벽한 전고체 배터리나 자율주행 모두 여전히 어려운 기술이기 때문이다.

갈라파고스섬의 개척자, JX금속

일본은 다른 금속들을 재활용하는 데 성공한 반면, 리튬이나 코발트의 재활용은 여전히 초기 단계에 머물러 있다. 전기 모빌리티로의 전환을 공식화한 일본은 2050년부터 자국 내 자동차 생산 업체에서 전기자동차만을 생산하겠다고 발표했다. 하지만 알 수 없는 이유로 하이브리드 자동차에 의존하면서 배터리만으로 가동되는 전기자동차의 시장점유율이 더는 확대되지 않고 있다. 일본인들은 중국이나 EU, 미국의 소비자들보다 완전한 전기자동차의 구매를 꺼리는 듯하다.

이러한 상황은 현금을 대체하는 간편 결제 시장의 상황을 떠올리게 한다. 일본은 제일 먼저 현금 대신 신용카드를 사용할 수 있게 된 나라 중 하나지만, 현재 이 나라의 간편 결제 비율은 영국이나 한국, 폴란드보다 낮다.

도요타나 혼다 같은 일본의 주요 자동차 생산 업체는 오랫동안 리튬이온 배터리로의 전환을 꺼렸다. 예외적으로 큰 인기를 누렸던 도요타의 프리우스는 2019년 생산된 일부 모델에 니켈 메탈 하이브리드 배터리***를 사용했다.[6] 지난 10년간 전기자동차 시장에서 점유율이 급감한

••• 니켈로 양극재를, 수소 저장 합금으로 음극재를 만든 2차 전지다. 에너지 밀도가 높은 편이고, 급속 충전과 방전이 가능하며, 낮은 온도에 강하다. 무엇보다 주기 수명이 길다. 다만 메모리 효과가 있고, 오래 사용하지 않으면 자연적으로 방전되는 탓에 전기자동차에서 잘 쓰이지 않는다. 니켈 수소 배터리로도 불린다.

배터리다.

　배터리로만 가동되는 전기자동차가 적고 오랫동안 니켈 메탈 하이브리드 배터리에 의존한 탓에 일본에서는 리튬과 코발트를 추출할 수 있는 리튬 이온 배터리 재활용 산업이 크게 매력적이지 않다. 하지만 현재보다 미래를 바라보며 이 사업에 뛰어드는 기업이 적지 않다. JX금속은 그 개척자 중 하나다. 주로 구리 채굴과 제련에 집중해 온 이 회사는 반도체부터 배터리까지 다양한 전자 기기에서 활용되는 부품들로 시선을 돌렸다. 그리고 무려 2010년부터 후쿠이현福井県 쓰루가시敦賀市에서 시범 공장을 운영하며 리튬 이온 배터리 폐기물에서 리튬과 코발트, 니켈, 망가니즈를 추출할 수 있게 되었다.[7]

　추출 공정은 버려진 배터리의 외장재와 연결 장치를 손으로 제거하는 것으로 시작된다. 그다음 배터리를 용광로에 넣어 전해질을 증발시킨다. 남은 것들을 분쇄하면 미세하고 거친 검은 가루가 된다. 이 가루에 값진 금속들이 함유된 양극재가 포함되어 있는데, 금속마다 입자 크기가 달라 쉽게 분류된다. 정확히는 침출 과정을 통해 금속들을 추출한다.[8] 일상에서 차나 커피를 만드는 것도 침출 과정의 한 예다. 즉 액체를 매개로 고형물에서 특정 물질을 추출하는 것이다. 뜨거운 물이 곱게 갈린 커피콩에서 커피를 뽑아내듯 용매가 곱게 갈린 배터리 가루에서 리튬과 코발트, 니켈을 뽑아낸다. JX금속은 2010년부터 휴대전화와 컴퓨터에서 나오는 리튬 이온 배터리를 처리했다. 당시에는 금속을 매년 100톤 정도 추출할 수 있었다고 한다.[9]

재활용 업체의 성패는 폐배터리의 확보와 추출한 금속의 가격에 달려 있다. 전기자동차 배터리가 얼마나 오랫동안 제 성능을 발휘하는지 확실히 단언하기 어렵다. 오래된 모델이라면 평균 5년에서 8년은 문제없을 것이다. 최근 모델은 15년까지 보장한다. 배터리의 수명은 기후뿐 아니라 충전 횟수나 주행거리로 표현되는 사용 강도에 크게 영향받는다. 극한 기온에서는 배터리의 수명이 빠르게 줄어들기 때문에, 아이슬란드의 수도인 레이캬비크Reykjavik나 두바이보다는 런던에서 운행 중인 전기자동차의 배터리가 더 오래갈 것이다.

배터리의 내구성을 논하는 전문가들은 '주기cycle'라는 개념을 사용한다. 주기는 다소 까다로운 개념인데, 배터리를 원래 용량만큼 완전히 사용해 방전되면 한 번의 충전 주기가 끝난 것이다. 하지만 리튬 이온 배터리의 용량은 일정하지 않고 사용할수록 줄어든다. 전기자동차와 일부 고급 전자 기기는 배터리가 초기 용량의 75퍼센트에서 80퍼센트는 되어야 계속 쓸 수 있다. 용량이 이보다 줄어들면 배터리를 교체해야 한다. 주기의 개념으로 돌아가 보자. 오늘 배터리 용량의 70퍼센트를 사용하고 밤새 완전히 충전한 뒤 다음 날 저녁까지 30퍼센트를 더 사용한다면 한 번의 주기가 끝난 것이다. 중간에 충전한 사실은 중요하지 않다. 바로 이렇게 계산한 '주기 수명cycle life'이 대개 배터리 성능의 핵심으로 언급되곤 한다.

중국을 덮칠 폐배터리 쓰나미

중국은 전기자동차 폐배터리가 대량 배출되는 최초의 국가가 될 것이다. 2014년은 중국에서 전기자동차가 수만 대 팔려나간 첫 번째 해였고, 2018년에는 처음으로 판매 대수가 100만 대를 넘어섰다.[10] 2019년에는 전 세계에서 200만 대 이상의 전기자동차가 판매되었다.[*11] 이뿐이 아니다. 중국의 스마트폰 이용자는 8억 5120만 명에 달하는데, 컴퓨터와 태블릿에도 리튬 이온 배터리가 들어간다.[12] 이 모든 것을 더하면 도시 광업에 쓰일 엄청난 양의 재고가 확보된다. 2025년이 오기 전, 처음으로 대량 판매된 전기자동차들의 배터리가 수명을 다하면, 폐배터리 쓰나미가 중국을 덮칠 것이다.

꽤 위험한 일이다. 설사 쓰레기 매립지에 쌓인 폐배터리가 환경에 심각한 위험을 끼치지 않는다고 해도 대형 화재의 발생을 막기는 어렵다. 게다가 유독한 전해질이 새어 나와 토양과 지하수를 오염시킬 수 있다. 하지만 중국은 폐배터리를 환경에 긍정적이지는 못해도 최소한 몹시 나쁘지는 않은 수준의 무언가로 바꿀 준비를 마친 듯하다. 법, 경제, 기술의 세 가지 측면에서 살펴보자.

신기술이라는 맥락에서 중국을 바라볼 때 놓치지 말아야 할 정부 기

• IEA에 따르면, 전 세계의 전기자동차 중 절반이 중국 내에서 판매된다. 참고로 2022년의 전기자동차 판매량은 930만 대로 예측된다.

관이 하나 있다면 바로 공업정보화부工業和信息化部다. 중국이 막 굴기하던 시기인 2008년 만들어진 이 기관은 중국과 미국의 기술 경쟁을 주도하는 주체 중 하나다. 공업정보화부는 기본적으로 규제 기관이지만, 중국을 세계의 공장에서 기술 강대국으로 바꿔놓기 위한 국가적 전략 계획인 '중국제조 2025'를 수립한 곳이기도 하다. 인공지능과 5G 및 배터리와 전기자동차 개발부터 폐배터리 활용까지, 중국의 최첨단 기술과 관련된 모든 것을 이 기관이 책임지고 있다.

지난 2년간 공업정보화부를 진두지휘한 이는 샤오야칭肖亞慶이었다. 그는 원래 중국을 대표하는 알루미늄 생산 업체인 찰코의 CEO였다. 수익성을 높이는 데 뛰어난 능력을 보여준 그는 시장을 잘 이해한다는 이유로 중국의 또 다른 주요 규제 기관인 국가시장감독관리총국國家市場監督管理總局을 맡아 다시 한번 이름을 날렸다.[13]

공업정보화부는 이미 2018년에 전기자동차 배터리의 재활용 의무를 생산 업체에 지우는 정책을 발표했다. 그 결과 생산 업체들은 배터리마다 국가 표준에 따른 일련번호를 부여한 다음 전체 생애 주기를 추적하는 시스템에 등록해, 관련 데이터를 정부 당국과 공유해야 했다. 재활용 계획을 수립하느라 바쁜 EU의 관료 중 한 명이 지적했듯이 유럽에서는 아침으로 먹은 달걀 한 알의 경로를 농장까지 거슬러 올라가 파악할 수 있다. 달걀처럼 저렴하고 수명이 짧은 상품에서 이 정도의 투명성을 확보할 수 있다면, 전기자동차 배터리도 같은 수준의 투명성이 보장되어야 한다. 중국은 아주 빠르게 '희망 사항'을 '의무'로 바꾸었고, 이미 전기자동차 배터리의 생애 주기를 추적하고 있다.

이처럼 일련번호를 부여하는 것은 재활용 과정에 또 다른 이점을 제공한다. 재활용 과정이 자동화되고 간소화될수록 비용은 줄어든다. 그리고 비용이 줄어들수록 재활용이 보편화된다. 재활용 비용을 낮추는 데 가장 큰 장애물은 배터리의 형태와 크기가 각양각색이라는 사실이다. 컴퓨터나 태블릿, 스마트시계의 무수히 많은 모델에 맞춰 배터리의 형태가 달라지는 전자 기기는 논외로 하더라도, 전기자동차 배터리 또한 다양한 모델이 있다. 전기자동차는 아주 커다란 물건이니 배터리의 형태와 크기만이라도 표준화하는 게 그리 어렵지 않으리라고 생각할 수 있다. 하지만 지금까지의 상황은 전혀 다르다. 상대적으로 젊은 산업에서 경쟁 우위를 확보하고자 각축전을 벌이는 탓에, 전기자동차 생산 업체들은 자신들의 모델에 가장 잘 맞는 형태의 배터리를 개발하는 데 거리낌이 없다. 제품 간 표준화는 주로 성숙한 시장에서 나타나는 특징이다.

전기자동차 배터리는 복수의 모듈로 구성된다. 즉 셀들을 하나로 묶은 모듈을 다시 여러 개 모은 것이 전기자동차 배터리다. 이때 셀의 모양은 원통이나 사각기둥, 주머니 등으로 매우 다양하다.[14] 원통형 셀은 아날로그 벽시계나 리모컨처럼 에너지를 많이 소비하지 않는 장치에 들어 있는 일반적인 일회용 건전지와 비슷하게 생겼다. 하지만 이런 원통형 셀들조차 크기가 다양해, 심지어 전기자동차 생산 업체 한 곳에서 여러 크기의 셀을 사용하기도 한다. 테슬라는 익히 알려진 '배터리 데이Battery

Day'*에서 새로운 '4680 대형 fat 셀'을 공개했는데, 46밀리미터의 지름과 80밀리미터의 길이 덕분에 더 뛰어난 전기화학적 성능을 발휘한다고 홍보했다.[15] 첨단 기술 산업에서는 공학의 차원에서 아주 세부적인 부분만 손봐도 경쟁 우위로 작용할 수 있다는 증거다.

전기자동차 업계에서 일반적으로 선호되는 사각기둥형 셀은 네모난 레고 블록을 떠올리게 한다. 이 셀은 원통형 셀보다 커서 모듈이나 배터리에 더 적은 수가 들어간다. 세 번째 유형은 주머니형 셀이다. 종이 상자와 그 안의 은색 주머니에 깔끔하게 포장된 자그마한 태블릿을 떠올리면 된다. 아니면 여러 알의 건강 보조제가 밀폐 포장된 약봉지를 떠올려도 비슷하다.

이렇게 다양한 형태의 배터리를 재활용하고자 분류하고 해체하려면 아주 똑똑한 로봇이 필요할 것이다. 하지만 이런 로봇은 아직 존재하지 않는다. 로봇 공학에서 물체 인식과 관련된 분야를 기계 시각 machine vision 이라 한다. 기본적인 원리는 사람과 비슷하다. 로봇은 카메라로 물체를 확인한 뒤 알고리즘으로 그 이미지를 처리하고 해석해서 자기 팔에 특정한 행동을 지시한다. 현재 기계 시각의 발전을 이끄는 것은 컴퓨터가 경험을 통해 스스로 발전하도록 하는 기계 학습 machine learning이다. 한 유명한 코딩 대회에서는 기계 학습으로 개와 고양이의 차이를 배울 수 있

• 그간의 배터리 관련 기술 연구 성과와 생산 계획 등을 발표하는 자리다. 4680 대형 셀은 2020년 9월의 배터리 데이에서 처음 공개되었다.

도록 정보를 표기한 이미지 2만 5000장을 각 참가자의 알고리즘에 제공한 다음, 그 성과를 살펴보기 위해 정보를 표기하지 않은 1만 2500장의 사진을 분류하게 했다. 이 대회에서 가장 뛰어난 알고리즘은 98.9퍼센트의 정확도로 개와 고양이를 구분했다.[16] 이후 기계 학습과 기계 시각은 더 발전하고 있다. 하지만 배터리의 경우에는 3차원 이미지를 다뤄야 하므로 평면 이미지를 분류하는 것보다 훨씬 더 어렵다.

2019년 애플은 자사의 재활용 프로그램을 확장한다고 발표했다.[17] 이 회사는 아이폰 6만을 대상으로 한 선구적인 해체라인을 가동하기 시작한 후 상당한 발전을 이뤘다. 폐기된 아이폰 6가 온전한 형태로 해체라인에 놓이면 29대의 로봇이 미리 프로그램된 대로 움직이며 21단계를 거쳐 분해한다.[18] '데이지Daisy'라 불리는 이 해체라인은 이제 15종의 아이폰을 시간당 200개씩 분해한다.[19]

하지만 애플이 만든 데이지는 자사 제품만 속속들이 알고 재활용한다는 사실을 기억해야 한다. 배터리가 들어가는 제품의 생산 업체에 재활용 의무를 지운 중국 법이 합리적인 이유이기도 하다. 배터리에 표준화된 일련번호를 붙이는 것도 무척 유용하다. 미래의 로봇들이 자신들의 불완전한 '시각'에만 의존하는 대신 일련번호를 해독해 관련 정보를 활용할 수 있기 때문이다.

유럽과 미국을 노리는 거린메이

중국의 재활용 산업은 서구의 기업들이나 관찰자들에게 수수께끼로 남아 있다. 대개 소규모 재활용 시설을 갖추고 새로운 프로젝트를 시작하려는 중국 밖의 신생 기업이나 중견 기업은 자신들이 세계를 바꾸고 미래를 만들어 가는 것처럼 군다. 하지만 중국에는 이미 재활용의 미래가 도래해 있다.

중국의 재활용 업체들은 대략 거린메이格林美나 화유코발트華友鈷業 같은 거대 기업과 가족이나 부부가 운영하는 소규모 업체로 나뉜다. 후자는 보통 전기자동차 배터리를 취급하지 않는다. 소규모 업체에서 재활용하기에는 너무 복잡하고 위험하기 때문이다. 전기자동차 배터리는 고전압·고용량이므로, 부적절하게 처리하면 감전이 발생해 생명을 위협할 수 있다. 가장 기초적인 수준에서라도 전기자동차 배터리를 유지·보수하거나 분해할 수 있는 기술을 갖춘 인력은 세계적으로 무척 부족하다.[20] 적절한 훈련을 받지 못하고 전기자동차 배터리를 다루면 치명적인 사고로 이어질 수 있으므로 이러한 상황을 빨리 개선해야 한다. 이런 이유로 중국의 소규모 업체들은 대부분 물리적인 방법에 의존해 LCO 양극재만을 처리한다. 즉 손으로 집전장치集電裝置*에서 값비싼 양

---

* 고정부와 운동부 사이에서 전력을 전달하는 장치다. 지하철과 전기가 흐르는 전차선을 연결해 주는 팬터그래프(pantograph)가 대표적이다.

극재를 분리해 낸다.

반면 거린메이 같은 회사도 있다. 거린메이는 재활용 업계의 거물이다. 이 회사는 매년 약 400만 톤의 폐기물을 처리한다.[21] 플라스틱부터 메인보드까지 모든 것을 재활용하는 거린메이에서 배터리 재활용은 다양한 사업 분야 중 하나일 뿐이다. 실제로 '총알을 위한 완벽한 금속'으로 알려진 텅스텐 같은 희소금속과 다양한 최첨단 전략산업에 활용되는 희토류도 회수한다. 거린메이의 수집망은 3000킬로미터에 걸쳐 있는 중국의 11개 성을 아우른다. 이 회사는 남아프리카와 인도네시아에 투자함으로써 육로와 해로를 통해 아시아를 아프리카, 유럽과 연결하고, 자국의 문화적·정치적·경제적 영향력을 과시하려는 중국의 일대일로 구상에도 한몫했다.[22] 재활용 산업은 대단히 화려하게 포장되는 분야가 아니어서 거린메이 같은 회사들은 아직 잘 알려지지 않은 편이다. 하지만 공개된 정보에 따르면, 이 회사는 약 30만 톤의 폐배터리를 처리할 수 있다.[23]

2020년 중국에서 폐기된 리튬 이온 배터리의 양이 약 50만 톤인데, 하나의 기업에서 소화하기에는 상당한 양이다.[24] 비교를 위해 예를 들면, 유럽에서 가장 큰 재활용 업체라도 폐배터리를 1만 톤도 처리하지 못한다.[25] 게다가 관련 시설을 이미 갖췄거나, 확보하기 위해 투자하고 있다고 공개한 유럽 업체들은 열 손가락으로 셀 수 있을 정도다. 북아메리카의 상황도 크게 다르지 않다. 중국 업체들이 입맛을 다시며 유럽과 미국의 재활용 시장을 바라보고 있다는 소문이 도는 이유다.

해운 업계의 블루오션이 된 폐배터리 운송

중국의 재활용 업체들이 귀중한 폐배터리에 접근하려면 두 가지 방법이 있다. 서구에 신규 시설을 건설하거나 중국으로 수입하는 것이다. 이미 넉넉한 처리 용량을 확보하고 있다는 사실을 생각하면 후자가 더 타당해 보인다. 하지만 (새것이든 폐기된 것이든) 리튬 이온 배터리를 운반하는 것은 간단한 일이 아니다. 재활용 관련 콘퍼런스에 참석하면 종종 잠재적 금광인 폐배터리를 무더기로 깔고 앉아 있는 사람을 우연히 만날 수 있다. 그런 인물은 대개 법을 어기거나 사고로 선박이 가라앉는 일 없이 값진 금속들을 회수할 수 있는 곳으로 폐배터리를 보낼 방법을 찾느라 머리를 쥐어뜯고 있다.

세계적으로 가장 큰 곳들을 포함해 진지하게 사업에 임하는 해운 업체들은 가능한 한 리튬 이온 배터리의 운송을 회피한다. 화재의 위험 때문이다. 그러면 선박을 소유하고 있는 개인을 찾아갈 수밖에 없다. 업계의 외부인은 전 세계에서 개인이나 해운 가문이 소유하고 있는 대형 선박의 비율이 얼마나 높은지 알면 몹시 놀랄 것이다. 그중에서 보통 그리스나 노르웨이 국적으로, 언젠가 크게 성장할 사업에 시험 삼아 발을 담가보려는 무모한 이를 찾을지 모른다. 하지만 아무리 위험을 즐기는 선주라 해도 심하게 손상된 폐배터리를 선적하려 하지는 않을 것이다. 2020년 1월 아라비아해 한가운데 떠 있던 중국 해운 업체 코스코퍼시픽COSCO Pacific의 선박에서 불길이 일었다. 선박은 중국 광저우의 난사南沙

항에서 화물을 싣고 최종 목적지인 인도로 향하던 길이었다. 코스코퍼
시픽은 화물로 폐배터리를 실었다고 제대로 신고하지 않은 채 '예비 부
품 및 부속품'으로만 기재했다.[26]

부상자는 없었지만 배는 가장 가까운 항구로 대피해야 했다. 일단 배
터리가 불타기 시작하면 끄기가 어렵다. 배터리가 탈 때 산소가 발생하
면서 자체적으로 불을 키우기 때문이다. 다만 벌금을 물 위험을 감수하
면서 감시를 피하려 화물을 제대로 신고하지 않는 것은 해상 운송에서
흔히 발생하는 일이다.

물론 먼 바다를 항해할 때 폐배터리보다 더 위험한 화물도 있다. 일
본에서 사용된 핵연료를 영국과 프랑스의 시설에서 재처리하기 위해
1969년부터 1990년까지 160회 이상 해상 운송했다는 사실을 아는 사
람은 많지 않다. 게다가 재처리로 만든 새 핵연료뿐 아니라 핵폐기물도
배에 실려 다시 일본으로 돌아왔다. 인류가 몹시 위험한 핵폐기물을 지
구상에서 가장 긴 항로 중 하나를 통해 반복해서 운반했다면, 폐배터리
처럼 일상적인 화물의 운송을 문제 삼아서는 안 되지 않을까.

핵폐기물을 운송할 때 어떻게 포장하는지 궁금할 수도 있겠다. 일단
25센티미터 두께의 단조강forging steel*으로 견고하게 덮인 플라스크 형태
의 100톤짜리 구조물로 핵폐기물을 감싼다. 구조물 안에는 스테인리스
스틸로 만든 용기가 하나 더 있고, 또 그 안에서 유리 폐기물로 핵폐기

• 단조, 즉 고온으로 가열한 다음 압력을 가해 가공하는 방식으로 만들어진 강철이다.

물을 한 겹 둘러싸 방사능이 누출되지 않게 막는다. 그래서 포장과 실제 화물의 무게 비율이 거의 10대 1에 달한다. 폐배터리를 운송할 때는 비용 측면에서 분명히 효율적인 방법이 있을 것이다. 가령 몇몇 신생 기업은 리튬 이온 배터리가 안전히 운송되도록 셀 사이에 방화용 과립을 부어 분리하는 특수 용기를 만들고 있다. 전기자동차가 대폭 보급되어 시장에서 내연기관차를 대체하게 되면, 리튬 이온 배터리 운송은 기꺼이 새로운 영역에 진입해 혁신을 이루려는 해운 업체들에 매력적인 틈새 시장이 될 수 있다.

폐배터리가 엉뚱한 곳으로 향하지 않게 하기 위한 규제와 감독도 필요하다. 개발도상국에는 세계의 가장 부유한 지역들에서 온 온갖 폐기물이 넘쳐난다. 그러한 지역은 폐기물 처리에 관한 기준이 엄격하므로, 통째로 배에 실어 멀리 보내버리는 것이다. 한마디로 '눈에 보이지 않으면 잊게 된다.' 이때 개발도상국의 부도덕한 기업들은 보통 혁신적 기술을 적용해 폐기물을 처리하겠다고 약속한다. 하지만 정작 도착한 폐기물은 '아직 지어지지도 않은' 설비에서 처리되기 전에 '우발적인' 화재로 타버리는 경우가 비일비재하다. 그러면 대기에 독소를 배출하고 지역 주민들에게 해를 끼친다.

오늘날 폐배터리를 운송하려면 매우 복잡한 서류 작업이 수반되는데, 이는 큰 기업에도 상당한 부담이 된다. 위험 화물과 폐기물 운송에 대한 규제를 모두 해결하고 서류 문제가 정리되기까지 반년 이상 걸린다. 법이 복잡하면 역설적으로 빠져나갈 구멍이 늘어나기 마련이다.

돈을 주고 폐기물을 사는 진풍경

그런데 배터리에 그렇게 값진 금속이 많다면, 배터리를 굳이 태우거나 땅에 묻어버리려는 사람이 과연 있을까. 그것은 석유 몇 배럴을 그냥 버리거나 불태우는 것과 비슷하지 않나. 기억해야 할 것은 금속들의 시장가격은 계속 변하고, 배터리에 들어 있는 금속들의 가치도 계속 변한다는 사실이다. 2019년 발표된 연구를 종합하면, 폐배터리에 함유된 금속들의 가치는 킬로그램당 5달러에서 8달러 사이였다.[27]

거린메이는 이미 중국과 한국의 대형 양극재 생산 업체 중 몇 곳에 상당한 양의 금속을 판매하고 있다.[28] 보통 니켈, 코발트, 알루미늄이나 망가니즈는 포함하고 있지만, 리튬은 없다. 문제는 이 중에서 재활용된 금속이 얼마나 되느냐다. 도시 광업이라는 뿌리에서 벗어나고 있는 거린메이는 최근 맺은 계약 덕분에 인도네시아에서 채굴되는 니켈[29]과 콩고의 코발트[30]에 접근할 수 있게 되었다.

돈을 좇는 이러한 능력은 개인에게서 시작해 확장되고 발전하는 중국 기업들의 특징이다. 거린메이도 한때 재활용 과정을 연구한 대학교수가 2001년에 세운 회사로, 여전히 창업주가 이끌고 있다.[31] 이 회사는 '미래를 위한 재활용'이라는 구호를 내세우고 있지만,[32] 도시 광업이 아닌 다른 경로로 얻은 금속을 활용하는 데 주저하지 않는다. 거린메이가 중국의 배터리 산업에 정제 코발트를 공급하는 상위 세 개 기업에 속한다고 추정하는 사람들도 있다.[33]

재활용 업체가 배터리 산업의 주요 기업이 된 사례는 흔치 않다. 보통은 전혀 다른 방향으로 향한다. 화유코발트는 이름 그대로 코발트 생산 업체다. 콩고에 자체 광산이 있고 중국에 가공 시설이 있는데, 생산량으로 따지면 세계 최대 규모다.[34] 또한 중국에서 가장 큰 배터리 재활용 시설도 갖춰 매년 수만 톤을 처리한다. 중국의 배터리 생산 업체 닝더스다이가 인수한 방푸순환邦普循環도 이에 견줄 만한 배터리 재활용 시설을 보유하고 있다.[35] 대형 재활용 업체는 더 있다. 다만 여기서 지적하고 싶은 것은 배터리를 재활용할 대형 시설이 이미 존재한다는 사실이다. 배터리 재활용 산업은 미래에 생길 수도 있고 생기지 않을 수도 있는 것이 아니다. 지금껏 살펴본 대로 이미 생겨났고, 중국에는 놀라운 규모의 시장이 존재한다.

중국의 재활용 업체들에 남은 과제가 있다면 폐배터리를 충분히 확보하는 것이다. 전기자동차 생산 업체가 자사 제품에 사용된 배터리를 책임져야 한다는 엄격한 규제 덕분에 곧 폐배터리 수집 절차가 수월해지고 간소화될 것이다. 재활용 업체는 폐배터리를 알아서 공급해 줄 전기자동차 생산 업체와 손잡기만 하면 된다. 대부분의 재활용 산업은 중앙화된 폐기물 공급 경로가 없다는 것이 중요한 문제다. 예를 들어 충분히 재활용할 만한 전자 기기라도 대개 재활용 업체의 창고 대신 가정집 다락방이나 서랍에 처박혀 있다.

'서랍 속에 잠들다rest in drawer'라는 뜻의 영어 문장에서 각 단어의 첫 글자를 딴 용어 'R.I.D'는 더는 사용되지 않는 전자 기기가 재활용 업체로 전혀 흘러 들어오지 않는 상황을 꼬집는다. 컴퓨터를 쓰레기통에 버리지 않으려는 데는 강력한 심리적인 이유가 있다. 개인 정보가 잘못된 곳으로 흘러 들어갈까 봐 걱정할 수도 있고, 5년 전 상당한 돈을 들여 산 데다가 성능이 좀 떨어질 뿐 여전히 작동하는 물건을 무작정 버리기가 아쉬울 수도 있다.

앞으로 10년 후 중국의 재활용 산업이 어떤 모습일지 상상해 보면 꽤 흥미롭다. 재활용 업체 간에 입찰 전쟁이 벌어져서 가장 큰 금액을 써낸 기업이 폐배터리를 차지할까. 아니면 반대로 전기자동차 생산 업체들이 골치 아픈 폐배터리를 처리해 달라고 돈을 내밀까. 귀중한 폐배터리를 자국 내에 묶어두고 거기서 값진 금속을 추출하도록 중국 정부가 개입해 관련 산업에 보조금을 지급할 수도 있다. 상반되는 시나리오들이지만 모두 현실이 될 가능성이 있다.

5G 통신을 책임지는 재사용 배터리

배터리를 재활용할 대형 시설에 투자한 기업들은 배터리가 예상보다 오래 제 성능을 유지할까 봐 우려한다. 중국에는 이미 전기자동차 배터리를 재생해주는 혁신적 기업들이 존재한다. 열화, 즉 리튬 이온 배터리의 용량이 점점 감소하는 것은 피할 수 없는 일로, 주기를 마칠 때마다 용량이 줄어든다. 하지만 전기자동차의 거대한 배터리는 단순히 셀들을 모은 모듈의 집합체여서 재생이 어렵지 않다. 배터리 용량이 70퍼센트 이하로 떨어지면 일반적으로 더 사용할 수 없다. 하지만 이때 모듈에서 가장 성능이 저하된 셀들만 교체하면 배터리의 전체 용량이 다시 100퍼센트에 근접하게 된다. 묶여 있는 모든 셀의 성능이 균일하게 떨어질 가능성은 작으므로, 이렇게 간단한 조치로도 배터리를 훨씬 더 오래 사용할 수 있다.

재활용 업체들을 떨게 하는 또 다른 걱정거리는 배터리를 재사용하거나 '제2의 삶'을 부여한다는 아이디어다. 환경이나 지속 가능성의 관점에서는 소위 '재활용 사다리'를 채택하는 것이 타당해 보인다. 재활용 사다리란 네덜란드의 한 정치인이 1979년 만들어 낸 개념으로, 폐기물 처리 방법을 환경에 가장 이로운 것부터 가장 해로운 것까지 순서대로 나열하는 것이다. 이미 사용된 배터리를 용량이 줄어든 그대로 다른 곳에 사용하면 환경에 미치는 영향이 적기 때문에 제일 먼저 시도해 볼 만하다. 즉 용량이 줄어든 전기자동차 배터리를 곧장 재활용 업체에 넘겨 불과 산酸으로 처리하는 대신, 전기자동차보다 배터리의 성능이 떨어져도 되는 곳에서 좀 더 사용하면 환경에 미치는 영향이 줄어든다.

이론적으로는 무궁무진한 가능성이 존재한다. 한 차례 사용된 전기자동차 배터리를 모아 풍력발전소나 태양광발전소의 에너지 저장소로 사용하거나, 병원이나 데이터 센터의 예비 전력 저장소로 쓸 수 있다. 이러한 해법은 비용도 낮추고 지구도 도울 수 있다. 유럽과 미국에서는 다양한 신생 기업이 이러한 아이디어를 시장에 끌어들이려 노력하고 있으며, 중국에서는 이미 국유기업의 열렬한 지원 속에 대규모로 실험되고 있다. 중국은 2020년 말 약 50만 개의 5G 기지국을 설치했다. 이중 일부 기지국은 두 번째 삶을 부여받은 리튬 이온 배터리를 예비 전력 저장소로 사용한다. 공업정보화부는 이렇게 밀집된 5G 기지국 덕분에 자국 내 5G 이용자가 6000만 명을 넘어섰다고 발표했다.[36]

한마디로 수많은 전기자동차 배터리가 대규모 5G 기지국 건설에 동원된 것이다. 예비 전력 저장소로 살아가는 두 번째 삶은 가속이나 잦은 방전과 충전으로 쉴 틈 없었던 첫 번째 삶과는 다를 것이다. 따라서 한 번 사용된 배터리라도 오랫동안 제 몫을 다할 테고, 배터리 안의 금속들을 재활용하려면 한참 더 기다려야 할 것이다. 배터리 열화 수준을 시험하는 한 엔지니어는 자신이 손댄 배터리 중 일부가 두 번째 삶에서 '치유'되는 것을 보았다고 전했다. 저하되었던 성능이 복구되었던 것이다.

한 번 쓰인 전기자동차 배터리를 다시 전기자동차에서 사용하는 시장을 만들고자 나선 스타트업들도 있다. 실제로 중고 배터리는 시장에서 5000달러부터 1만 5000달러까지 꽤 괜찮은 가격에 팔린다. 중고 배터리를 거래하는, 이베이와 유사한 온라인 플랫폼도 있다. 이런 플랫폼이 일반 경매 플랫폼과 다른 점은 배터리 성능의 실시간 모니터링을 제공한다는 것이다. 배터리는 여전히 판매자의 전기자동차에 장착되어 있지만, 당신은 플랫폼에서 해당 배터리의 성능 저하 수준과 주행거리, 주기 수명을 확인할 수 있다. 이런 데이터는 어디서 올까. 판매자는 배터리 정보를 수집하고 전송하기 위해 정교한 장치를 따로 설치할 필요가 없다. 일반적으로 이런 데이터가 계속 전기자동차 생산 업체에 전송되고 있으므로, 판매자는 해당 업체가 데이터를 플랫폼과 공유하도록 권한만 부여하면 된다. 고급 전기자동차의 경우 5G 통신이 가능한 모뎀을 통해 매시간 5기가바이트의 데이터를 전송한다.

데이터는 곧 힘이다. 전기자동차 생산 업체는 동력전달장치의 성능을 더 개선하기 위한 연구개발 목적으로 데이터가 필요하다. 데이터를 수집하고 배터리 성능을 실시간 관리하는 소프트웨어를 배터리 관리 시스템battery management system이라 한다. 배터리의 뇌라고 할 수 있다. 어떤 사람들은 적어도 양극재만큼은 하드웨어적 측면에서 성능이 극한에 달했다고 믿는다. 하지만 배터리 관리 시스템을 최적화하면 상당한 차이가 발생할 정도로 성능을 쥐어짤 수 있다. 그러려면 더 많은 데이터를 활용해야 한다. 전기자동차 생산 업체들이 자신들의 제품을 모니터링하는 이유 중 하나다. 오늘날 이론적으로 이용자의 지리상 위치와 운전 행태에 관한 데이터까지 공유될 수 있다. 이에 따라 사생활 침해 가능성에 관한 논의 또한 벌어지고 있다.

전기자동차 생산 업체들은 자신들이 수집한 귀중한 데이터를 중고 배터리를 판매하는 온라인 플랫폼뿐 아니라 정부와도 기꺼이 공유할 것이다. 어쨌든 풍부한 데이터는 빠르게 성장하는 이 산업에서 경쟁 우위를 제공할 수 있다. 익명을 요구한 내부자들은 자동차 업계의 로비가 입법 과정에 영향을 미칠 정도로 강력한 일부 국가에서 배터리 재활용과 재사용을 위한 모니터링 시스템이 작동하지 않는 이유도 이 때문일 것이라고 증언했다.

리튬 이온 배터리의 재활용을 둘러싼 미래 환경은 결국 입법, 폐배터리의 확보 가능성, 국가 간 운송의 타당성, 시장 구조 등 다양한 요인에 따라 결정될 것이다. 확실한 것은 폐배터리를 땅속에 묻는 대신 다른 어딘가에서 다시 활용할 기술이 이미 존재한다는 사실이다. 경제적 편익을 최대화하면서 환경까지 보호하기 위해 이 기술을 어떻게, 또 얼마나 사용할지는 온전히 우리의 선택에 달려 있다.

10장

가장 확실한 미래

그레타 툰베리Greta Thunberg*가 기후 관련
회의에 참석할 때 기차나 요트로 이동한다는 사실은 비행기와 선박이
온실가스 배출에 미치는 영향에 관해 많은 것을 시사한다. 비행기는 인
류가 유발하는 모든 이산화탄소 배출량의 2퍼센트를 차지하고,[1] 선박
도 2퍼센트에서 3퍼센트까지 차지할 것으로 추정된다.[2] 많은 양인지 적
은 양인지는 독자의 판단에 맡긴다. 기후변화를 멈추기 위한 행동이라
면 무엇이든 의미가 있다.

장거리 이동에 기차를 이용한다는 아이디어는 실제로 인기를 얻고

• 스웨덴의 환경 운동가다. 2019년 16세의 나이로 UN 본부에서 열린 기후행동정상회의
(Climate Action Summit)에 참석해, 환경 보호에 적극적으로 나서지 않는 각국 정상들을 질
타하며 유명해졌다.

있다. 기차 여행의 작은 부흥기가 찾아왔을 정도다. 철도 회사들은 유럽 국가들의 수도를 잇는 야간 노선의 운행 재개를 검토하기 시작했다. 심지어 북유럽 사람들은 '플뤼그스캄flygskam(비행기 여행의 부끄러움)'과 '탁쉬크리트tagskryt(기차 이용 자랑하기)'라는 신조어를 만들어 냈다.

배터리의 도움을 받아서 비행기 여행을 더 지속 가능하게 바꿀 수는 없을까. 그렇다면 테네리페Tenerife섬•으로 가기 위해 비행기를 탄 당신을 보며 환경을 걱정하는 친구들이 눈살을 찌푸릴 일도 사라지지 않을까.

제트연료를 대신할 배터리

다행히도 전 세계에서 200여 개의 전기비행기 프로젝트가 진행되고 있으며 진척 상황도 천차만별이다.[3] 조그마한 신생 기업이 대략적인 구상만으로 투자자를 찾고 있는 프로젝트도 있고, 에어버스나 롤스로이스 같은 대형 기업들의 공동 프로젝트도 있다. 이 모든 프로젝트에는 한 가지 공통점이 있다. 현재 배터리 기술의 한계를 고려하며 진행해야 한다는 것이다. 오늘날의 비행기는 일반적으로 등유를 기반으로 하는 제트연료로 움직인다. 가정에서 쉽게 볼 수 있는 등유로는 양초의 재료인

• 스페인의 유명 휴양지다. 아프리카대륙 서북부 근해에 있는 카나리아(Canaria)제도에서 가장 큰 섬이다.

파라핀paraffin이 있다.

제트연료는 비행기 날개에 들어 있는 연료 탱크에 주유된다. 이런 배치에는 많은 장점이 있다. 우선 비행기가 이륙할 때는 연료가 아니면 비어 있을 공간을 채워서 날개에 가해지는 응력應力**을 줄일 수 있다. 또한 동체에 화물을 실을 공간을 확보할 수 있고, 동체로 착륙하는 비상 상황에서도 승객들과 위험한 연료 사이에 거리를 둘 수 있다.

제트연료의 장점 중 하나는 비행 중 연소되면서 무게가 줄어 비행기의 이동 거리를 늘려준다는 것이다. 하지만 가장 뛰어난 점은 높은 에너지 밀도다. 에너지 밀도는 부피, 또는 질량 단위당 에너지의 양을 의미한다. 제트연료의 에너지 밀도는 킬로그램당 약 1만 2000와트시다. 오늘날 상업적으로 활용되는 리튬 이온 배터리의 최대 에너지 밀도는 킬로그램당 250와트시에서 300와트시 사이로 제트연료의 40분의 1 수준이다.[4] 최근 스위스의 한 스타트업이 에너지 밀도가 킬로그램당 1000와트시인 배터리를 개발하고 있다고 발표했지만, 상용화까지는 오랜 여정이 남아 있고 최첨단 기술이 필요하다. 이 배터리가 정말 상용화되면 전기자동차는 충전 한 번에 1000킬로미터까지 이동할 수 있을 것이다. 배터리 산업의 중대한 이정표가 될 만하다. 하지만 킬로그램당 1만 2000와트시라는 제트연료의 에너지 밀도와 비교하면 아직 한참 부족한 수준이다.

•• 외력이 가해질 때 원형을 지키고자 물체 내부에서 발생하는 저항력을 의미한다.

따라서 현재 기술 수준에서 제트연료만큼 에너지를 공급할 수 있는 리튬 이온 배터리를 비행기에 실으면 그것만으로도 너무 크고 무거워서 날지 못할 것이다. 하지만 기술은 거의 언제나 서서히 발전한다. 1980년대에는 2020년대의 컴퓨터가 발휘하는 계산 능력을 상상하기 어려웠다. 반도체의 비약적인 발전 속도를 설명하는 무어의 법칙Moore's Law에 따르면 2년마다 반도체에 올라가는 트랜지스터transistor*의 수는 두 배가 되고 반도체의 가격은 절반이 된다. 하지만 배터리는 이렇게 놀라운 속도로 발전하지 않는 듯하다. 배터리를 위한 무어의 법칙은 존재하지 않는다. 2000년 당시 최첨단 리튬 이온 배터리의 에너지 밀도는 킬로그램당 120와트시에서 150와트시 사이였고,[5] 2010년에는 킬로그램당 140와트시에서 170와트시 사이였다.[6] 배터리의 발전 속도는 반도체만큼 극적이지 않다.

하지만 지난 5년 동안 배터리 연구 속도에도 불이 붙었다. 역사를 통틀어 이 분야가 오늘날처럼 수많은 인재와 투자를 끌어들였던 때는 없었다. 2017년부터 2019년까지 3년 동안에만 (다른 배터리 기술은 논외로 하고) 리튬 이온 배터리에 관한 학술 논문만 무려 5만 3000편이 발표되었다. 학술지를 전문으로 취급하는 저명한 출판사인 스프링어네이쳐Springer Nature의 헤닝 쉐넨베르거Henning Schoenenberger 편집장은 사상 최

• 반도체의 핵심 소자로, 전류의 흐름을 제어해 전기 신호를 증폭하거나 구분하는 역할을 한다. 이 트랜지스터를 작게 만들어 여러 개를 묶은 것이 흔히 반도체로 불리는 집적회로다.

초로 인공지능을 활용해 쓰인 책의 서문에서 "인류의 미래는 리튬 이온 배터리 연구의 발전에 달려 있다"라고 밝혔다.[7]

이비에이션과 코캄, 하늘을 수놓다

현재까지는 전기로 비행기를 움직이기 위해 세 가지 접근법이 시도 되고 있다. 먼저 전기모터가 화석연료에서 얻는 추진력을 대체할 수 있 도록 기존의 비행기를 개조하는 회사들이 있다. 실제로 세계 최초의 전 기만으로 움직인 비행기는 개조된 비행기였지만, 이런 접근법은 제약 이 많다. 세스나 Cessna**가 만드는 크기의 작은 비행기만 개조할 수 있 고, 더 큰 비행기에는 적용할 수 없다.

두 번째 접근법은 전기모터와 내연기관을 모두 장착한 하이브리드 자동차와 비슷하게 하이브리드 비행기를 만드는 것이다. 에어버스와 같은 대형 항공기 생산 업체들이 추진하는 전략으로 네 개의 제트엔진 중 하나를 전기모터로 대체한다.[8] 이 접근법은 도로에서 먼저 퍼져나갔 고 지금도 인기를 유지하고 있다. 무엇보다 온실가스 배출량을 줄이고 배터리 기술을 발전시키는 데 이바지했다. 하늘에서의 신에너지 혁명

** 미국의 대표적인 소형 항공기 생산 업체로 주로 10명 내외의 승객이 탑승할 수 있는 비행기를 만든다.

도 비슷한 경로를 따를 것으로 보인다.

세 번째 접근법은 테슬라가 전기자동차를 만들 때 그랬듯이 전기비행기를 처음부터 완전히 다시 만드는 것이다. 이런 방식에서는 자동차 산업과 마찬가지로 신생 기업들이 앞서 나가고 있는 듯하다. 이스라엘 회사 이비에이션Eviation이 대표적이다. 이스라엘 방위군 소령 출신이자 항공 산업과 우주 산업에서 15년간 경력을 쌓은 인물을 중심으로 설립된[9] 이 회사는 이미 첫 번째 전기비행기를 만들었고, 시험 비행을 기다리고 있다.• '앨리스Alice'로 명명된 이 모델은 화려하고 매끈한 외관을 자랑하는데, 아홉 명의 승객을 태운 채 1000킬로미터까지 비행할 수 있다. 배터리로 구동된다는 사실뿐 아니라 독특한 디자인도 매력적이다. 이 비행기에서 가장 먼저 눈에 띄는 부분은 날개 앞쪽이 아니라 뒤쪽에 달려 있는 '추진식 프로펠러pusher configuration'••다. 또한 비행기 후미에도 프로펠러가 달려 있어서 잠수함을 떠올리게 한다. 앨리스의 색다른 디자인은 상업용 비행기보다는 군대용 드론에서 자주 볼 수 있는 'V' 모양의 꼬리날개로 완성된다.

- 2022년 9월 시험 비행에 성공했다. 본문에서 서술된 사양은 초기 모델에 관한 것으로, 실제 시험 비행에 쓰인 앨리스는 일반적인 여객기와 흡사하게 생겼다. 우선 꼬리날개에 프로펠러가 달린 두 개의 전기모터가 달려 있다. 공개된 사양에 따르면, 승무원 두 명, 승객 아홉 명을 태우고, 화물 1100킬로그램을 실을 수 있다. 순항속도는 시속 440킬로미터로, 30분만 충전해도 최대 465킬로미터까지 비행할 수 있다. 2022년 기준 알려진 수주량만 300여 대에 달한다. 2027년부터 인도될 예정이다.
- •• 비행기 후미나 날개 끝에 달린 프로펠러로, 비행기를 밀어내듯이 작동한다.

앨리스의 동력은 NMC 양극재가 들어간 820킬로와트시 용량의 리튬 이온 배터리가 공급하는데, 그 무게만 3.7톤이다.[10] 참고로 테슬라 모델 3의 최상위 차종에는 75킬로와트시 용량의 배터리가 장착된다.[11] 앨리스의 배터리는 한국의 특수 리튬 이온 배터리 생산 업체 코캄Kokam 에서 만든다. 역사는 길지만 규모가 크지 않아서 일반인들은 한 번도 이름을 들어보지 못했을 기업이다. 이비에이션의 CEO가 인정했듯이 이 회사가 현 단계에서 필요로 하는 배터리의 수량은 LG화학이나 삼성 SDI 같은 대형 배터리 생산 업체에서 설계를 시작할 만큼 많지 않다.[12] 반면 코캄은 사상 처음으로 전기를 동력 삼아 세계 일주 비행에 성공했던 태양광 비행기의 배터리를 만든 이력이 있다. 앨리스의 배터리는 무척 무거워서 전체 무게의 60퍼센트를 차지한다. 이 배터리를 어딘가에 한 덩어리로 뭉쳐 실으면 날아오르지 못할 것이다. 따라서 배터리를 구성하는 셀 9400개를 천장과 바닥, 날개 등 기체 곳곳에 나눠 배치했다. 엄청난 용량의 배터리를 장착하고 있지만, 앨리스를 충전하는 데는 세 시간밖에 걸리지 않는다고 한다.[13] 이비에이션의 첫 번째 고객은 미국 중서부와 카리브해 지역에서 단거리 노선을 운영하는 지역 항공사였다. 미국 내 다른 항공사들도 그 뒤를 따르면서 2019년 말에는 앨리스의 수주량이 150대에 달했다.[14]

환경과 경제성을 모두 만족시키다

꼭 환경오염에 대한 우려만으로 전기비행기를 택하는 것은 아니다. 비용도 상당히 절감된다. 같은 거리를 비행할 때 터보프롭turboprop엔진[•]을 장착한 비행기의 운영비가 시간당 1000달러인 반면 전기비행기는 시간당 200달러로 추정된다.[15] 또한 전기비행기는 무서울 정도로 조용하다. 비행 항로나 공항 근처에 사는 이들에게는 중요한 문제일 수 있다. 앨리스의 첫 번째 비행은 2020년으로 계획되었고 2021년에는 시장에 나올 예정이었다. 하지만 2020년 1월 미국 애리조나의 프레스콧공항Prescott Airport에서 진행된 지상 시험 도중 비행기에 불이 붙었다. 회사의 설명에 따르면 지상 배터리 시스템ground-based battery system의 결함으로 화재가 발생했다고 한다.[16] 비행기의 역사는 시행착오로 가득하다. 라이트 형제에게 수십 년간 실패해도 시도를 멈추지 않는 집념이 없었더라면 역사책에 그들의 이름이 기록되지 않았을 것이다. 기술적으로 대단한 진전을 이루더라도 비행기가 전기로 날기까지는 여전히 많은 장애물이 남아 있다.

2017년 에어버스와 롤스로이스, 지멘스가 'E-팬 XE-Fan X' 개발을 위해 협력한다는 소식이 전해졌다.[17] 하이브리드 비행기인 E-팬 X는

[•] 작은 비행기에 주로 사용되는 엔진이다. 압축 공기와 제트연료를 혼합, 폭발시켜 운동에너지를 만들어 내는 가스터빈을 이용해 프로펠러를 돌린다. 이것이 곧 비행기의 추진력이 된다.

1983년부터 2002년까지 387대가 생산되었던 성공적인 모델 '브리티시 에어로스페이스 British Aerospace, BAe 146'을 기반으로 개발될 예정이었다. BAe 146은 파생 모델에 따라 100명 이상의 승객을 태우고 3340킬로미터까지 비행할 수 있었다. 기록적인 판매량 덕분에 '가장 성공적인 영국산 민항 비행기'로 불리기도 했다.[18]

E-팬X는 BAe 146의 제트엔진 네 개 중 하나를 지멘스가 개발한 2메가와트 출력의 전기모터로 대체했다. 그리고 무게가 2톤, 용량이 700킬로와트시인 리튬 이온 배터리를 설치해 전기모터에 동력을 공급했다. 이 하이브리드 비행기에서 전기모터의 역할은 이륙과 고도 상승 시에 추진력을 더하고, 착륙 시에 혼자만의 힘으로 하강해 공항 주변의 소음과 오염 물질 배출량을 줄이는 것이었다.[19] E-팬X는 광범위한 시험 이후 첫 번째 비행에 나설 예정이었으나, 아쉽게도 2020년 코로나19 팬데믹 중에 프로젝트 자체가 취소되었다. 참여했던 기업들은 전기비행기에 관해 많은 것을 배울 수 있는 디딤돌 같은 프로젝트였으므로 자신들의 노력이 헛되지 않았다고 자평했다.[20] 그렇다면 완전히 전기로만 비행하든 하이브리드 시스템을 이용하든 이미 하늘로 날아오른 전기비행기는 없을까.

2019년 12월 밴쿠버의 한 호수에서 세계 최초로 전기로만 움직이는 비행기가 하늘로 솟아올랐다. 그리고 4분간 비행하며 수면 위를 16킬로미터 이동했다. 비행시간이 짧았고 사고에 대비해 물 위로만 날았지만, 역사적인 순간이었다. 이 전기비행기의 이름은 '드 하빌랜드 비버 de

Havilland Beaver'*로 1톤 무게의 리튬 이온 배터리와 750마력의 전기모터를 장착했다. 첫 비행을 주도한 캐나다의 수상비행기 운용 업체 하버에어Harbour Air는 2022년까지 자사의 모든 비행기를 전기화하고 싶다는 희망을 밝혔다.[21]

얼마 지나지 않아 2020년 5월에도 축포가 터졌다. 이번에는 전기모터가 장착된 '세스나 카라반 208B Cessna Caravan 208B'가 아홉 명의 승객을 태우고 정상적으로 이륙했다. 이 비행기는 13분간 워싱턴의 그랜트카운티국제공항 Grant County International Airport 주위를 날았다. 앞서 드 하빌랜드 비버에 장착된 전기모터를 만든 마그닉스magniX가 이번 프로젝트에도 참여했다.[22]

세스나 카라반 208B가 13분간 비행하는 데 들어간 비용은 6달러에 불과했다. 전통적인 내연기관이 달린 비행기라면 300달러에서 400달러 사이였을 것이다. 이런 전기비행기가 영국부터 일본까지 비행하려면 아직 갈 길이 머나멀다. 하지만 단거리 노선, 특히 환경이 오염되지 않은 지역을 중심으로 전기비행기를 활용하는 미래는 많은 이의 예상보다 매우 가까이 와 있다. 또한 비행기를 이용하는 비용이 낮아지면 비행술을 배우는 비용 또한 모든 이가 접근할 수 있을 정도로 저렴해질 수 있다.

• 　원래 1948년부터 1967년까지 1600여 대가 제작된 베스트셀러 수상기다. 이를 전격적으로 전기비행기로 부활시킨 것이다.

노르웨이 근해를 누비는 전기화물선

바다악어는 지구상에 존재하는 가장 큰 파충류로 수컷은 무게가 1톤까지 나가며 길이는 6미터까지 성장한다. 과거에는 중국 주강삼각주珠江三角洲 ** 같은 남동아시아의 강 하구에 서식해 하구악어로도 불렸다. 하지만 안타깝게도 더는 주강삼각주에서 바다악어를 볼 수 없다. 이 일대는 농업 지역이었으나, 이제는 거대한 도심이 자리 잡고 있다. 주강이 남중국해로 흘러 들어가는 지역은 아마 인류 역사를 통틀어 가장 빠른 도시화를 경험한 곳일 테다. 사실 이런 변화는 현재진행 중이다. 중국은 광저우(1200만 명)와 선전(900만 명), 둥관東莞(650만 명), 자오칭肇慶(390만 명), 포산佛山(540만 명), 후이저우惠州(390만 명), 장먼江門(380만 명), 중산中山(240만 명), 주하이珠海(150만 명)를 하나의 메가시티로 묶는 계획을 발표했다. 수백만 명의 인구를 자랑하는 이 도시들은 2020년 10억 톤의 물동량을 기록한 수로망으로 연결되어 있다. 중국이 세계 최초로 전기만으로 가동되는 대형 화물선을 도입하기로 한 배경이다.

2017년 광저우의 한 조선소에서 건조된 전기화물선은 길이가 70.5미터로 수직으로 세우면 20층짜리 건물과 맞먹는다. 화물을 2000톤까지 실을 수 있는데, 속을 가득 채운 컨테이너 100개 분량이다. 동력원은 2400킬로와트시 용량의 리튬 이온 배터리로 두 시간만 충전하면 화물

** 중국 주강 하류의 삼각주다. 광저우, 홍콩, 선전, 마카오를 연결한다.

을 가득 선적한 채 60킬로미터 이상 항해할 수 있다. 역설적인 사실은 중국에 최초로 도입된 전기화물선이 주강삼각주의 여러 발전소에 오염 유발 물질인 석탄을 운반하는 데 활용되고 있다는 것이다.[23]

노르웨이는 인구 대비 가장 많은 수의 전기자동차가 보급된 나라다.[24] 전기를 이용하는 해상 운송 분야에서도 앞서 나가려 하는 게 당연하다. 노르웨이 국회는 이미 2015년에 정부의 재정 지원을 바탕으로 자국 내 모든 여객선을 전기화한다는 법률을 통과시켰다. 2025년부터는 화석연료로 움직이는 배에서 노르웨이의 피오르fjord *를 감상하는 것이 불가능해진다. 이 나라의 주변 해역이 세계 최초의 무공해 바다가 될 예정이기 때문이다.

비료 제품으로 유명한 노르웨이의 화학 기업 야라Yara 는 한발 더 나아가 전기로 구동될 뿐 아니라 자율주행까지 가능한 화물선을 개발 중이다. 이 프로젝트는 2017년 시작되었는데, 심해부터 우주까지 극한 공간에서 쓰일 복잡한 공학 기술을 개발해 온 첨단 기술기업 콩스베르그Kongsberg 가 건조를 맡았다. 컨테이너 120개를 선적할 수 있는 이 화물선이 완성되면 매년 트럭 4만 대가 배출하는 만큼의 오염 물질을 줄일 수 있을 것으로 보인다.[25] '야라 비르셸란Yara Birkeland '**이라고 이름 붙인 이

• 　빙하가 흘러내리면서 발생한 침식 작용으로 형성된 좁고 깊은 만이다.
•• 　야라의 창업주이자 공학자인 크리스티안 비르셸란(Kristian Birkeland)을 기리고자 붙인 이름이다.

화물선은 2021년 첫 번째 무인 항해에 나설 예정이었으나, 코로나19 팬데믹으로 프로젝트가 중단되었다.••• [26] 비슷한 운명을 맞이한 E-팬 X를 비롯해 유럽에서 기술적으로 가장 앞선 다수의 프로젝트가 최근의 어렵고 불확실한 시국 때문에 우선순위에서 밀려났다.

적어도 선박에서는 배터리의 무게와 크기가 비행기만큼 중요하지는 않을 듯하다. 이론적으로는 전기비행기보다 전기화물선이 더 빨리 실현될 가능성이 크다. 하지만 우리 앞에는 여전히 내연기관을 전기모터로 대체하기 위해 극복해야 할 문제들이 산적해 있다. 오늘날의 화물선들은 수만, 수십만 톤의 화물을 싣고 대륙 사이를 오간다. 상하이의 항구에서 로테르담의 항구로 가려면 거의 2만 킬로미터를 항해해야 하는데도, 화물선들은 재급유를 받지 않는다. 배터리를 한 번, 또는 두 번만 충전하고 같은 거리를 이동하는 게 가능할까. 대형 화물선은 장거리를 항해할 때 보통 하루에 중유 225톤을 사용하는데, 연료 탱크 한 개에 1만 6000톤의 중유를 보관할 수 있다.[27] 이런 화물선의 엔진은 4층 건물 높이로 무게가 2000톤이 넘는다. 선체에 거대한 배터리를 분산 배치하고, 상대적으로 작은 크기의 전기모터를 넣어 기존의 연료 탱크와 엔진이 차지하던 공간을 다른 용도로 활용한다면, 전기화물선의 도입을 정당화할 수 있지 않을까. 자동차와 비행기에 쓰인 전기모터는 대개 내연기관보다 부

••• 야라는 2022년 4월 야라 비르셀란의 무인 항해가 성공했다고 밝혔다. 이후 2년간 복잡한 인증 절차를 거친 다음, 상업 항해에 투입될 예정이다.

품이 적은데, 배에 쓰일 전기모터도 마찬가지일 것이다.[28] 물론 온전히 사고실험에 불과하고, 이러한 아이디어를 현실에 옮길 수 있을지에 대한 판단은 엔지니어들에게 맡겨야 한다.

에너지 밀도가 높은 거대한 배터리를 사용하게 되면 당연히 안전이 중요한 쟁점이 된다. 하늘에서든 먼바다에서든 배터리 안에서 연쇄적인 온도 상승이 일어나 화재로 이어져서는 안 된다. 캐나다의 에너지 기업 스털링플랜B Sterling PlanB는 선박에서의 배터리 화재에 대비한 여러 단계의 대비책을 제공하는 안전 솔루션을 개발하고 있다. 이 회사는 흐르는 물로 열을 식히는 냉각 파이프로 개별 셀을 둘러싸는 액체 냉각 시스템을 개발했다.[29] 물과 전자 기기는 그다지 어울리지 않지만, 슈퍼컴퓨터 냉각에 물을 사용하는 방법이 성공적으로 활용되고 있으니, 배터리 냉각에도 적용할 때가 되었다.

군대에서는 혁신을 한계까지 밀어붙일 때가 많다. 막대한 예산을 운용하고, 잠재적 적을 넘어서기 위해 기술적 우위는 물론이고 전략적 우위까지 확보해야 한다는 압박이 엄청나기 때문이다. 군대가 이룬 혁신이 모두 공개되는 것은 아니지만, 일본은 리튬 이온 배터리로 움직이는 하이브리드 잠수함을 세계에 공개하기로 했다. 일본어로 '큰 고래'를 뜻하는 타이게이大鯨는 일본이 제2차 세계대전 이후 건조한 가장 큰 잠수함으로 70명의 승조원을 태우고 잠항할 수 있다. 타이게이가 배터리로 움직일 때는 소음이 거의 발생하지 않아서 탐지가 어렵다. 하지만 배터리로 이동할 수 있는 거리는 공개하지 않았다.

양극재, 음극재, 전해질의 하모니

전기비행기와 전기화물선의 성능 개량이 날개를 달고 전기자동차가 주행거리를 둘러싼 불안을 완전히 씻어내려면 결국 '리튬 이온의 화학 반응'이라는 틀 자체를 넘어서야 할지 모른다. 하지만 리튬 이온에서 벗어나는 것이 곧 리튬에서 벗어나는 것을 의미하지는 않는다.

어떻게 해야 더 뛰어난 배터리를 만들 수 있을까. 먼저 배터리가 폐쇄 시스템이라는 사실을 기억해야 한다. 폐쇄 시스템에서 한 가지 요소를 바꿀 때는 이 변화가 다른 요소에 미칠 영향까지 고려해야 한다. 변화가 발전을 의미한다고 해도 마찬가지다. 상식인 듯하지만, 배터리의 개별 요소들이 발전해 새로운 돌파구가 마련될 때마다 놀랄 만큼 자주 잊히는 규칙이다. 더 좋은 양극재가 있다고? 훌륭해! 하지만 새로운 양극재가 기존의 전해질과 함께 더 나은 성능을 보여줄지는 미지수다.

크게 보면 배터리는 놀라울 정도로 단순하다. 핵심 요소가 양극재, 음극재, 전해질 세 가지밖에 없다. 에너지 밀도, 전력, 충전 속도, 안전성 등 배터리 성능을 향상하고 싶다면 무엇보다 이 세 가지 요소를 더 좋게 만드는 데 집중해야 한다. 물론 이 분야는 경쟁이 아주 치열해서 기업들은 배터리를 조금이나마 더 발전시키기 위해 다른 주변적 요소들까지 개선하려 노력하고 있다. 하지만 가장 중요한 돌파구는 저 세 가지 요소에서만 나올 것이다.

이제 세 가지 요소에 집중해야 한다는 것은 알았을 테다. 한 가지 요소를 바꾼다면 폐쇄 시스템 안에서 그 변화를 수용하고 균형을 유지할 수 있도록 다른 두 가지 요소도 조정해야 한다. 그렇다면 무엇부터 개선해야 할까. 그 전에 우리는 과연 연구와 개발을 통해 어떤 방향으로 나아가고 싶은지 알고 있는 걸까.

이 질문에 답하려면 먼저 고등학교 수준의 기초 화학으로 돌아가야 한다. 금속은 전자를 내보내려 열심이고 비금속은 전자를 받아들이려 한다는 사실 정도는 지금도 기억하고 있을 것이다. 어디에서나 관찰할 수 있는 자연스러운 현상이다. 그렇게 한 원소가 전자들을 내주고 다른 원소가 그 전자들을 받아들임으로써 전자들이 움직인다. 그리고 전자가 움직이는 것이 곧 전기다. 이제 전기의 실체를 알았다.

더 나아가 전자를 잃고 얻는 과정을 이온화ionization라 한다. 원자가 같은 수의 전자(-)와 양성자(+)를 가지고 있으면 전기적으로 중성인 상태다. 하지만 배터리 안에 금속과 비금속을 함께 넣으면 (전자의 이동이 발생하므로) 이온화가 일어난다. 금속은 전자들을 잃고 비금속은 전자들을 얻는다. 균형을 잃고 전자가 양성자보다 더 많아지거나 적어진 원자들을 이온이라고 한다. 그래서 리튬 이온 배터리라는 명칭이 적절한 것이다. 이온에는 음이온과 양이온이 있다. 음이온은 전기적으로 중성인 상태보다 전자가 많은 원자고, 양이온은 중성인 상태보다 전자가 적은 원자다. 전자들은 언제나 음전하를 가지므로 전기적으로 중성인 상태인 원자에 전자를 더하면 해당 원자가 음이온으로 변한다.

따라서 강력한 배터리를 만들려면 주기율표의 어떤 원소(금속)들이 전자를 기쁘게 내주는지 그리고 어떤 원소(비금속)들이 전자를 기꺼이 받아들이는지 찾아보고, 두 종류의 원소를 어떻게 조합할 때 가장 뛰어난 성능을 발휘할지 고민해야 한다. 순수하게 이론적인 활동이지만 대단히 중요하다. 화학과 물리의 기본 법칙을 적용하는 것만으로 배터리가 어느 정도의 성능을 보여줄지 알 수 있기 때문이다.

또한 지금 왜 리튬을 배터리에 사용하는지, 왜 미래의 배터리에 더 많은 리튬을 넣으려 하는지, 왜 기업들과 연구자들이 다른 금속 대신 황이나 소듐에 기반을 둔 배터리를 개발하는 데 집중하고 있는지 설명해주므로, 대단히 실용적인 활동이기도 하다. 어쨌든 주기율표에는 선택할 수 있는 금속이 상당히 많다.

에너지 밀도를 높여라

충전 한 번에 노트북을 며칠씩 사용할 수 있게 하려면, 전기자동차가 더 멀리 이동할 수 있게 하려면, 전기비행기가 런던에서 바르셀로나까지 날아갈 수 있게 하려면 에너지 밀도가 높은 배터리가 필요하다. 이것이 배터리 연구의 성배다. 에너지 밀도는 배터리의 질량이나 부피 대비 저장된 에너지의 양으로 표현된다. 에너지 밀도는 높이고 무게는 줄이려면 주기율표에서 가장 위에 있는 몇 줄에 집중할 수밖에 없다. 그곳에 원자질량이 가벼운 금속과 비금속 원소들이 모여 있기 때문이다. 또한

배터리 내부를 부지런히 왔다 갔다 할 이온들도 필요하므로 선택이 더욱 제한된다.[30]

마지막으로 어떤 원소는 질량 에너지 밀도가 높더라도 부피 에너지 밀도*는 낮을 수 있다는 사실을 기억해야 한다. 물론 그 반대도 가능하다. 세부적으로 구분하는 게 중요하다. 예를 들어 무게보다 공간에 더 제약이 많은 자동차에 들어갈 배터리라면 부피 에너지 밀도를 살펴야 한다.[31] 자동차에는 어느 정도 표준화된 크기가 있고, 누구나 배터리가 승객과 짐을 위한 내부 공간을 되도록 덜 차지하길 바랄 것이다. 반대로 비행기에서는 질량 에너지 밀도가 부피 에너지 밀도보다 중요하다. 배터리가 가벼워야 이륙, 비행, 착륙의 모든 과정이 효율적이기 때문이다. 주기율표에 있는 원소들은 질량 에너지 밀도와 부피 에너지 밀도가 같지 않기 때문에, 보편적으로 이상적인 배터리를 만드는 것은 불가능하거나, 가능하더라도 무척 어렵다. 모든 목적에 맞는 규격이 존재하지 않고, 따라서 용도와 성능을 함께 고려해야 한다. 그렇다고 전기자동차나 전기비행기에 잘 맞는 배터리 물질을 개발해야만 사업성이 있는 것도 아니다. 극단적으로 추운 우주에서 작동하는 인공위성에 동력을 공급하는 데 가장 탁월한 배터리 물질을 만들 수도 있다.

리튬은 원자질량이 7로 무척 가벼운 덕분에 무게의 측면에서 유리하

• 에너지 밀도의 기준이 되는 특정 단위가 질량에 관한 것이라면 질량(당) 에너지 밀도라고, 부피에 관한 것이라면 부피(당) 에너지 밀도라고 부른다.

다. 비교하기 쉽게 예를 들면 내연기관의 점화에 사용되는 납축전지의 납은 원자질량이 207이고, 배터리의 미래를 이야기할 때 자주 언급되는 원소인 소듐은 23이다. 소듐 정도면 여전히 무척 가벼워서 배터리에 적합하지만, 그래도 리튬보다는 조금 무겁다. 소듐 이야기가 나온 김에, 왜 이 원소는 리튬보다 무거운데도 배터리의 미래로 꼽힐까. 소듐은 질량 에너지 밀도가 미미하게나마 낮으므로 아마 전기비행기용 배터리에는 적합하지 않을 것이다. 하지만 다른 요인들이 소듐을 주목하게 한다. 소듐은 리튬보다 저렴하고 어디에서나 찾을 수 있다(어쨌든 흔히 볼 수 있는 식용 소금의 재료 아닌가). 따라서 가격과 공급의 측면에서 높은 점수를 받는다.

높은 전압을 만드는 원소들을 선택하는 것도 중요하다. 전력은 전압에 전류를 곱한 것과 같다. 전기자동차를 멈춘 상태에서 100킬로미터로 가속하려면 순식간에 많은 전력을 뿜어내야 한다. 지금도 이미 전기자동차가 내연기관차보다 빠르게 가속한다. 함께 모였을 때 높은 전압을 만드는 원소들을 찾으려면 주기율표 대신 전위표**를 살펴보아야 한다. 이 표에서도 최대 4.5볼트의 전압을 만드는 리튬이 우선 눈에 띈다. 오래전에 개발된 납축전지의 납은 전압 2.1볼트를 채 못 만든다. 소듐은 최대 4.2볼트의 전압을 만들어 무척 훌륭하다.

** 전위(電位)란 전기적인 위치에너지를 의미한다. 높은 곳에 있는 물이 더 세차게 흐르듯이, 전위가 높을수록 전압이 세진다. 각 원소의 전위를 정리한 표가 전위표다.

주기율표에 숨은 미래 로드맵

배터리 용량은 전기화학적 활성 물질의 분자량과 패러데이상수 Faraday常數*를 활용하면 금방 계산할 수 있다. 책의 판매량은 그 책 안에 담긴 방정식의 수와 반비례하므로, 여기서 계산법을 설명하지는 않겠다. 하지만 상당히 간단하다.

배터리 용량은 사용 시간 동안 단위질량에 유지할 수 있는 전하의 수다. 물론 단박에 이해하기 어려울 것이다. 배터리의 성능을 측정하는 이 계산법은 시간과 전류, 질량을 모두 반영해 하나의 숫자로 요약하기 때문이다. 용량이라는 개념을 파악하려면, 각 요소를 나누어 보아야 한다. 먼저 시간과 전류의 관계를 살펴보자. 처음에 배터리에 같은 양의 전기를 저장하더라도 시간당, 또는 초나 분처럼 시간의 다른 단위당 흘러나오는 전류의 양이 얼마인지에 따라 배터리가 방전되는 데 얼마나 걸릴지가 달라진다. 따라서 어떤 전자 기기는 분명히 더 많은 전기를 저장해야 하고, 어떤 전자 기기는 그럴 필요가 없을 것이다. 스마트시계와 냉장고를 생각해 보라.

다음으로 시간당 전류를 측정해서 질량과 대조해 보아야 한다. 리튬

---

* 전자 1몰(mol)이 가진 전하량을 의미한다(1몰은 어떤 원자에 대해서든 6.02×10^{23}개다). 패러데이상수는 생산된 화학물질의 양과 소비된 전기에너지의 상관관계를 정확히 파악하기 위해 쓰인다.

에 대해서는 그램당 3860밀리암페어시milliamp-hours per gram, mAh/g^{••}라는 이론값을 얻게 된다. 실리콘과 황, 흑연의 값은 각각 그램당 4200밀리암페어시와 1670밀리암페어시, 370밀리암페어시다. 이렇게 구한 이론값을 실제와 비교하면 매우 큰 편이다. 리튬이나 황과 비교하면 얼마 되지 않아 보이는 흑연조차 현재의 최첨단 기술로도 이론값에 가까운 성능을 내지 못한다. 이론값에 가까워질 수 있다면 좋겠지만 이를 가로막는 요인이 아주 많다. 이런 제약을 극복하려는 싸움이 더 좋은 배터리, 미래의 배터리를 만든다.

전기화학의 아주 기초적인 내용만 이해해도 배터리를 발전시키기 위해 탐구해 볼 만한 방향들을 알게 된다는 것은 좋은 일이다. 예를 들어 리튬이 전기화학적으로 뛰어난 잠재력을 지니고 있고 가벼우며 이론값으로 확인되는 용량이 아주 크다는 사실을 알게 된다면, 흑연으로 만드는 음극재를 대신해 리튬으로 만드는 음극재를 상상해 볼 수 있다. 실리콘이나 황, 소듐에 관해서도 마찬가지다. 기초적인 화학과 물리학을 이해하면 이러한 원소들이 각각의 특성 덕분에 에너지 밀도가 더 높은 미래의 배터리에서 알맞은 자리를 찾아낼 것임을 알게 된다.

아주 복잡하지 않은 방정식 한 무리가 미래를 위한 상세한 로드맵을 제공한다는 깨달음은 그 자체로 아름답다. 우리는 리튬메탈을 음극재

•• 암페어는 전류의 세기를 나타내는 단위로, 1암페어는 1000밀리암페어다. 스마트폰의 배터리 용량을 보통 밀리암페어로 표시한다.

로, 황을 양극재로 사용하는 리튬 황 배터리*에서는 이론적으로 킬로그램당 2000와트시의 에너지 밀도를 얻을 수 있다는 것을 알고, 리튬 산소 배터리**의 에너지 밀도는 킬로그램당 3000와트시에 달한다는 것도 안다. '이론적'이라는 말은 현실에서는 리튬 황 배터리의 에너지 밀도가 절대 킬로그램당 2000와트시에 도달하지 못한다는 뜻이다. 하지만 리튬 황 배터리를 개발하고 상업화할 방법을 찾으면 이론값의 근처는 노릴 수 있을 테다. 우리가 얼마나 근접할 수 있을지는 알 수 없다. 실은 현재 개발 중인 리튬 황 배터리가 (열화되기 전 가능한 충전과 방전의 수를 의미하는) 순환성cyclability의 측면에서 대량 유통될 만한 수준에 도달할 수 있을지조차 알 수 없다. 하지만 많은 기업이 언젠가는 가능하리라는 믿음 속에 연구를 지속하고 있다.

킬로와트시당 100달러

지금까지 우리는 배터리 세계에서 무엇을 상상할 수 있을지 살펴보

---

* 가격이 싼 황으로 양극재를 만들기 때문에 저렴하다. 또한 에너지 밀도가 리튬 이온 배터리의 두 배에 달한다. 이런 장점 때문에 전기비행기에 쓰일 것으로 주목되는 차세대 배터리다.
** 리튬을 음극재로, 산소를 양극재로 사용하는 배터리다. 산소를 쓰기 때문에 매우 저렴하고 가벼우며 에너지 밀도가 리튬 이온 배터리의 10배에 달한다. 하지만 발전 과정에서 만들어지는 활성산소가 각종 화학작용을 일으켜, 배터리 용량이 점점 줄어드는 단점이 있다.

며, 에너지 밀도의 각종 이론값을 마주했다. 이 숫자들이 얼마나 대단한 지 알아야 한다. 테슬라 모델 3의 배터리는 셀 수준의 에너지 밀도가 킬로그램당 250와트시에서 260와트시 사이다. 그런데 머스크는 2020년 트위터에 올린 한 글에서 3~4년 안에 시장에서 킬로그램당 400와트시의 에너지 밀도를 보게 될 것이라고 예고했다.[32] 2017년 세계 유수의 대학과 연구소가 모여 출범한 '배터리500Battery500 컨소시엄'은 이름 그대로 에너지 밀도가 킬로그램당 500와트시인 셀을 만드는 게 목표다.[33]

에너지 밀도를 다룰 때는 두 가지 중요한 사실을 이해하고 있어야 한다. 첫 번째는 에너지 밀도를 측정하는 방식이다. 왜 '와트시'일까. 가장 쉬운 이해는 자동차에 비유하는 것이다. 물리학에서 에너지는 힘과 시간의 곱이다. 이때 '와트'는 힘의 단위고, '시'는 힘이 작용한 시간의 단위다. 자동차 한 대가 일정한 거리, 예를 들어 100킬로미터를 이동한다고 생각해 보자. 얼마나 속력을 내는지에 따라, 바꿔 말하면 얼마나 많은 힘을 사용하느냐에 따라 100킬로미터를 이동하는 데 걸리는 시간이 결정된다. 배터리의 경우에는 거리를 시간으로, 속력을 힘으로 바꿔 생각하면 한다. 에너지 밀도가 킬로그램당 100와트시인 1킬로그램짜리 셀을 전력 소비량이 100와트인 냉장고와 연결하면, 셀의 에너지로 냉장고에 한 시간 동안 전력을 공급할 수 있다. 셀의 무게가 2킬로그램이라면 냉장고를 두 시간 동안 가동할 수 있다. 에너지 효율이 더 높거나 더 나쁜 냉장고라면, 예를 들어 전력 소비량이 200와트인 냉장고라면 1킬로그램짜리 셀로는 전력을 30분밖에 공급할 수 없다.

두 번째는 배터리 세계에서는 항상 셀 하나나 배터리 하나 단위로 에너지 밀도를 이야기한다는 것이다. 전기자동차에 전력을 공급하는 배터리는 수천 개의 셀로 구성된다. 일반적인 에너지 밀도는 개별 셀 수준에서 단위질량당, 또는 단위부피당 에너지를 측정한 것이므로 배터리 수준에서 측정되는 것보다 항상 더 크다. 배터리는 상당한 무게와 부피를 더하는 각종 연결 장치와 전선, 감지기, 냉각 기기를 포함하기 때문이다. 전선과 감지기 같은 요소에는 에너지가 저장되지 않으므로 배터리 성능에는 이바지하지 못하고 무게와 부피만 늘릴 뿐이다. 바꿔 말해 저장하는 에너지의 양에는 영향을 미치지 않는 무게와 부피여서 에너지 밀도를 떨어뜨린다. 셀 수준의 에너지 밀도와 배터리 수준의 에너지 밀도를 비교해 볼 예로, 앞서 언급했던 테슬라의 모델 3를 살펴보자. 이 전기자동차의 배터리를 구성하는 각 셀의 에너지 밀도는 킬로그램당 약 260킬로와트시고, 전체 배터리의 에너지 밀도는 킬로그램당 약 160와트시로, 킬로그램당 100와트시의 차이가 난다.[34]

셀에서 배터리로 가면서 에너지 밀도는 감소하지만, 킬로와트시당 달러로 측정되는 가격은 높아진다. 1킬로와트시는 1000와트시와 같다. 이 책에서는 지금까지 통상적인 표현대로 에너지 밀도를 와트시로 표현했다. 배터리 가격 또한 수천 와트시당 달러, 또는 킬로와트시당 달러로 이야기된다. 셀에서 배터리로 가면서 가격이 상승하는 것은 논리적이다. 배터리 가격을 책정할 때는 그 구성 요소들, 즉 앞서 언급했던 연결 장치, 전선, 감지기 등의 가격을 반영해야 한다. 반면 셀 수준에서는 셀 자체만 있을 뿐이다. 배터리 가격은 생산 업체에 따라 천차만별인데, 배터리에 어떤 화학물질을 사용했는지, 이 화학물질의 재료가 무엇인지에 따라 크게 달라진다. 양극재에 코발트와 니켈처럼 비싼 물질을 많이 사용할수록 가격이 올라가고, 인산철처럼 저렴한 물질을 사용할수록 가격이 내려간다.

배터리의 미래를 이야기할 때면, 우리가 오랫동안 전기자동차 배터리의 가격을 (배터리 수준에서) 킬로와트시당 100달러 이하로 유지하는 것을 목표로 삼아왔다는 사실을 고려해야 한다. 리튬을 이용한 일부 양극재(가령 LFP)에서는 이런 목표가 달성되었으나,[35] 니켈을 이용한 양극재의 경우 가장 뛰어난 성능을 내는 배터리의 가격이 킬로와트시당 150달러 근처에 머물러 있다. 킬로와트시당 100달러라는 목표는 무척 중요하다. 이러한 가격대를 유지해야만 전기자동차가 내연기관차에 비해 경쟁력을 갖출 수 있다고 믿는 이들이 많기 때문이다.[36]

리튬을 대체할 수 있을까

지금까지는 기초과학의 수준에서 어떻게 해야 더 좋은 배터리를 만들 수 있는지 알아보았다. 이제는 더 깊숙이 들어가 개별 요소가 기능하는 방식과 그것을 더 좋게 만들 방법을 살펴볼 것이다. 앞서 언급했듯이 핵심은 양극재와 음극재, 전해질이다. 양극재와 음극재에는 모두 리튬

이 들어가는데, 전해질에 리튬을 활용할 방법도 찾고 있다.

양극재는 무척 흥미로운 구조를 띠는데, (모두를 하나로 묶는 접착제인) 고분자 바인더, (전기 전도성을 높이는) 카본블랙 carbon black* 그리고 가장 중요한 요소인 산소층으로 구성된다. 전자현미경으로 산소층을 확대해 보면 중간중간 빈 곳, 또는 틈이 있는 결정구조를 관찰할 수 있다. 이 비어 있는 공간으로 리튬 이온이 오간다. 리튬 이온은 배터리가 충전되는 동안 양극재의 결정구조를 벗어나고, 방전되는 동안 돌아온다. 어떤 양극재를 쓰는지에 따라 결정구조가 달라진다. LFP 양극재는 감람석형 구조 olivine structure를 가진다. 상상력을 심하게 발휘해 설명하자면, 구불구불하고 밀집된 가지 사이사이로 리튬 이온들이 숨어 있는 올리브나무와 비슷한 모양이다. NMC 양극재와 NCA 양극재는 벽을 따라 층층이 쌓인 책장 같은 계층구조 layered structure인데, 책 대신 리튬 이온들이 들어 있다.

나노 수준에서 살펴보고 있지만, 물리학의 기본 법칙, 즉 (과감하게 표현해서) 상식이 그대로 통용된다. 전기자동차의 배터리는 빠르게 충전되었다가 가속페달을 밟을 때 빠르게 방전되어야 하므로, 리튬 이온 또한 결정구조를 재빨리 떠났다가 재빨리 돌아와야 한다. 따라서 배터리가 더 빨리 충전되도록 하려면 리튬 이온이 결정구조 안으로 진입하는 경로를 가능한 한 짧게 만들고, 또 장애물을 제거해야 한다. 배터리

• 미세한 탄소 분말로, 쉽게 말해 그을음이다.

가 충전되고 방전될 때마다 리튬 이온이 수천 번씩 들락날락하므로, 팽창과 수축을 반복하는 결정구조를 튼튼하게 만드는 것도 중요하다. 따라서 양극재에 처음 리튬을 투입할 때는 결정구조가 팽창할 것이라고 예상하는 것이 합리적이다. 물론 음극재에서도 마찬가지다. 이 모든 과정이 무척 빠르게 그리고 극도로 미세한 규모로 일어난다. 우리는 배터리를 안정적이고 고정적인 물체로 본다. 하지만 마치 살아 있는 유기체가 산소를 들이쉬고 내뱉는 것처럼, 배터리 또한 호흡하듯 내부에서 화학반응이 끊이지 않고, 양극재와 음극재는 팽창하고 수축한다.

이 과정이 곧 배터리의 미래를 규정하므로 아주 중요하다. 배터리의 에너지 밀도를 더 높이려면 양극재와 음극재에 더 많은 리튬을 저장해야 한다. 언뜻 듣기에는 쉬울 듯하다. 기초적인 전기화학 지식을 바탕으로 만들어 본 로드맵으로 돌아가 보자. 예를 들어 우리는 황으로 양극재를 만들 수 있을 것이다. 황은 저렴하고 풍부한 물질이므로 가격을 낮출 수 있고, 가장 최적화된 NCM 양극재보다 더 많은 리튬을 저장할 수 있으므로 에너지 밀도를 높일 수 있다. 그런데 왜 황으로 양극재를 만들지 않을까.

실험실에서 그런 배터리를 만들어 볼 수는 있다. 하지만 배터리를 충전하고 방전시켜 보면 황 기반의 양극재가 전해질을 너무 많이 흡수하는 것을 관찰할 수 있을 것이다. 따라서 몇 번의 주기만 지나도 전해질이 말라버려 배터리가 작동을 멈춘다. 이론적으로는 거대한 전해질 저장소를 만들어 이 배터리가 계속 작동하도록 할 수 있을지 모른다. 하지만 그러면 배터리가 거대해지므로 단위질량당, 또 단위부피당 에너지 밀도를 높인다는 원래의 목적에 맞지 않는다. 전해질 문제를 해결할 수 있다고, 천재들이 연구실에 모여 머리를 쥐어짜면 분명히 언젠가는 답을 찾아낼 수 있다고 생각하는가. 물론 언젠가는 그럴 수도 있겠다. 하지만 이 문제는 몇십 년 전에 알려졌고, 지금까지 아무도 해결하지 못했다. 게다가 양극재에 더 많은 리튬을 저장하면, 음극재 또한 추가된 만큼의 리튬을 더 받아들일 수 있는지도 확인해야 한다.

아킬레스의 발뒤꿈치와 전고체 배터리

음극재에는 흑연을 대체할 만한 강력한 후보가 둘 있다. 이들도 화학과 물리학의 기본 지식을 바탕으로 짜인 로드맵에서 나왔다. 바로 실리콘과 리튬이다. 하지만 현실에서 두 원소는 모두 난관을 선사한다. 배터리가 호흡할 때 흑연으로 만든 보통의 음극재는 리튬을 받아들여 5퍼센트 정도 팽창한다. 실리콘은 300퍼센트에서 400퍼센트까지 팽창할 것이다.[37] 그런데 에너지 밀도를 높이려면 배터리를 빈틈없이 포장해야 한다. 그러한 폐쇄 시스템에서 어느 요소가 서너 배까지 팽창하면 터질 게 분명하다. 간단하게 해결할 수 있는 문제처럼 보이지만, 몇 년째 실마리를 찾지 못하고 있다. 해결책으로 제안된 방법 중 하나는 실리콘으로 음극재를 만드는 대신, 첨가제로만 쓰는 것이다. 흑연의 경우 탄소 원자 6개가 리튬 이온 하나를 받아들이지만, 실리콘의 경우 탄소 원자 5개가 리튬 이온 22개를 받아들인다. 따라서 흑연 기반의 기존 음극재에 실리콘을 10퍼센트만 추가하면 팽창하는 정도를 통제하면서도 용량을 획기적으로 증가시킬 수 있다.[38]

리튬메탈로 음극재를 만든 시도도 흥미롭다. 2019년 노벨화학상을 받은 스탠리 휘팅엄Stanley Whittingham이 1970년대에 개발한 충전 가능한 최초의 리튬 이온 배터리는 리튬메탈을 음극재로 사용했다. 하지만 이 기술의 특허를 양도받은 엑손Exxon은 성능과 안전성이 떨어진다는 이유로 그 배터리를 상업화하지 않았다.[39] 최초의 리튬 이온 배터리가 석유 기업의 손에 떨어졌다는 사실은 매우 역설적이다. 배터리 혁명의 주춧돌이었으나 이후 외면당한 이 기술이 엄청난 잠재력을 품고 있다는 사실도 역설적이다. 이후 연구자들은 음극재로 리튬메탈을 사용할 때보다 에너지 밀도가 몇 배 감소하기는 해도, 흑연이 더 실용적인 대안이라는 사실을 알아냈다.

그렇다면 리튬메탈로 음극재를 만들면 어떤 문제가 발생할까. 이제 덴드라이트dendrite를 무대 위로 올릴 시간이다. 전자현미경으로 보면 덴드라이트는 음극재의 고른 표면에서 뻗어 나온 가시덤불 같다. 덴드라이트가 높이 자라면 전해질에 잠겨 있는 세퍼레이터separator를 찌른다. 세퍼레이터는 리튬 이온은 통과시키지만, 전자는 막는 다공성 고분자 분리막이다. (전자는 전선 등을 따라 배터리 외부로 흘러야 한다.) 따라서 세퍼레이터가 뚫리면 합선이 발생하고, 전자들이 의도대로 흐르지 않기 시작하며, 배터리가 과열되고, 산소가 방출되기 시작한다. 결국 화재나 폭발로 이어진다.

덴드라이트의 성장을 막기 위한 첫 번째 아이디어는 단단한 고체 전해질을 도입하는 것이었다. 이는 꽤 논리적인데, 리튬메탈은 매우 부드러워서 일반적인 금속보다는 점토에 가깝기 때문이다. 참고로 리튬메탈이 고체 상태라고 해서 탄산리튬이나 수산화리튬, 스포듀민 농축물과 혼동하면 안 된다. 리튬메탈은 지나칠 정도로 반응성이 뛰어나고, 무척 가볍다. 만약 한 조각을 물에 넣으면 수면으로 떠오른 뒤 폭발할 것이다.

오늘날 리튬 이온 배터리에 들어가는 전해질은 액체인데, 유기용제와 리튬염, 각 요소의 바람직한 특성을 강화하는 첨가물로 구성된다. 이 화합물은 인화성이 대단히 강하지만, 이상적인 전해질에 요구되는 특성을 고루 만족하기에 비교적 높은 점수를 받는다. 이온전도도ionic conductivity•가 높고 전자는 전달하지 않으며, 양극재와 음극재에 반응하지 않고 높은 전압을 잘 견디며, 가격이 저렴하고 안전하다. 사실 안전성은 오늘날 사용되는 각종 전해질의 가장 취약한 부분으로, 아킬레스의 발뒤꿈치처럼 배터리 전체를 위험에 빠뜨릴 수 있다.

따라서 전고체 배터리를 개발하려는 동기는 두 가지로 나눠볼 수 있

• 어떤 물질의 이온전도 정도를 나타내는 척도다. 이온전도는 이온이 움직이며 발생시키는 전기전도, 즉 전류다.

다. 리튬 기반의 음극재에서 피어나는 덴드라이트의 성장을 억제하고, 배터리의 안전성을 전반적으로 향상하기 위해서다. 고체 전해질로는 리튬 이온에 대해 높은 전도도를 보이는 세라믹 화합물이 가장 많이 거론된다.

놀랍지만 이러한 아이디어도 덴드라이트의 성장을 막는 데는 실패했다. 리튬처럼 부드러운 금속이 유리만큼 단단한 세라믹 화합물을 파괴한다고 하면 직관적으로 이해되지 않겠지만, 정확히 그런 일이 일어난다. 하지만 우리 모두 '쉬지 않고 떨어지는 물방울은 바위를 뚫는다'는 격언을 알고 있지 않나. 덴드라이트가 바로 그런 일을 해낸다. 부드럽긴 하지만 엄청난 압력을 가해서 고체 전해질인 세라믹 화합물을 깨뜨린다.

배터리의 황금기

전고체 배터리를 조명하는 언론 보도를 접할 때는 고체 전해질을 리튬 기반의 음극재와 함께 사용하는 배터리인지, 아니면 고체 전해질만 사용하는 배터리인지 확인해야 한다. 어떤 이유에서인지 배터리 산업을 관찰하는 이들은 전고체 배터리를 리튬메탈 배터리와 동일시하는 경향이 있는데, 둘은 완전히 다른 개념이다. 충전할 수 있는 전고체 배터리의 상용화는 엄청난 성취가 될 것이다. 배터리의 안전성을 매우 높이기 때문이다. 사실 사고율이 100만분의 몇으로 추정된다는 점에서 지금의 리튬 이온 배터리는 이미 안전하다. 강력한 품질 관리에 더해 실시간으로 모니터링하고 제어하는 정교한 배터리 관리 시스템도 존재한다. 하지만 여전히 배터리 안에 불이 잘 붙는 액체가 존재하기 때문에 잠재적 위험이 있다. 고체 전해질만으로는 배터리의 에너지 밀도를 높일 수 없다는 것도 기억해야 한다. 향상된 음극재와 양극재가 함께하는 전고체 배터리만이 에너지 밀도를 높일 수 있다.

우리는 배터리의 황금기를 살고 있다. 알레산드로 볼타Alessandro Volta가 구리판과 아연판 사이에 염수에 적신 판지를 끼워 만든 최초의 전지에서 시작해 어떻게든 여기까지 왔다. 사실 볼타의 1799년 발명품은 거시적 관점에서 현대의 배터리와 크게 다르지 않다. 최초의 전지는 나폴레옹을 매혹했고 감동한 프랑스 황제는 볼타와 관계를 이어가며 백작 작위까지 주었다. 이렇게 배터리의 역사는 전기電氣 시대의 역사와 불가분의 관계다. 무엇보다 루이지 알로이시오 갈바니Luigi Aloisio Galvani의 동물 전기 이론*에 반기를 든 이가 바로 볼타였다.

지난 30년 동안 인류가 리튬 이온의 화학반응을 발견하고 집중적으로 연구하면서 배터리도 획기적으로 발전했다. 컴퓨터와 각종 전자 기기의 출현은 배터리의 기존 한계를 넘어서게 하는 최초의 추동력으로 작용했다. 그리고 기후변화와 환경보호에 대한 인식이 높아지면서, 또

---

* 동물의 몸에서 자체적으로 전기가 발생한다는 이론이다.

쓸 만한 데다가 매력적이기까지 한 전기자동차를 만드는 회사들이 등장하면서 배터리에 대한 요구는 계속해서 커지고 있다. 앞으로는 전기 비행기의 꿈이 배터리 기술 발전의 원동력이 되어줄 것이다. 역사를 통틀어 지금처럼 배터리 분야에 많은 인재와 자본이 투입된 적은 없었다. 그래도 밝은 초록빛 미래로 이어질 꿈들을 모두 실현하려면 계속 전기화를 추구하면서 열심히 노력해야 한다.

감사의 말

리튬과 배터리처럼 특수한 주제에 관한 책을 쓴다고 해도 해당 분야를 앞서간 거인들의 어깨를 딛고 일어설 수밖에 없다. 빅토르 코프레Víctor Cofré, 조 라우리Joe Lowry, 저드 C. 킨즐리Judd C. Kinzley 위스콘신대학교 교수, 옛밍 창Yet-Ming Chiang 매사추세츠공과대학교 교수, 잉 셜리 멩Ying Shirley Meng 시카고대학교 교수를 비롯한 수많은 전문가와 기자, 학자의 연구와 발표물 덕분에 이 책을 쓸 수 있었다.

라우리는 제일 먼저 리튬 산업을 대중에게 알리고 그 역사를 기록해왔다. 이 책뿐 아니라 리튬 산업에 대한 나의 이해도 그가 해온 작업의 혜택을 받았다. 코프레가 펴낸 폰세 레로우의 전기는 칠레 리튬 산업의 역사를 이해하는 데 중요한 단서가 되었다. 신장 지역에 관한 킨즐리 교수의 작업은 대단히 새롭고 놀라웠으며 이 지역의 지하자원 산업이 어떻게 발달했는지 역사적 맥락에서 파악할 수 있게 해주었다. 창 교수와 맹 교수의 강의는 전기화학이나 나노공학 분야의 박사학위가 없는 내가 배터리의 작동 방식을 이해하는 데 굉장한 도움을 주었다.

또한 이런 주제에 관한 책이 필요하다는 것을 알아보고 내게 이 책을 쓸 기회를 주었으며 첫 책을 쓰는 저자를 신뢰해 준 발행인 마이클 드와이어Michael Dwyer에게 감사하고 싶다. 내 원고를 편집해 준 편집자 마렌 마인하트Maren Meinhardt의 인내심에도 감사를 표한다.

집필 초기에 각 장의 초안을 수정할 수 있게 도와준 소피 길레스피Sophie Gillespie에게도 고마움을 전하고 싶다. 마지막으로 모든 작가의 바람대로 늘 상대에게 호응하는 에이전트이자, 내가 더 나은 논픽션 작가가 되도록 한결같이 도와주는 존 커즌Jon Curzon에게 감사한다.

주

머리말

1 Biello, D., 2010. *Where Did the Carter White House's Solar Panels Go?* [online] Scientific American. Available at: 〈https://www.scientificamerican.com/article/carter-white-house-solar-panel-array/〉 [Accessed 10 March 2021].

2 Ridley, M., 2017. *Amara's Law.* [online] Rationaloptimist.com. Available at: 〈https://www.rationaloptimist.com/blog/amaras-law/〉 [Accessed 10 March 2021].

3 KAH, M., 2019. *Columbia | SIPA Center on Global Energy Policy | Electric Vehicle Penetration and Its Impact On Global Oil Demand: A Survey of 2019 Forecast Trends.* [online] Energypolicy. columbia.edu. Available at: 〈https://www.energypolicy.columbia.edu/research/report/electric-vehicle-penetration-and-its-impact-global-oil-demand-survey-2019-forecast-trends〉 [Accessed 25 March 2021].

4 Maugouber, D. and Doherty, D., 2019. *Three Shifts in Road Transport That Threaten to Disrupt Oil Demand | BloombergNEF.* [online] BloombergNEF. Available at: 〈https://about.bnef.com/blog/three-drivers-curbing-oil-demand-road-transport/〉 [Accessed 25 March 2021].

5 Vorrath, S., 2020. *"New normal" for electric vehicle range will be 500km, says Musk.* [online] The Driven. Available at: 〈https://thedriven.io/2020/07/23/new-normal-for-electric-vehicle-range-will-be-500km-says-musk/〉 [Accessed 25 March 2021].

6 Isdp.eu. 2018. *Made in China 2025 backgrounder.* [online] Available at: 〈https://isdp.eu/content/uploads/2018/06/Made-in-China-Backgrounder.pdf〉 [Accessed 25 March 2021].

7 Team, T., 2016. *Volkswagen's Strategy 2025 Focuses On A Greener Future For The Company.* [online] Forbes. Available at: 〈https://www.forbes.com/sites/greatspeculations/2016/06/21/volkswagens-strategy-2025-focuses-on-a-greener-future-for-the-company/?sh=32b58 6735ffc〉 [Accessed 10 March 2021].

8 Jaskula, B., 2015. *Mineral Commodities Summaries 2015—Lithium.* [online] S3-us-west-2. amazonaws.com. Available at: 〈https://s3-us-west-2.amazonaws.com/prd-wret/assets/

palladium/production/mineral-pubs/lithium/mcs-2015-lithi.pdf⟩ [Accessed 25 March 2021].

9   Pillot, C., 2016. *The Rechargable Battery Market & Main Trends 2015-25.* [online] Nextmove.fr. Available at: ⟨https://nextmove.fr/wp-content/uploads/2016/09/7.-C.-PILLOT-Avicienne-Energy-Evolution-du-march%C3%A9-mondial-des-batteries-pour-l%E2%80%99%C3%A9lectromobilit%C3%A9-Pl%C3%A9ni%C3%A8re-Moveo-VE_ Mythes_et_R%C3%A9alit%C3%A9s.pdf⟩ [Accessed 25 March 2021].

10   Okubo, M., 2019. *Creating a future energy world on the foundation of technology and innovation.* [online] The Japan Times. Available at: ⟨https://www.japantimes.co.jp/country-report/2019/06/28/north-rhine-westphalia-report-2019/creating-future-energy-world-foundation-technology-innovation/⟩ [Accessed 25 March 2021].

11   Sony.net. 2020. *Sony.* [online] Available at: ⟨https://www.sony.net/SonyInfo/csr/SonyEnvironment/initiatives/pdf/2015_Chargeyour Emotion.pdf⟩ [Accessed 25 March 2021].

12   Yuanyuan, L., 2020. *China installed more than 1000 EV charging stations per day in 2019— Renewable Energy World.* [online] Renewable Energy World. Available at: ⟨https://www.renewableenergyworld.com/storage/china-installed-more-than-1000-ev-charging-stations-per-day-in-2019/#gref⟩ [Accessed 10 March 2021].

13   Ambrose, H., 2020. *How Long Will My EV Battery Last? (and 3 Tips to Help it Last Longer).* [online] Union of Concerned Scientists. Available at: ⟨https://blog.ucsusa.org/hanjiro-ambrose/how-long-will-my-ev-battery-last-and-3-tips-to-help-it-last-longer⟩ [Accessed 25 March 2021].

14   Yu, J., Che, J., Omura, M. and B. Serro, K., 2011. Emerging Issues on Urban Mining in Automobile Recycling: Outlook on Resource Recycling in East Asia. *Integrated Waste Management—Volume II.*

1장 메이드 인 차이나

1   Chinadaily.com.cn. 2012. *Xi highlights national goal of rejuvenation—China.* [online] Available at: ⟨https://www.chinadaily.com.cn/china/2012-11/30/content_15972687.htm⟩ [Accessed 9 March 2021].

2   Moshinsky, B., 2015. *Here's why China mentioned the word 'innovation' 71 times after a meeting to decide its 5-year plan.* [online] Business Insider. Available at: ⟨https://www.businessinsider.com/chinese-government-said-innovation-71-times-after-a-meeting-to-decide-its-5-year-plan-2015-11?r=US&IR=T⟩ [Accessed 9 March 2021].

3   Isdp.eu. 2018. *Made in China 2025 backgrounder.* [online] Available at: ⟨https://isdp.eu/

content/uploads/2018/06/Made-in-China-Backgrounder.pdf⟩ [Accessed 25 March 2021].

4   Bremner, R., 2018. *The world's first plug-in hybrid car—and why it failed—Retro Motor.* [online] The world's first plug-in hybrid car—and why it failed. Available at: ⟨https://www.retromotor.co.uk/great-motoring-disasters/2011-chevrolet-volt/⟩ [Accessed 26 March 2021].

5   DiNucci, M., 2017. *The Complete Guide to Charging the Chevy Volt.* [online] ChargePoint. Available at: ⟨https://www.chargepoint.com/blog/complete-guide-charging-chevy-volt/⟩ [Accessed 26 March 2021].

6   AAA Foundation. 2019. *American Driving Survey 2014-2017.* [online] Available at: ⟨https://aaafoundation.org/american-driving-survey-2014-2017/#:~:text=Key%20 Findings,miles%2C%20in%202016%20and%20 2017.⟩ [Accessed 10 March 2021].

7   Collins, G. and Erickson, A., 2011. *Electric Bikes are China's Real Electric Vehicle Story | China SignPost™.* [online] Chinasignpost.com. Available at: ⟨https://www.chinasignpost.com/2011/11/07/electric-bikes-are-chinas-real-electric-vehicle-story/⟩ [Accessed 9 March 2021].

8   Song Meanings and Facts. 2018. *Meaning of "Nine Million Bicycles" by Katie Melua—Song Meanings and Facts.* [online] Available at: ⟨https://www.songmeaningsandfacts.com/meaning-of-nine-million-bicycles-by-katie-melua/⟩ [Accessed 10 March 2021].

9   Yang, C., n.d. *Launching Strategy for Electric Vehicles: Lessons from China and Taiwan.* [online] Web.archive.org. Available at: ⟨https://web.archive.org/web/20100331153729/http://www.duke.edu/~cy42/EV.pdf⟩ [Accessed 26 March 2021].

10   Mann, J., 1997. *Beijing Jeep: A Case Study Of Western Business In China.* Westview Press, p. 149.

11   Harwit, E., 2001. The Impact of WTO Membership on the Automobile Industry in China. *The China Quarterly,* 167.

12   Mann, J., 1997. *Beijing Jeep: A Case Study Of Western Business In China.* Westview Press, pp. 151-152.

13   Bradsher, K., 2020. *How China Obtains American Trade Secrets (Published 2020).* [online] Nytimes.com. Available at: ⟨https://www.nytimes.com/2020/01/15/business/china-technology-transfer.html?auth=login-facebook⟩ [Accessed 9 March 2021].

14   Bloomberg.com. 2020. *The Solar-Powered Future Is Being Assembled in China.* [online] Available at: ⟨https://www.bloomberg.com/features/2020-china-solar-giant-longi/?sref=TtblOutp⟩ [Accessed 26 March 2021].

15   Hanada, Y., 2019. *China's solar panel makers top global field but challenges loom.* [online] Nikkei Asia. Available at: ⟨https://asia.nikkei.com/Business/Business-trends/China-s-solar-panel-makers-top-global-field-but-challenges-loom⟩ [Accessed 26 March 2021].

16   Tabeta, S., 2017. *Changan Auto sells 3m cars in record year.* [online] Nikkei Asia. Available at: 〈https://asia.nikkei.com/Spotlight/Auto-Industry-Upheaval2/Changan-Auto-sells-3m-cars-in-record-year〉 [Accessed 26 March 2021].

17   Dixon, T., 2017. *Changan Automobile aims to end sales of traditional fuel vehicles by 2025 and invest 100 billion Yuan (15 Billion USD) into electrification.* [online] EV Obsession. Available at: 〈https://evobsession.com/changan-automobile-aims-end-sales-traditional-fuel-vehicles-2025-invest-100-billion-yuan-15-billion-usd-electrification/〉 [Accessed 26 March 2021].

18   Qiao, Y., 2010. *Milestone merger reshapes Suzuki.* [online] Chinadaily.com.cn. Available at: 〈http://www.chinadaily.com.cn/bizchina/2010-03/29/content_9655056.htm〉 [Accessed 26 March 2021].

19   Reuters.com. 2009. *UPDATE 2-Changan Auto claims China's No. 3 spot with AVIC deal.* [online] Available at: 〈https://www.reuters.com/article/changan-avic-idUSSHA28311020091110〉 [Accessed 26 March 2021].

20   Duff, M., 2019. *Year of the underdog: Geely's rise from obscurity to the top | Autocar.* [online] Autocar. Available at: 〈https://www.autocar.co.uk/car-news/features/year-underdog-geelys-rise-obscurity-top〉 [Accessed 26 March 2021].

21   Chang, C., 2009. Developmental Strategies in a Global Economy: The Unexpected Emergence of China's Indigenous Auto Industry. *APSA 2009 Toronto Meeting Paper.*

22   Fairclough, G., 2007. *In China, Chery AutomobileDrives an Industry Shift.* [online] Wall Street Journal. Available at: 〈https://www.wsj.com/articles/SB119671314593812115〉 [Accessed 26 March 2021].

23   Li, L., 2005. *GM Daewoo files suit against Chery.* [online] Chinadaily.com.cn. Available at: 〈http://www.chinadaily.com.cn/english/doc/200505/09/content_440334.htm〉 [Accessed 10 March 2021].

24   China National Administration of GNSS and Applications (CNAGA). 2019. *Chen Fangyun, a Man of Great Merit for China's Nuclear Bomb, Missile and Satellite Undertaking: Work Selflessly for the Prosperity of My Motherland.* [online] Available at: 〈http://en.beidouchina.org.cn/c/1356.html〉 [Accessed 30 March 2021].

25   Sigurdson, J. and Jiang, J., 2007. *Technological superpower China.* Cheltenham, UK: Edward Elgar, p. 43.

26   Ie.china-embassy.org. n.d. *HIGH TECH RESEARCH AND DEVELOPMENT (863) PROGRAMME.* [online] Available at: 〈http://ie.china-embassy.org/eng/ScienceTech/ScienceandTechnology DevelopmentProgrammes/t112844.htm〉 [Accessed 9 March 2021].

27   Gewirtz, J., 2019. 'The Futurists of Beijing: Alvin Toffler, Zhao Ziyang, and China's "New

Technological Revolution," 1979-1991'. *The Journal of Asian Studies*, 78(1), pp. 115-140.

28   Innovationpolicyplatform.org. n.d. *SYSTEM INNOVATION: CASE STUDIES: CHINA— The Case of Electric Vehicles.* [online] Available at: ⟨http://www.innovationpolicyplatform.org/ www.innovationpolicyplatform.org/system/files/CHINA%20-%20The%20Case%20of%20 Electric%20Vehicles-%20IPP_0/index.pdf⟩ [Accessed 30 March 2021].

29   Marsters, P., 2009. *Electric Cars: The Drive for a Sustainable Solution in China.* [online] Wilson Center. Available at: ⟨https://www.wilsoncenter.org/publication/electric-cars-the-drive-for- sustainable-solution-china⟩ [Accessed 30 March 2021].

30   Marquis, C., Zhang, H. and Zhou, L., 2013. *China's quest to adopt electric vehicles.* [online] Hbs.edu. Available at: ⟨https://www.hbs.edu/ris/Publication%20Files/Electric%20 Vehicles_89176bc1-1aee-4c6e-829f-bd426beaf5d3.pdf⟩ [Accessed 9 March 2021].

31   Zhang, Z., 2020. *China's 46 New Cross-Border E-Commerce Zones: A Brief Primer.* [online] China Briefing News. Available at: ⟨https://www.china-briefing.com/news/china-unveils- 46-new-cross-border-e-commerce-zones-incentives-foreign-investors-faqs/⟩ [Accessed 10 March 2021].

32   Marquis, C., Zhang, H. and Zhou, L., 2013. *China's quest to adopt electric vehicles.* [online] Hbs.edu. Available at: ⟨https://www.hbs.edu/ris/Publication%20Files/Electric%20 Vehicles_89176bc1-1aee-4c6e-829f-bd426beaf5d3.pdf⟩ [Accessed 9 March 2021].

33   Yang, Y., 2020. *New energy vehicles comprise 60% of 2020 Beijing quota.* [online] Chinadaily.com.cn. Available at: ⟨http://www.chinadaily.com.cn/a/202002/07/ WS5e3d1667a310128217275d49.html#:~:text=This%20year's%20annual%20city%20 quota,small%20passenger%20vehicle%20quota%20announced.⟩ [Accessed 10 March 2021].

34   BloombergNEF. 2020. *Battery Pack Prices Cited Below $100/kWh for the First Time in 2020, While Market Average Sits at $137/kWh | BloombergNEF.* [online] Available at: ⟨https://about. bnef.com/blog/battery-pack-prices-cited-below-100-kwh-for-the-first-time-in-2020- while-market-average-sits-at-137-kwh/⟩ [Accessed 30 March 2021].

35   Marquis, C., Zhang, H. and Zhou, L., 2013. *China's quest to adopt electric vehicles.* [online] Hbs.edu. Available at: ⟨https://www.hbs.edu/ris/Publication%20Files/Electric%20 Vehicles_89176bc1-1aee-4c6e-829f-bd426beaf5d3.pdf⟩ [Accessed 9 March 2021].

36   Innermongolia.chinadaily.com.cn. 2018. *Hohhot opens first EV charging station.* [online] Available at: ⟨http://innermongolia.chinadaily.com.cn/2018-02/09/c_140989.htm⟩ [Accessed 30 March 2021].

1   Pigato, M., Black, S., Dussaux, D., Mao, Z., McKenna, M., Rafaty, R. and Touboul, S., 2020. *Technology Transfer and Innovation for Low-Carbon Development*. Washington, DC, USA: World Bank Group Publications, pp. 101-103.

2   Wang, H. and Kimble, C., 2010. 'Betting on Chinese electric cars?; analysing BYD's capacity for innovation'. *International Journal of Automotive Technology and Management*, 10(1), p. 77.

3   Iris Quan, X., Loon, M. and Sanderson, J., 2018. *Innovation in the local context—A case study of BYD in China*. [online] Eprints.worc.ac.uk. Available at: ⟨http://eprints.worc.ac.uk/4603/1/ABM15_paper_27.pdf⟩ [Accessed 10 March 2021].

4   Einhorn, B., 2010. *The 50 Most Innovative Companies*. [online] Bloomberg.com. Available at: ⟨https://www.bloomberg.com/news/articles/2010-04-15/the-50-most-innovative-companies?sref=TtblOutp⟩ [Accessed 30 March 2021].

5   BloombergNEF. 2017. *China's Menswear Maker Swaps Stitching for Lithium Batteries | BloombergNEF*. [online] Available at: ⟨https://about.bnef.com/blog/chinas-menswear-maker-swaps-stitching-for-lithium-batteries/⟩ [Accessed 30 March 2021].

6   Ibid.

7   Iris Quan, X., Loon, M. and Sanderson, J., 2018. *Innovation in the local context—A case study of BYD in China*. [online] Eprints.worc.ac.uk. Available at: ⟨http://eprints.worc.ac.uk/4603/1/ABM15_paper_27.pdf⟩ [Accessed 10 March 2021].

8   Ibid. p. 7.

9   Ibid. p. 8-10.

10 Chinadaily.com.cn. 2010. *BYD plans to start European car sales next year*. [online] Available at: ⟨http://www.chinadaily.com.cn/bizchina////2010-03/09/content_9559285.htm⟩ [Accessed 31 March 2021].

11 Chinaautoweb.com. 2014. *"Plug-in EV Sales in China Rose 37.9% to 17,600 in 2013"*. [online] Available at: ⟨http://chinaautoweb.com/2014/01/plug-in-ev-sales-in-china-rose-37-9-to-17600-in-2013/⟩ [Accessed 31 March 2021].

12 Yeung, G., 2018. '"Made in China 2025": the development of a new energy vehicle industry in China'. *Area Development and Policy*, 4(1), pp. 39-59.

13 Berman, B., 2011. *BYD Is the First Ripple in a Potential Chinese Wave (Published 2011)*. [online] Nytimes.com. Available at: ⟨https://www.nytimes.com/2011/02/20/automobiles/autoreviews/byd-f3-dm-review.html⟩ [Accessed 31 March 2021].

14 Kane, M., 2016. *BYD Qin Sales Top 50,000, Tang Exceed 30,000*. [online] InsideEVs. Available

at: 〈https://insideevs.com/news/331035/byd-qin-sales-top-50000-tang-exceed-30000/〉 [Accessed 31 March 2021].

15   Chinacartimes.com. 2013. *BYD Launches Qin Plugin Hybrid—189,800RMB to 209,800RMB.* [online] Available at: 〈https://web.archive.org/web/20131221190347/http://www.chinacartimes.com/2013/12/byd-launches-qin-plugin-hybrid-189800rmb-209800rmb/〉 [Accessed 31 March 2021].

16   Patil, P., 2008. *Developments in Lithium-Ion Battery Technology in The Peoples Republic of China.* [online] Publications.anl.gov. Available at: 〈https://publications.anl.gov/anlpubs/2008/02/60978.pdf〉 [Accessed 31 March 2021].

17   Dongmei, L., Binbin, Y., Duan, W. and Yanyan, F., 2010. *How Manufacturing's Mockingbird Sings.* [online] Caixinglobal.com. Available at: 〈https://www.caixinglobal.com/2010-02-10/how-manufacturings-mockingbird-sings-101018597.html〉 [Accessed 16 April 2021].

18   Energy Central. 2020. *World Battery Production.* [online] Available at: 〈https://energycentral.com/c/ec/world-battery-production〉 [Accessed 31 March 2021].

19   Manthey, N., 2018. *BYD to more than double battery production by 2020.* [online] electrive.com. Available at: 〈https://www.electrive.com/2018/06/27/byd-to-more-than-double-battery-production-by-2020/〉 [Accessed 31 March 2021].

20   Govardan, D., 2019. *Tianjin Battery Co to buy cells from Munoth Industries.* [online] The Times of India. Available at: 〈https://timesofindia.indiatimes.com/business/india-business/tianjin-battery-co-to-buy-cells-from-munoth-industries/articleshow/71318951.cms〉 [Accessed 31 March 2021].

21   Jacoby, M., 2019. *It's time to get serious about recycling lithium-ion batteries.* [online] Cen.acs.org. Available at: 〈https://cen.acs.org/materials/energy-storage/time-serious-recycling-lithium/97/i28〉 [Accessed 19 March 2021].

22   Kinzley, J., 2018. *Natural resources and the new frontier.* University of Chicago Press, p. 150.

23   Ibid. p. 99.

24   Ibid.

25   Kinzley, J., 2012. *Staking Claims to China's Borderland: Oil, Ores and Statebuilding in Xinjiang Province,* 1893-1964. [online] Escholarship.org. Available at: 〈https://escholarship.org/content/qt3p7432md/qt3p 7432md_noSplash_40b53d988fe164c1496cc2f5e35ad314.pdf〉 [Accessed 31 March 2021].

26   Kinzley, J., 2018. *Natural resources and the new frontier.* Chicago, USA: University of Chicago Press, p. 123.

27   Ibid. p. 139.

28   Ibid p. 143.

29   Xin, L. and Lingzhi, F., 2019. *Exhibition shows vital role Koktokay played in building country.*
[online] Globaltimes.cn. Available at: 〈http://www.globaltimes.cn/content/1158175.shtml〉
[Accessed 9 March 2021].

30   Kinzley, J., 2018. *Natural resources and the new frontier.* Chicago, USA: University of Chicago
Press, p. 157.

31   Ibid.

32   Ibid. p. 171.

33   Albright, D., Burkhard, S., Gorwitz, M. and Lach, A., 2017. *North Korea's Lithium 6 Production
for Nuclear Weapons.* [online] Isis-online.org. Available at: 〈https://isis-online.org/uploads/
isis-reports/documents/North_Korea_Lithium_6_17Mar2017_Final.pdf〉 [Accessed 31 March
2021].

3장 배터리 공급망의 거인들

1   Itdcw.com. 2018. 贛鋒鋰業董事長李良彬：打造鋰產業鏈"A+H"樣板_電池網. [online] Available
at: 〈http://www.itdcw.com/news/focus/0Z3955032018.html〉 [Accessed 9 March 2021].

2   Ganfeng Lithium Co., Ltd. 2019. *Ganfeng Lithium Annual Report 2018.* [online] Available
at: 〈https://www1.hkexnews.hk/listedco/listconews/sehk/2019/0424/ltn201904241477.pdf〉
[Accessed 1 April 2021].

3   Jxxy.com. 2014. 李良彬―贛鋒鋰業董事長. [online] Available at: 〈http://www.jxxy.com/show.
aspx?id=359&cid=45〉 [Accessed 1 April 2021].

4   Escn.com.cn. 2016. 贛鋒鋰業：鋰材料巨頭成長記-鋰電池-中國儲能網. [online] Available at:
〈http://www.escn.com.cn/news/show-347689.html〉 [Accessed 9 March 2021].

5   Xianjichina.com. 2020. 贛鋒鋰業老總簡介【贛鋒鋰業董事長李良彬】-賢集網. [online] Available
at: 〈https://www.xianjichina.com/news/details_1180 53.html〉 [Accessed 1 April 2021].

6   Business.sohu.com. 2010. 贛鋒鋰業上市造富 誕生12名千萬富翁. [online] Available at:
〈https://business.sohu.com/20100803/n273949130.shtml〉 [Accessed 1 April 2021].

7   Ibid.

8   Lowry, J., 2018. *Ganfeng: Still Under the Radar?.* [online] Linkedin.com. Available at: 〈https://
www.linkedin.com/pulse/ganfeng-still-under-radar-joe-lowry/〉 [Accessed 1 April 2021].

9   Lowry, J., 2018. E25: *Not Lost in Translation.* [podcast] Global Lithium Podcast.
Available at: 〈http://lithiumpodcast.com/podcast/e25-not-lost-in-translation-
%E6%B2%A1%E6%9C%89%EF%BC%89%E 8%BF%B7%E5%A4%B1%E5%9C%A8%E

7%BF%BB%E8%AF %91%E4%B8%AD/〉[Accessed 9 March 2021].

10   Ibid.

11   Finance.sina.com.cn. 2016. 專訪贛鋒鋰業董事長：盡快挺進上遊產品線. [online] Available
      at: 〈http://finance.sina.com.cn/roll/2016-09-21/doc-ifxvyqwa3654069.shtml〉[Accessed 9
      March 2021].

12   Lowry, J., 2018. *E25: Not Lost in Translation.* [podcast] Global Lithium Podcast. Available at:
      〈http://lithiumpodcast.com/podcast/e25-not-lost-in-translation-%E6%B2%A1%E6%9
      C%89%EF%BC%89%E8%BF%B7%E5%A4%B1%E5%9C%A8%E7%BF%BB%E8%AF
      %91%E4%B8%AD/〉[Accessed 9 March 2021].

13   Ibid.

14   Ibid.

15   Ibid.

16   Ibid.

17   Reuters.com, 2018. *China's Ganfeng buys SQM's stake in lithium project for $87.5 mln.* [online]
      Available at: 〈https://www.reuters.com/article/sqm-ganfeng-lithium-idUSL1N1V500c〉
      [Accessed 2 April 2021].

18   Lowry, J., 2018. *E25: Not Lost in Translation.* [podcast] Global Lithium Podcast.
      Available at: 〈http://lithiumpodcast.com/podcast/e25-not-lost-in-translation-
      %E6%B2%A1%E6%9C%89%EF%BC%89%E 8%BF%B7%E5%A4%B1%E5%9C%A8%E
      7%BF%BB%E8%AF %91%E4%B8%AD/〉[Accessed 9 March 2021].

19   Ober, J., 1995. *Lithium.* [online] S3-us-west-2.amazonaws.com. Available at: 〈https://
      s3-us-west-2.amazonaws.com/prd-wret/assets/palladium/production/mineral-pubs/
      lithium/450495.pdf〉[Accessed 15 March 2021].

20   LinkedIn. n.d. *GanfengLithium.* [online] Available at: 〈https://www.linkedin.com/company/
      ganfenglithium/〉[Accessed 2 April 2021].

21   Lowry, J., 2018. *E25: Not Lost in Translation.* [podcast] Global Lithium Podcast. Available at:
      〈http://lithiumpodcast.com/podcast/e25-not-lost-in-translation-%E6%B2%A1%E6%9
      C%89%EF%BC%89%E8%BF%B7%E5%A4%B1%E5%9C%A8%E7%BF%BB%E8%AF
      %91%E4%B8%AD/〉[Accessed 9 March 2021].

22   Business.sohu.com. 2010. 贛鋒鋰業上市造富 誕生12名千萬富翁. [online] Available at:
      〈https://business.sohu.com/20100803/n273949130.shtml〉[Accessed 1 April 2021].

23   Ibid.

24   Quotes.money.163.com. 2010. 江西贛鋒鋰業股份有限公司首次公開發行股票招股說明書摘
      要. [online] Available at: 〈http://quotes.money.163.com/f10/ggmx_002460_584934.html〉

[Accessed 2 April 2021].

25 Ibid.

26 Ibid.

27 Jones, T., 2013. *Chinese millionaire fights pollution with thin air.* [online] Reuters.com. Available at: ⟨https://www.reuters.com/article/us-china-pollution-cans/chinese-millionaire-fights-pollution-with-thin-air-idINBRE90T0LM20130130?edition-redirect=in⟩ [Accessed 15 March 2021].

28 BBC News. 2017. *China does U-turn on coal ban to avert heating crisis.* [online] Available at: ⟨https://www.bbc.com/news/world-asia-42266 768⟩ [Accessed 3 April 2021].

29 Court, M., Rutland, T. and Dhokia, K., 2019. *China And The Environment—Industry Versus Air.* [online] Spglobal.com. Available at: ⟨https://www.spglobal.com/marketintelligence/en/news-insights/research/china-and-the-environment-industry-versus-air⟩ [Accessed 15 March 2021].

30 Reuters.com, 2019. *Beijing set to exit list of world's top 200 most-polluted cities: data.* [online] Available at: ⟨https://www.reuters.com/article/us-china-pollution-beijing-idUSKCN1VX05z⟩ [Accessed 15 March 2021].

31 Itdcw.com. 2018. 贛鋒鋰業董事長李良彬：打造鋰產業鏈"A+H"樣板_電池網. [online] Available at: ⟨http://www.itdcw.com/news/focus/0Z3955032018.html⟩ [Accessed 9 March 2021].

32 Ibid.

33 Ibid.

34 Ibid.

35 Ibid.

36 Sgs.com. 2010. *HARD ROCK LITHIUM PROCESSING.* [online] Available at: ⟨https://www.sgs.com/~/media/Global/Documents/Flyers%20and%20Leaflets/SGS-MIN-WA109-Hard-Rock-Lithium-Processing-EN-11.pdf⟩ [Accessed 6 April 2021].

37 Facada, M., 2018. LSM 18: *What we learned at the 10th Lithium Supply & Markets Conference.* [online] Fastmarkets. Available at: ⟨https://www.fastmarkets.com/article/3817787/lsm-18-what-we-learned-at-the-10th-lithium-supply-markets-conference⟩ [Accessed 6 April 2021].

38 Sgs.com. 2010. *HARD ROCK LITHIUM PROCESSING.* [online] Available at: ⟨https://www.sgs.com/~/media/Global/Documents/Flyers%20and%20Leaflets/SGS-MIN-WA109-Hard-Rock-Lithium-Processing-EN-11.pdf⟩ [Accessed 6 April 2021].

39 Sherwood, D., 2020. *Exclusive: Lithium giants Albemarle and SQM battle over access to Atacama water study.* [online] Reuters.com Available at: ⟨https://www.reuters.com/article/us-chile-lithium-albemarle-exclusive/exclusive-lithium-giants-albemarle-and-sqm-battle-over-

access-to-atacama-water-study-idUKKBN27X10g⟩ [Accessed 6 April 2021].

40 Scheyder, E., 2018. *Inside Albemarle's quest to reinvent the lithium market.* [online] Reuters.com Available at: ⟨https://www.reuters.com/article/us-albemarle-lithium-focus-idUSKCN1LF0Bj⟩ [Accessed 6 April 2021].

41 Industry Europe. 2021. *Aluminium groups call on G7 to cut back on subsidies.* [online] Available at: ⟨https://industryeurope.com/aluminium-groups-call-on-g7-to-cut-back-on-subsidies/⟩ [Accessed 6 April 2021].

42 Tradingeconomics.com. n.d. *Aluminum | 1989-2021 Data | 2022-2023 Forecast | Price | Quote | Chart | Historical.* [online] Available at: ⟨https://tradingeconomics.com/commodity/ aluminum⟩ [Accessed 6 April 2021].

43 Deforche, F., Bradtke, T., Deniskin, R., Gilbert, M., Gruner, K., Olav, K., Harlacher, D. and Koch, A., 2013. *The Aluminium Industry CEO Agenda, 2013-2015.* [online] Image-src. bcg.com. Available at: ⟨http://image-src.bcg.com/Images/The_Aluminum_Industry_CEO_ Agenda_2013-2015_June_2013_tcm9-95118.pdf⟩ [Accessed 6 April 2021].

44 Tradingeconomics.com. n.d. *Aluminum | 1989-2021 Data | 2022-2023 Forecast | Price | Quote | Chart | Historical.* [online] Available at: ⟨https://tradingeconomics.com/commodity/ aluminum⟩ [Accessed 6 April 2021].

45 CM Group. n.d. *Primary Aluminium | CM Group.* [online] Available at: ⟨https://www. cmgroup.net/industries/primary-aluminium/⟩ [Accessed 6 April 2021].

46 Facada, M., 2019. *Global lithium supply developing at accelerating pace on growing demand.* [online] Metalbulletin.com. Available at: ⟨https://www.metalbulletin.com/Article/3868440/ Global-lithium-supply-developing-at-accelerating-pace-on-growing-demand.html⟩ [Accessed 15 March 2021].

47 Ouerghi, D. and Shi, C., 2020. *GLOBAL LITHIUM WRAP: Bullish suppliers push China's carbonate price up 3.4%.* [online] Metalbulletin.com. Available at: ⟨https://www.metalbulletin. com/Article/3967364/GLOBAL-LITHIUM-WRAP-Bullish-suppliers-push-Chinas- carbonate-price-up-34.html⟩ [Accessed 6 April 2021].

48 Sanderson, H., 2017. *Electric car demand sparks lithium supply fears.* [online] Ft.com. Available at: ⟨https://www.ft.com/content/90d65356-4a9d-11e7-919a-1e14ce4af89b⟩ [Accessed 15 March 2021].

49 Www2.deloitte.com. 2015. *Smartphone batteries: better but no breakthrough.* [online] Available at: ⟨https://www2.deloitte.com/content/dam/Deloitte/global/Documents/Technology- Media-Telecommunications/gx-tmt-pred15-smartphone-batteries.pdf⟩ [Accessed 6 April 2021].

50 Lambert, F., 2016. *Breakdown of raw materials in Tesla's batteries and possible bottlenecks.* [online] Electrek. Available at: ⟨https://electrek.co/2016/11/01/breakdown-raw-materials-tesla-batteries-possible-bottleneck/⟩ [Accessed 15 March 2021].

51 2019. *Ganfeng Lithium Annual Report 2018.* [online] Available at: ⟨https://www1.hkexnews. hk/listedco/listconews/sehk/2019/0424/ltn201904241477.pdf⟩ [Accessed 1 April 2021].

52 MINING.COM. 2021. *Ganfeng ups stake in giant Mexico lithium clay project.* [online] Available at: ⟨https://www.mining.com/ganfeng-signs-new-jv-agreement-for-sonora/⟩ [Accessed 6 April 2021].

53 Dubois, O. & Thiery, D. (2013). Litha and spodumene in glass. Glass International. 36. 32–34.

54 Schott.com. n.d. *SCHOTT Xensation® product variants.* [online] Available at: ⟨https://www. schott.com/en-us/products/xensation/product-variants⟩ [Accessed 6 April 2021].

55 Albemarle. n.d. *Lithium | Optical Products and Glass | Albemarle.* [online] Available at: ⟨https://www.albemarle.com/businesses/lithium/markets--applications/optical-products--glass#:~:text=Lithium% 20Carbonate%20or%20Spodumene%20as%20Additive&text=In%20 Li2CO3,%25%2C%20depending%20on%20the%20quality.⟩ [Accessed 6 April 2021].

56 Argusmedia.com. 2019. *Port Hedland raises lithium exports in September.* [online] Available at: ⟨https://www.argusmedia.com/news/1991223-port-hedland-raises-lithium-exports-in-september⟩ [Accessed 6 April 2021].

57 Reserve Bank of Australia. 2019. *Box B: The Recent Increase in Iron Ore Prices and Implications for the Australian Economy | Statement on Monetary Policy—August 2019.* [online] Available at: ⟨https://www.rba.gov.au/publications/smp/2019/aug/box-b-the-recent-increase-in-iron-ore-prices-and-implications-for-the-australian-economy. html#:~:text=Australia%20is%20 the%20largest%20global,per%20 cent%20of%20nominal%20GDP.⟩ [Accessed 6 April 2021].

58 Shen, M. and Zhang, M., 2019. *China considers U.S. rare earth export curbs: Global Times editor.* [online] Reuters.com Available at: ⟨https://www.reuters.com/article/us-china-usa-rareearth-idUSKCN1SY1Gk⟩ [Accessed 6 April 2021].

59 Ezrati, M., 2019. *China's Rare Earth Ploy.* [online] Forbes. Available at: ⟨https://www.forbes. com/sites/miltonezrati/2019/06/14/chinas-rare-earth-ploy/?sh=6e47df777b6c⟩ [Accessed 6 April 2021].

60 Argusmedia.com. 2020. *China's rare earth consolidation to cut supplies.* [online] Available at: ⟨https://www.argusmedia.com/en/news/2054597-chinas-rare-earth-consolidation-to-cut-supplies⟩ [Accessed 6 April 2021].

1   News.metal.com. 2018. *Decryption of China's four major salt lakes, five major refining technical routes! Everything about lithium extraction from the salt lake is here!_SMM | Shanghai Non ferrous Metals.* [online] Available at: ⟨https://news.metal.com/newscontent/100911546/decryption-of-chinas-four-major-salt-lakes-five-major-refining-technical-routes-everything-about-lithium-extraction-from-the-salt-lake-is-here/⟩ [Accessed 6 April 2021].

2   Ganfeng Lithium Co., Ltd. 2019. *Ganfeng Lithium Annual Report 2018.* [online] Available at: ⟨https://www1.hkexnews.hk/listedco/listconews/sehk/2019/0424/ltn201904241477.pdf⟩ [Accessed 1 April 2021].

3   Ibid.

4   Fawthrop, A., 2020. *Top six countries with the largest lithium reserves in the world.* [online] Nsenergybusiness.com. Available at: ⟨https://www.nsenergybusiness.com/features/six-largest-lithium-reserves-world/#:~:text=The%20Greenbushes%20lithium%20mine%20in%20 Western%20Australia%20%E2%80%93%20a%20joint%20 venture,project%20to%20 extract%20the%20metal.⟩ [Accessed 6 April 2021].

5   Argusmedia.com. 2020. *China's Tianqi to sell Australia lithium stake to IGO.* [online] Available at: ⟨https://www.argusmedia.com/en/news/2167267-chinas-tianqi-to-sell-australia-lithium-stake-to-igo⟩ [Accessed 6 April 2021].

6   Australian Government, Department of Industry, Science, Energy and Resources. 2020. *Resorces and Energy Quarterly March 2020.* [online] Available at: ⟨https://publications.industry.gov.au/publications/resourcesandenergyquarterlymarch2020/documents/Resources-and-Energy-Quarterly-March-2020.pdf⟩ [Accessed 6 April 2021].

7   Lee, A. and Thornhill, J., 2020. *Tianqi to Sell Stake in Lithium Mine to Ease Loan Troubles.* [online] Bloomberg.com. Available at: ⟨https://www.bloomberg.com/news/articles/2020-12-08/tianqi-to-sell-stake-in-top-lithium-mine-to-ease-loan-troubles?sref=TtblOutp⟩ [Accessed 6 April 2021].

8   Bo, L., 2017. 天齊鋰業董事長蔣衛平的家訓：天上不會掉餡餅, 只有靠勤奮_四川在線. [online] Sichuan.scol.com.cn. Available at: ⟨https://sichuan.scol.com.cn/dwzw/201702/55817679.html⟩ [Accessed 7 April 2021].

9   Kawase, K., 2020. *Chairman of China's Tianqi Lithium required to lend company $117m.* [online] Nikkei Asia. Available at: ⟨https://asia.nikkei.com/Business/Markets/China-debt-crunch/Chairman-of-China-s-Tianqi-Lithium-required-to-lend-company-117m⟩ [Accessed 7 April 2021].

10   Ibid.

11   Baike.baidu.com. n.d. 蔣衛平(天齊鋰業股份公司董事長)_百度百科. [online] Available at:
     〈https://baike.baidu.com/item/%E8%92%8B%E5%8D %AB%E5%B9%B3/6319909?fr=ala
     ddin〉[Accessed 7 April 2021].

12   Xueqiu.com. 2019. 專訪|天齊鋰業董事長蔣衛平：不忘初心, 堅守實業, 我喜歡聽機器轟隆隆
     的聲音 天齊鋰業創始人' 董事長蔣衛平 鋰, 作爲鋰電產業的基礎元素, 被譽爲是21世紀的"能
     源金屬"和"推動世界前進的元素"° 近年來... - 雪球.. [online] Available at: 〈https://xueqiu.
     com/8255210434/132620802〉[Accessed 9 March 2021].

13   Sohu.com. 2019. 蔣衛平豪賭跨國並購 天齊鋰業告別暴利時代_同比. [online] Available at:
     〈https://www.sohu.com/a/331697041_100011510〉[Accessed 7 April 2021].

14   Ibid.

15   Ibid.

16   Ibid.

17   Hurun.net. 2019. Hurun Report—Info—LEXUS Hurun China Rich List 2019. [online] Available
     at: 〈https://www.hurun.net/en-US/Info/Detail?num=CE08472BB47d〉[Accessed 7 April
     2021].

18   Kawase, K., 2020. Chairman of China's Tianqi Lithium required to lend company $117m. [online]
     Nikkei Asia. Available at: 〈https://asia.nikkei.com/Business/Markets/China-debt-crunch/
     Chairman-of-China-s-Tianqi-Lithium-required-to-lend-company-117m〉[Accessed 7
     April 2021].

19   Xueqiu.com. 2019. 專訪|天齊鋰業董事長蔣衛平：不忘初心, 堅守實業, 我喜歡聽機器轟隆
     隆的聲音 天齊鋰業創始人' 董事長蔣衛平 鋰, 作爲鋰電產業的基礎元素, 被譽爲是21世紀的
     "能源金屬"和"推動世界前進的元素"° 近年來... - 雪球. [online] Available at: 〈https://xueqiu.
     com/8255210434/132620802〉[Accessed 9 March 2021].

20   Ingram, T., 2017. China's Tianqi Lithium built from 'faith' in the world's lightest metal. [online]
     Australian Financial Review. Available at: 〈https://www.afr.com/companies/mining/chinas-
     tianqi-lithium-built-from-faith-in-the-worlds-lightest-metal-20171019-gz4j0k〉[Accessed
     7 April 2021].

21   Jiaheu.com. 2015. 專訪天齊鋰業蔣衛平：從冷板凳到跨國並購 - 家核優居. [online] Available
     at: 〈https://www.jiaheu.com/topic/9116.html〉[Accessed 7 April 2021].

22   Ibid.

23   Ibid.

24   De la Jara, A., 2018. Tianqi buys stake in lithium miner SQM from Nutrien for $4.1 billion.
     [online] Reuters.com. Available at: 〈https://www.reuters.com/article/us-chile-tianqi-lithium-

idUSKBN1O217f⟩ [Accessed 15 March 2021].

25   Nutrien. n.d. *Potash.* [online] Available at: ⟨https://www.nutrien.com/what-we-do/our-business/potash#:~:text=Nutrien%20is%20the%20world's%20largest,world's%20long%2Dterm%20potash%20needs.⟩ [Accessed 7 April 2021].

26   Jamasmie, C., 2018. *Chile antitrust watchdog probing Tianqi buy of lithium miner stake.* [online] MINING.COM. Available at: ⟨https://www.mining.com/chile-antitrust-watchdog-probing-tianqi-buy-lithium-miner-stake/⟩ [Accessed 7 April 2021].

27   Energymetalnews.com. 2018. *Nutrien is selling most of its stake in Chilean lithium miner for $4.07 billion.* [online] Available at: ⟨https://energymetalnews.com/2018/05/18/nutrien-is-selling-most-of-its-stake-in-chilean-lithium-miner-for-4-07-billion/⟩ [Accessed 7 April 2021].

28   S25.q4cdn.com. 2018. *SQM Annual Report 2018.* [online] Available at: ⟨https://s25.q4cdn.com/757756353/files/doc_financials/2018/ar/Memoria-Anual-2018_eng.pdf⟩ [Accessed 7 April 2021].

29   Karlsson, F., n.d. *Carey and Tianqi on the largest deal in the Chilean stock market history.* [online] Carey.cl. Available at: ⟨https://www.carey.cl/en/carey-and-tianqi-on-the-largest-deal-in-the-chilean-stock-market-history/⟩ [Accessed 7 April 2021].

30   Ibid.

31   Lague, D., 2005. *Obituary: Rong Yiren, 89, China's famed 'red capitalist'.* [online] Nytimes.com. Available at: ⟨https://www.nytimes.com/2005/10/27/world/asia/obituaryrong-yiren-89-chinas-famed-red-capitalist.html⟩ [Accessed 15 March 2021].

32   Karlsson, F., n.d. *Carey and Tianqi on the largest deal in the Chilean stock market history.* [online] Carey.cl. Available at: ⟨https://www.carey.cl/en/carey-and-tianqi-on-the-largest-deal-in-the-chilean-stock-market-history/⟩ [Accessed 7 April 2021].

33   Forbes. 2021. *Julio Ponce Lerou.* [online] Available at: ⟨https://www.forbes.com/profile/julio-ponce-lerou/?sh=53e830595484⟩ [Accessed 7 April 2021].

34   Menafn.com. 2018. *Chilean court authorizes Chinese group's lithium production purchase.* [online] Available at: ⟨https://menafn.com/109762 2039/Chilean-court-authorizes-Chinese-groups-lithium-production-purchase⟩ [Accessed 7 April 2021].

35   Ibid.

36   Sherwood, D. and Iturrieta, F., 2018. *Exclusive: Chile files complaint to block sale of SQM shares to Chinese companies.* [online] Reuters.com. Available at: ⟨https://www.reuters.com/article/us-chile-lithium-china-exclusive-idUSKCN1GL2Lp⟩ [Accessed 7 April 2021].

37   BNamericas.com. 2018. *Is a cartel emerging in the global lithium market?* [online] Available at: ⟨https://www.bnamericas.com/en/features/is-a-cartel-emerging-in-the-global-lithium-

market-〉 [Accessed 7 April 2021].

38   Sherwood, D. and Iturrieta, F., 2018. *Exclusive: Chile files complaint to block sale of SQM shares to Chinese companies.* [online] Reuters.com. Available at: 〈https://www.reuters.com/article/us-chile-lithium-china-exclusive-idUSKCN1GL2Lp〉 [Accessed 7 April 2021].

39   Dawei, K., 2018. *Chilean Court Backs Tianqi Purchase of Minority Stake in Lithium Producer SQM.* [online] Caixinglobal.com. Available at: 〈https://www.caixinglobal.com/2018-10-06/chilean-court-backs-tianqi-purchase-of-minority-stake-in-lithium-producer-sqm-101 332245.html〉 [Accessed 7 April 2021].

40   Jamasmie, C., 2020. *China's top lithium miner struggles to pay $6 billion debt.* [online] MINING. COM. Available at: 〈https://www.mining.com/chinas-top-lithium-miner-struggles-to-pay-6-billion-debt/〉 [Accessed 7 April 2021].

41   Ibid.

42   Lin, K., Lu, X., Zhang, J. and Zheng, Y., 2020. 'State-owned enterprises in China: A review of 40-years of research and practice'. *China Journal of Accounting Research,* 13(1), pp. 31-55.

43   Ft.com. 2020. *Fall of China's 'most profitable' coal miner is a cautionary tale.* [online] Available at: 〈https://www.ft.com/content/f1abbb06-3f7b-469a-bca8-1996b838da2a〉 [Accessed 7 April 2021].

44   Reuters.com. 2020. *Australia's IGO to take 25% stake in Greenbushes lithium mine from China's Tianqi.* [online] Available at: 〈https://www.reuters.com/article/us-tianqi-lithium-divestiture-igo-idUSKBN28I39g〉 [Accessed 7 April 2021].

45   Niewenhuis, L., 2020. *The 14 sins of Australia: Beijing expands list of grievances and digs in for extended diplomatic dispute.* [online] SupChina. Available at: 〈https://supchina. com/2020/11/18/the-14-sins-of-australia-beijing-expands-list-of-grievances-and-digs-in-for-extended-diplomatic-dispute/〉 [Accessed 7 April 2021].

46   Thomas, D. and Thomas, S., 2012. *HK bourse agrees to buy London Metal Exchange.* [online] Jp.reuters.com. Available at: 〈https://jp.reuters.com/article/instant-article/idINBRE85E0DU20120615〉 [Accessed 7 April 2021].

47   Mookerjee, I., Hu, F. and Lee, M., 2019. *Japan Companies Are Sitting on Record $4.8 Trillion in Cash.* [online] Bloomberg.com. Available at: 〈https://www.bloomberg.com/news/articles/2019-09-02/japan-s-companies-are-sitting-on-record-4-8-trillion-cash-pile?sref=TtblOutp〉 [Accessed 7 April 2021].

48   Iosebashvili, I., 2019. *Investors Look to the Yen for Dollar, Euro Insight.* [online] Wall Street Journal. Available at: 〈https://www.wsj.com/articles/investors-look-to-the-yen-for-dollar-euro-insight-11577 538002〉 [Accessed 7 April 2021].

49   Forbes. 2012. *1. Saudi Aramco—12.5 million barrels per day.* [online] Available at: ⟨https://www.forbes.com/pictures/mef45ggld/1-saudi-aramco-12-5-million-barrels-per-day/?sh=323d5f9b6285⟩ [Accessed 7 April 2021].

50   Riley, C., 2019. *The world has its first $2 trillion company. But for how long?.* [online] CNN. Available at: ⟨https://edition.cnn.com/2019/12/12/investing/saudi-aramco-2-trillion/index.html⟩ [Accessed 7 April 2021].

51   Energy.gov. n.d. *Argonne Lab's Breakthrough Cathode Technology Powers Electric Vehicles of Today.* [online] Available at: ⟨https://www.energy.gov/articles/argonne-lab-s-breakthrough-cathode-technology-powers-electric-vehicles-today⟩ [Accessed 7 April 2021].

52   Jaskula, B., 2021. *Lithium.* [online] Pubs.usgs.gov. Available at: ⟨https://pubs.usgs.gov/periodicals/mcs2021/mcs2021-lithium.pdf⟩ [Accessed 8 April 2021].

53   Sherwood, D., 2020. *Exclusive: Lithium giants Albemarle and SQM battle over access to Atacama water study.* [online] Reuters.com Available at: ⟨https://www.reuters.com/article/us-chile-lithium-albemarle-exclusive/exclusive-lithium-giants-albemarle-and-sqm-battle-over-access-to-atacama-water-study-idUKKBN27X10g⟩ [Accessed 6 April 2021].

54   CNBC. 2019. *White House Trade Advisor Peter Navarro Speaks with CNBC's "Squawk Box" Today.* [online] Available at: ⟨https://www.cnbc.com/2019/09/10/cnbc-excerpts-white-house-trade-advisor-peter-navarro-speaks-with-cnbcs-squawk-box-today.html⟩ [Accessed 8 April 2021].

55   U.S. Senate Committee on Energy and Natural Resources. 2019. *Murkowski, Manchin, Colleagues Introduce Bipartisan Legislation to Strengthen America's Mineral Security.* [online] Available at: ⟨https://www.energy.senate.gov/2019/5/murkowski-manchin-colleagues-introduce-bipartisan⟩ [Accessed 8 April 2021].

56   Benchmark Mineral Intelligence. 2019. *US Senator Murkowski launches American Mineral Security Act at Benchmark Minerals Summit in Washington DC.* [online] Available at: ⟨https://www.benchmarkminerals.com/senator-murkowski-us-government-launch-american-minerals-security-act-at-benchmark-minerals-summit-in-washington-dc/⟩ [Accessed 8 April 2021].

57   Kane, M., 2014. *Daimler Subsidiary Li-Tec Will Cease Lithium-Ion Battery Production In December 2015.* [online] InsideEVs. Available at: ⟨https://insideevs.com/news/323946/daimler-subsidiary-li-tec-will-cease-lithium-ion-battery-production-in-december-2015/⟩ [Accessed 8 April 2021].

58   Loveday, S., 2016. *Daimler CEO Says There's Massive Overcapacity In Battery Cell Market.* [online] InsideEVs. Available at: ⟨https://insideevs.com/news/328596/daimler-ceo-says-theres-massive-overcapacity-in-battery-cell-market/⟩ [Accessed 8 April 2021].

59   Flaherty, N., 2017. *EU warns on lack of battery manufacturing in Europe.* [online] eeNews Power. Available at: ⟨https://www.eenewspower.com/news/eu-warns-lack-battery-manufacturing-europe⟩ [Accessed 8 April 2021].

60   Simon, F., 2017. *European battery alliance launched in Brussels.* [online] www.euractiv.com. Available at: ⟨https://www.euractiv.com/section/electric-cars/news/european-battery-alliance-launched-in-brussels/⟩ [Accessed 15 March 2021].

61   *Art-B, Made in Poland.* 2018. [film] Bongo Media Production, Canal+ Discovery.

62   Lambert, F., 2018. *LG is investing half a billion in its Polish battery factory to increase production.* [online] Electrek. Available at: ⟨https://electrek.co/2018/11/30/lg-chem-polish-battery-factory-increase-production/⟩ [Accessed 8 April 2021].

63   Northvolt.com. 2020. *Northvolt raises $600 million in equity to invest in capacity expansion, R&D and giga-scale recycling.* [online] Available at: ⟨https://northvolt.com/newsroom/Northvolt-Sept2020⟩ [Accessed 8 April 2021].

64   Reuters.com. 2021. *Samsung SDI to invest $849 mln to expand EV battery plant in Hungary.* [online] Available at: ⟨https://www.reuters.com/article/samsung-sdi-batteries-hungary-idUSL4N2KU0Fs⟩ [Accessed 8 April 2021].

65   Reuters.com. 2019. *EU to investigate Hungarian state aid for Samsung SDI's battery cell plant.* [online] Available at: ⟨https://www.reuters.com/article/us-eu-samsungsdi-hungary-idUKKBN1WT16m⟩ [Accessed 8 April 2021].

66   LinkedIn n.d. [online] Available at: ⟨https://www.linkedin.com/in/ecspcar/?originalSubdomain=se⟩ [Accessed 8 April 2021].

67   Hellstrom, J. and Pollard, N., 2021. *Sweden's Northvolt raises $1 billion to complete funding for mammoth battery plant.* [online] Reuters.com. Available at: ⟨https://cn.reuters.com/article/us-northvolt-funding-electric-idUSKCN1TD1Wg⟩ [Accessed 8 April 2021].

68   Reiser, A., 2019. *LG Chem battery gigafactory in Poland to be powered by EBRD.* [online] Ebrd.com. Available at: ⟨https://www.ebrd.com/news/2019/lg-chem-battery-gigafactory-in-poland-to-be-powered-by-ebrd.html⟩ [Accessed 8 April 2021].

69   Northvolt.com. n.d. *Production.* [online] Available at: ⟨https://northvolt.com/production⟩ [Accessed 8 April 2021].

70   Wattles, J., 2020. *Tesla delivered 367,500 cars last year.* [online] CNN business. Available at: ⟨https://edition.cnn.com/2020/01/03/tech/tesla-sales/index.html⟩ [Accessed 8 April 2021].

71   Benchmark Mineral Intelligence. 2019. *Battery megafactory capacity in the pipeline exceeds 2 TWh as solid state makes first appearance | Benchmark Mineral Intelligence.* [online] Available at: ⟨https://www.benchmarkminerals.com/benchmarks-megafactory-tracker-exceeds-2-terawatt-

hours-as-solid-state-makes-its-first-appearance/〉 [Accessed 8 April 2021].

72   Statista. n.d. *Car production: Number of cars produced worldwide 2018 | Statista*. [online] Available at: 〈https://www.statista.com/statistics/262747/worldwide-automobile-production-since-2000/〉 [Accessed 8 April 2021].

73   Geman, B., 2020. *Global electric vehicle sales topped 2 million in 2019*. [online] Axios. Available at: 〈https://www.axios.com/electric-vehicles-worldwide-sales-2fea9c70-411f-47d3-9ec6-487c7075482c.html〉 [Accessed 8 April 2021].

74   Loveday, S., 2016. *Daimler CEO Says There's Massive Overcapacity In Battery Cell Market*. [online] InsideEVs. Available at: 〈https://insideevs.com/news/328596/daimler-ceo-says-theres-massive-overcapacity-in-battery-cell-market/〉 [Accessed 8 April 2021].

75   Muller, R., 2017. *Miners eye Europe's largest lithium deposit in Czech Republic*. [online] Reuters.com. Available at: 〈https://www.reuters.com/article/us-czech-lithium-idUSKBN18Y25x〉 [Accessed 8 April 2021].

76   Ibid.

77   Europeanmet.com. 2017. *PRELIMINARY FEASIBILITY STUDY CONFIRMS CINOVEC AS POTENTIALLY LOW COST LITHIUM CARBONATE PRODUCER*. [online] Available at: 〈https://www.europeanmet.com/wp-content/uploads/2017/03/2017019_-_EMH_Completion_of_PFS-2.pdf〉 [Accessed 8 April 2021].

78   Business News. n.d. *Keith Coughlan*. [online] Available at: 〈https://www.businessnews.com.au/Person/Keith-Coughlan〉 [Accessed 8 April 2021].

79   Muller, R., 2017. *Miners eye Europe's largest lithium deposit in Czech Republic*. [online] Reuters.com. Available at: 〈https://www.reuters.com/article/us-czech-lithium-idUSKBN18Y25x〉 [Accessed 8 April 2021].

80   Forbes. n.d. *Andrej Babis*. [online] Available at: 〈https://www.forbes.com/profile/andrej-babis/?sh=37cd75ef21ee〉 [Accessed 8 April 2021].

81   Svobodova, K., 2017. *Minister: ANO head Babiš politicising lithium case*. [online] Prague Monitor / Czech News in English. Available at: 〈https://praguemonitor.com/news/national/11/10/2017/2017-10-11-minister-ano-head-babis-politicising-lithium-case/〉 [Accessed 8 April 2021].

82   AP NEWS. 2018. *Czech Republic cancels lithium deal with Australian firm*. [online] Available at: 〈https://apnews.com/article/96ed8c593e 884f148d5a87a54c8b3d7f〉 [Accessed 8 April 2021].

83   Argusmedia.com. 2019. *Cez looks to buy European lithium stake*. [online] Available at: 〈https://www.argusmedia.com/pt/news/2019 346-cez-looks-to-buy-european-lithium-stake〉 [Accessed 8 April 2021].

84   Industry Europe. 2020. *ČEZ considering Czech lithium battery plant, says minister.* [online] Available at: ⟨https://industryeurope.com/sectors/transportation/%C4%8Dez%C2%A0mulli ng-constructing-czech-li-ion-facility-says-minister/⟩ [Accessed 8 April 2021].

85   Stratiotis, E., 2020. *FUEL COSTS IN OCEAN SHIPPING.* [online] Morethanshipping.com. Available at: ⟨https://www.morethanshipping.com/fuel-costs-ocean-shipping/⟩ [Accessed 8 April 2021].

86   Smith, S., 2019. *Tianqi fires up $700m lithium game changer in Kwinana.* [online] Thewest. com.au. Available at: ⟨https://thewest.com.au/business/mining/tianqi-fires-up-700m-lithium-game-changer-in-kwinana-ng-b881076970z⟩ [Accessed 8 April 2021].

87   Zhang, M. and Daly, T., 2020. *China's Tianqi postpones commissioning of Australia lithium plant amid liquidity problems.* [online] Reuters.com. Available at: ⟨https://www.reuters.com/article/ tianqilithium-australia-idUSL4N2BF0De⟩ [Accessed 8 April 2021].

88   Lambert, F., 2016. *Breakdown of raw materials in Tesla's batteries and possible bottlenecks.* [online] Electrek. Available at: ⟨https://electrek.co/2016/11/01/breakdown-raw-materials-tesla-batteries-possible-bottleneck/⟩ [Accessed 15 March 2021].

89   Geman, B., 2020. *Global electric vehicle sales topped 2 million in 2019.* [online] Axios. Available at: ⟨https://www.axios.com/electric-vehicles-worldwide-sales-2fea9c70-411f-47d3-9ec6-487c7075482c.html⟩ [Accessed 8 April 2021].

90   Barrera, P., 2020. *Tianqi Delays Lithium Plant Expansion to Focus on Steady Production.* [online] Investing News Network. Available at: ⟨https://investingnews.com/daily/resource-investing/battery-metals-investing/lithium-investing/tianqi-delays-lithium-hydroxide-plant-expansion-focus-steady-production/⟩ [Accessed 8 April 2021].

91   IEA. 2020. *Electric Vehicles—Analysis.* [online] Available at: ⟨https://www.iea.org/reports/ electric-vehicles⟩ [Accessed 8 April 2021].

92   LeVine, S., 2016. *The Powerhouse: America, China and the Great Battery War.* Penguin Books, pp. 65-72.

93   Ibid.

94   Basf.com. 2016. International Trade Commission issues final determination that Umicore infringes *BASF and Argonne National Laboratory patents.* [online] Available at: ⟨https://www. basf.com/global/en/media/news-releases/2016/12/p-16-404.html⟩ [Accessed 8 April 2021].

95   Basf.com. 2017. *BASF and Argonne reach resolution with Umicore over NMC patents in-fringement claims.* [online] Available at: ⟨https://www.basf.com/global/en/media/news-releases/2017/04/p-17-204.html⟩ [Accessed 8 April 2021].

96   Umicore.pl. n.d. *Nysa.* [online] Available at: ⟨https://www.umicore. pl/en/our-sites/nysa/⟩

[Accessed 8 April 2021].

97   The Local Germany. 2020. *German chemical giant BASF to make car battery parts near Tesla Berlin site.* [online] Available at: 〈https://www.thelocal.de/20200212/german-chemical-giant-basf-to-make-car-battery-parts-near-tesla-berlin-site/〉 [Accessed 8 April 2021].

98   ETAuto.com. 2019. *Was 2019 a year of cheer for electric vehicle industry in India?—ET Auto.* [online] Available at: 〈https://auto.economictimes.indiatimes.com/news/industry/was-2019-a-year-of-cheer-for-electric-vehicle-industry-in-india/72482624〉 [Accessed 8 April 2021].

99   van Mead, N., 2019. *22 of world's 30 most polluted cities are in India, Greenpeace says.* [online] The Guardian. Available at: 〈https://www.theguardian.com/cities/2019/mar/05/india-home-to-22-of-worlds-30-most-polluted-cities-greenpeace-says〉 [Accessed 8 April 2021].

100   Livemint.com. 2021. *India asks state refiners to review oil import contracts with Saudi.* [online] Available at: 〈https://www.livemint.com/industry/energy/india-asks-state-refiners-to-review-oil-import-contracts-with-saudi-11617358254052.html〉 [Accessed 8 April 2021].

101   Siddiqui, H., 2019. *India looks at South America's Lithium Triangle to fulfil its increasing clean energy demands.* [online] The Financial Express. Available at: 〈https://www.financialexpress.com/defence/india-looks-at-south-americas-lithium-triangle-to-fulfil-its-increasing-clean-energy-demands/1484417/〉 [Accessed 8 April 2021].

102   Ibid.

103   Jaskula, B., 2020. *Lithium.* [online] Pubs.usgs.gov. Available at: 〈https://pubs.usgs.gov/periodicals/mcs2020/mcs2020-lithium.pdf〉 [Accessed 8 April 2021].

5장 라틴아메리카에 펼쳐진 리튬 삼각지대

1   Reuters.com. 2014. *Chile securities regulator levies $164 million fine in SQM probe.* [online] Available at: 〈https://www.reuters.com/article/us-chile-sqm-fine-idUSKBN0GX28V20140902〉 [Accessed 15 March 2021].

2   El Mercurio Inversiones. 2018. *Mercado apuesta a que Ponce fusionará cascadas de SQM.* [online] Available at: 〈https://www.elmercurio.com/Inversiones/Noticias/Acciones/2018/01/21/Mercado-apuesta-a-que-Ponce-fusionara-cascadas-de-SQM.aspx〉 [Accessed 9 April 2021].

3   Radio.uchile.cl. 2016. *Autor de libro de Ponce Lerou: "Empresario financió campañas políticas para protegerse".* [online] Available at: 〈https://radio.uchile.cl/2016/01/21/autor-de-libro-sobre-ponce-lerou-necesitaba-proteccion-y-la-consiguio-financiando-campanas-politicas/〉 [Accessed 9 April 2021].

4   Cofré, V., 2019. *Ponce Lerou. Pinochet—el litio—las Cascadas—las platas políticas.* Santiago,

Chile: Editorial Catalonia, p. 395 (Kindle edition).

5   La Tercera. 2019. *La relación de Julio Ponce Lerou y su exsuegro, "Don Augusto"*. [online] Available at: ⟨https://www.latercera.com/la-tercera-domingo/noticia/la-relacion-julio-ponce-lerou-exsuegro-don-augusto/938782/⟩ [Accessed 9 April 2021].

6   Cofré, V., 2019. *Ponce Lerou. Pinochet—el litio—las Cascadas—las platas políticas*. Santiago, Chile: Editorial Catalonia, p. 395 (Kindle edition).

7   Ibid. p. 228.

8   Ibid.

9   La Tercera. 2019. *La relación de Julio Ponce Lerou y su exsuegro, "Don Augusto*. [online] Available at: ⟨https://www.latercera.com/la-tercera-domingo/noticia/la-relacion-julio-ponce-lerou-exsuegro-don-augusto/938782/⟩ [Accessed 9 April 2021].

10   Archive.org. 1975. *Covert Action in Chile 1963-73*. [online] Available at: ⟨https://archive.org/details/Covert-Action-In-Chile-1963-1973/page/n5/mode/2up⟩ [Accessed 9 April 2021].

11   Cofré, V., 2019. *Ponce Lerou. Pinochet—el litio—las Cascadas—las platas políticas*. Santiago, Chile: Editorial Catalonia, p. 395 (Kindle edition).

12   Ibid.

13   La Tercera. 2019. *La relación de Julio Ponce Lerou y su exsuegro, "Don Augusto"*. [online] Available at: ⟨https://www.latercera.com/la-tercera-domingo/noticia/la-relacion-julio-ponce-lerou-exsuegro-don-augusto/938782/⟩ [Accessed 9 April 2021].

14   Cofré, V., 2019. *Ponce Lerou. Pinochet—el litio—las Cascadas—las platas políticas*. Santiago, Chile: Editorial Catalonia, p. 216 (Kindle edition).

15   La Tercera. 2019. *La relación de Julio Ponce Lerou y su exsuegro, "Don Augusto"*. [online] Available at: ⟨https://www.latercera.com/la-tercera-domingo/noticia/la-relacion-julio-ponce-lerou-exsuegro-don-augusto/938782/⟩ [Accessed 9 April 2021].

16   Ibid.

17   Ibid.

18   Cofré, V., 2019. *Ponce Lerou. Pinochet—el litio—las Cascadas—las platas políticas*. Santiago, Chile: Editorial Catalonia, p. 291 (Kindle edition).

19   Ibid.

20   Ibid.

21   Ibid.

22   La Tercera. 2019. *La relación de Julio Ponce Lerou y su exsuegro, "Don Augusto"*. [online] Available at: ⟨https://www.latercera.com/la-tercera-domingo/noticia/la-relacion-julio-ponce-lerou-exsuegro-don-augusto/938782/⟩ [Accessed 9 April 2021].

23   Ibid.

24   Vargas Rojas, V., 2014. *¿Quié es Julio Ponce Lerou? El funcionario público yerno de Pinochet que se convirtió en millonario.* [online] El Desconcierto—Prensa digital libre. Available at: ⟨https:// www.eldesconcierto.cl/nacional/2014/09/03/quien-es-julio-ponce-lerou-el-funcionario-publico-que-se-convirtio-en-millonario.html⟩ [Accessed 9 April 2021].

25   Cofré, V., 2019. *Ponce Lerou. Pinochet—el litio—las Cascadas—las platas políticas.* Santiago, Chile: Editorial Catalonia, p. 1906-1961 (Kindle edition).

26   Ibid.

27   Ibid.

28   Sanderson, H., 2018. *Chilean billionaire Ponce Lerou rejoins lithium producer SQM.* [online] Ft.com. Available at: ⟨https://www.ft.com/content/225ab6a4-68e4-11e8-b6eb-4acfcfb08c11⟩ [Accessed 9 April 2021].

29   Ibid.

30   BBC News. 2014. *Chile fines Pinochet's ex son-in-law Julio Ponce.* [online] Available at: ⟨https:// www.bbc.co.uk/news/world-latin-america-2904 2478⟩ [Accessed 9 April 2021].

31   Urquieta, C. and Sepulveda, N., 2014. *Los grupos económicos chilenos van de tour por los paraísos fiscales.* [online] El Mostrador. Available at: ⟨https://www.elmostrador.cl/mercados/destacados-mercado/2014/11/19/los-grupos-economicos-chilenos-van-de-tour-por-los-paraisos-fiscales/⟩ [Accessed 9 April 2021].

32   Ibid.

33   Cofré, V., 2019. *Ponce Lerou. Pinochet—el litio—las Cascadas—las platas políticas.* Santiago, Chile: Editorial Catalonia, p. 3585-3601 (Kindle edition).

34   Ibid.

35   Cmfchile.cl. 2014. *SVS sanciona a personas, ejecutivos y corredora de bolsa en el marco de la investigación sobre Sociedades Cascada—CMF Chile—Prensa y Presentaciones.* [online] Available at: ⟨https://www.cmfchile. cl/portal/prensa/615/w3-article-17480.html⟩ [Accessed 10 April 2021].

36   Reuters.com. 2013. *Chile regulator accuses SQM over market manipulation.* [online] Available at: ⟨https://www.reuters.com/article/chile-sqm-trading-idUSL2N0H70SC20130911⟩ [Accessed 10 April 2021].

37   Vasquez, M., 2019. *Un breve análisis del caso Cascadas: buen gobierno corporativo, interés social y responsabilidades de los administradores.* [online] Elmercurio.com. Available at: ⟨https://www. elmercurio.com/legal/movil/detalle.aspx?Id=907523&Path=/0D/D9/⟩ [Accessed 10 April 2021].

38   CNN. 2013. *Abogado querellante detalló el caso de las empresas "cascadas".* [video] Available at: ⟨https://www.youtube.com/watch?v=wTe O480-TtU&t=592s⟩ [Accessed 10 April 2021].

39   Cmfchile.cl. 2014. *SVS sanciona a personas, ejecutivos y corredora de bolsa en el marco de la investigación sobre Sociedades Cascada—CMF Chile—Prensa y Presentaciones.* [online] Available at: ⟨https://www.cmfchile. cl/portal/prensa/615/w3-article-17480.html⟩ [Accessed 10 April 2021].

40   Ibid.

41   Craze, M. and Quiroga, J., 2014. *SQM's Ponce Fined $70 Million in Record Chile Sanctions.* [online] Bloomberg.com. Available at: ⟨https://www.bloomberg.com/news/articles/2014-09-02/sqm-s-ponce-fined-70-million-in-record-chile-sanctions?sref=TtblOutp⟩ [Accessed 10 April 2021].

42   Forbes. 2020. *Sebastian Piñera & family.* [online] Available at: ⟨https://www.forbes.com/profile/sebastian-pinera/?sh=7d839eae7a75⟩ [Accessed 10 March 2020].

43   Zulver, J. and Youkee, M., 2018. *Mystical islanders divided over Chile's giant bridge project.* [online] Reuters.com. Available at: ⟨https://www.reuters.com/article/us-chile-landrights-island-idUSKCN1GD5Je⟩ [Accessed 16 March 2021].

44   Forbes. 2020. *Donald Trump.* [online] Available at: ⟨https://www.forbes.com/profile/donald-trump/?sh=2da34caa47bd⟩ [Accessed 10 March 2020].

45   Mitchell, C., 2018. *Is Pinochet's shadow over Chile beginning to recede?.* [online] Aljazeera.com. Available at: ⟨https://www.aljazeera.com/news/2018/9/11/is-pinochets-shadow-over-chile-beginning-to-recede⟩ [Accessed 16 March 2021].

46   Aravena, L., 2014. J. Ponce: *"Si su excelencia el Presidente no hubiera participado en las cascadas, no habría caso cascadas".* [online] La Tercera. Available at: ⟨https://www.latercera.com/noticia/j-ponce-si-su-excelencia-el-presidente-no-hubiera-participado-en-las-cascadas-no-habria-caso-cascadas/⟩ [Accessed 10 April 2021].

47   Reuters.com. 2007. *UPDATE 3-Chile's LAN director Pinera fined over share trade.* [online] Available at: ⟨https://www.reuters.com/article/chile-lan-pinera-idUKN0619647720070706⟩ [Accessed 10 April 2021].

48   Sec.gov. 2017. *SEC.gov | Chemical and Mining Company in Chile Paying $30 Million to Resolve FCPA Cases.* [online] Available at: ⟨https://www.sec.gov/news/pressrelease/2017-13.html⟩ [Accessed 10 April 2021].

49   Sec.gov. 2018. *ORDER INSTITUTING CEASE-AND-DESIST PROCEEDINGS, PURSUANT TO SECTION 21C OF THE SECURITIES EXCHANGE ACT OF 1934, MAKING FINDINGS, AND IMPOSING REMEDIAL SANCTIONS AND A CEASE-AND-DESIST ORDER.*

[online] Available at: ⟨https://www.sec.gov/litigation/admin/2018/34-84280.pdf⟩ [Accessed 10 April 2021].

50 Cofré, V., 2016. *El mapa político de los pagos de SQM.* [online] La Tercera. Available at: ⟨https://www.latercera.com/noticia/el-mapa-politico-de-los-pagos-de-sqm/⟩ [Accessed 10 April 2021].

51 Americaeconomia.com. 2015. *SQM asegura que entregó de US$8,2 millones para política en Chile.* [online] Available at: ⟨https://www.americaeconomia.com/negocios-industrias/sqm-asegura-que-entrego-de-us82-millones-para-politica-en-chile⟩ [Accessed 10 April 2021].

52 Statista. 2020. *Copper export value in Chile 2019.* [online] Available at: ⟨https://www.statista.com/statistics/795592/chile-value-of-copper-exports/⟩ [Accessed 10 April 2021].

53 Reuters.com. 2019. *Chilean lithium exports continue rise, to $949 mln in 2018—central bank.* [online] Available at: ⟨https://www.reuters.com/article/chile-lithium-idUSL1N1Z700u⟩ [Accessed 10 April 2021].

54 Jaskula, B., 2020. *Lithium.* [online] Pubs.usgs.gov. Available at: ⟨https://pubs.usgs.gov/periodicals/mcs2020/mcs2020-lithium.pdf⟩ [Accessed 8 April 2021].

55 Wits.worldbank.org. n.d. *Chile Trade Summary 2018 | WITS | Text.* [online] Available at: ⟨https://wits.worldbank.org/CountryProfile/en/Country/CHL/Year/LTST/Summarytext⟩ [Accessed 10 April 2021].

56 Trendeconomy.com. n.d. *Saudi Arabia | Imports and Exports | World | ALL COMMODITIES | Value (US$) and Value Growth, YoY (%) | 2008-2019.* [online] Available at: ⟨https://trendeconomy.com/data/h2/SaudiArabia/TOTAl⟩ [Accessed 10 April 2021].

57 Miningglobal.com. 2019. *Exclusive: Wealth Minerals—"Chile can be the Saudi Arabia of lithium" | Supply Chain & Operations | Mining Global.* [online] Available at: ⟨https://www.miningglobal.com/supply-chain-and-operations/exclusive-wealth-minerals-chile-can-be-saudi-arabia-lithium⟩ [Accessed 10 April 2021].

58 Cubillos, C., Aguilar, P., Grágeda, M. and Dorador, C., 2018. 'Microbial Communities From the World's Largest Lithium Reserve, Salar de Atacama, Chile: Life at High LiCl Concentrations'. *Journal of Geophysical Research: Biogeosciences,* 123(12), pp. 3668-3681.

59 Ibid.

60 At-minerals.com. 2017. *Boom—New era for lithium—Mineral Processing.* [online] Available at: ⟨https://www.at-minerals.com/en/artikel/at_2017-06_Boom_-_New_era_for_lithium_2849521.html⟩ [Accessed 10 April 2021].

61 Fighter, F., 2019. *SQM: Even More Pain Ahead For Lithium.* [online] Seekingalpha.com. Available at: ⟨https://seekingalpha.com/article/4287556-sqm-even-pain-ahead-for-lithium⟩

[Accessed 10 April 2021].

62   Perotti, R. and Coviello, M., 2015. *GOVERNANCE OF STRATEGIC MINERALS IN LATIN AMERICA: THE CASE OF LITHIUM*. [online] Cepal.org. Available at: ⟨https://www.cepal.org/sites/default/files/publication/files/38961/S1500861_en.pdf⟩ [Accessed 11 April 2021].

63   Indmin.com. 2015. *What to expect from the Chilean lithium industry after the National Commission's advancement plan?* [online] Available at: ⟨http://www.indmin.com/events/download.ashx/document/speaker/8180/a0ID000000X0kKuMAJ/Presentation⟩ [Accessed 11 April 2021].

64   Metalbulletin.com. n.d. *Molymet—Molibdenos y Metales SA | Metal Bulletin Company Database*. [online] Available at: ⟨https://www.metalbulletin.com/companydata/Basic-Information/Molymet-Molibdenos-y-Metales-SA/782⟩ [Accessed 11 April 2021].

65   Encyclopedia.com. n.d. *AMAX Inc*. [online] Available at: ⟨https://www.encyclopedia.com/books/politics-and-business-magazines/amax-inc⟩ [Accessed 11 April 2021].

66   Perotti, R. and Coviello, M., 2015. *GOVERNANCE OF STRATEGIC MINERALS IN LATIN AMERICA: THE CASE OF LITHIUM*. [online] Cepal.org. Available at: ⟨https://www.cepal.org/sites/default/files/publication/files/38961/S1500861_en.pdf⟩ [Accessed 11 April 2021].

67   Cofré, V., 2019. *Ponce Lerou. Pinochet—el litio—las Cascadas—las platas políticas*. Santiago, Chile: Editorial Catalonia, p. 3346 (Kindle edition).

68   Ibid.

69   Albemarle.com. n.d. *North America | Lithium Sites & Contacts | Albemarle*. [online] Available at: ⟨https://www.albemarle.com/businesses/lithium/locations/north-america⟩ [Accessed 11 April 2021].

70   Cofré, V., 2019. *Ponce Lerou. Pinochet—el litio—las Cascadas—las platas políticas*. Santiago, Chile: Editorial Catalonia, p. 3352 (Kindle edition).

71   Ibid.

72   Today's Motor Vehicles. 2016. *FMC to triple lithium hydroxide production to feed electric vehicle demand*. [online] Available at: ⟨https://www.todaysmotorvehicles.com/article/fmc-lithium-expansion-electric-vehicles-battery-052416/⟩ [Accessed 11 April 2021].

73   Cofré, V., 2019. *Ponce Lerou. Pinochet—el litio—las Cascadas—las platas políticas*. Santiago, Chile: Editorial Catalonia, p. 3352 (Kindle edition).

74   Ibid. p. 3398.

75   Ibid. p. 3411.

76   Ibid.

77   Ibid.

78 Ibid., pp. 3411-3426.

79 Ibid.

80 Ibid. p. 3484.

81 Jaskula, B., 2020. *Lithium*. [online] Pubs.usgs.gov. Available at: ⟨https://pubs.usgs.gov/periodicals/mcs2020/mcs2020-lithium.pdf⟩ [Accessed 8 April 2021].

82 Ibid. p. 3424.

83 Sherwood, D., 2019. *Exclusive: Chile nuclear watchdog weighs probe into fraud over lithium exports—documents*. [online] Reuters.com. Available at: ⟨https://www.reuters.com/article/us-chile-lithium-exclusive-id USKCN1P91Yg⟩ [Accessed 11 April 2021].

84 Sanderson, H., 2016. *Lithium: Chile's buried treasure*. [online] Ft.com. Available at: ⟨https://www.ft.com/content/cde8f984-43c7-11e6-b22f-79eb4891c97d⟩ [Accessed 16 March 2021].

85 BNamericas.com. 2017. *SQM fails to reach agreement with Corfo*. [online] Available at: ⟨https://www.bnamericas.com/en/news/sqm-fails-to-reach-agreement-with-corfo⟩ [Accessed 16 March 2021].

86 BNamericas.com. 2015. *SQM fires back at Corfo over land concession payments*. [online] Available at: ⟨https://www.bnamericas.com/en/news/sqm-fires-back-at-corfo-over-land-concession-payments1⟩ [Accessed 11 April 2021].

87 Arellano, A., 2018. *SQM-CORFO: las jugadas maestras que consolidaron el poder de Ponce Lerou*. [online] CIPER Chile. Available at: ⟨https://www.ciperchile.cl/2018/06/13/sqm-corfo-las-jugadas-maestras-que-consolidaron-el-poder-de-ponce-lerou/⟩ [Accessed 11 April 2021].

88 Reuters.com. 2016. *Chile begins new arbitration against SQM over contract dispute*. [online] Available at: ⟨https://www.reuters.com/article/sqm-arbitration-idLTAL2N18K1F1⟩ [Accessed 11 April 2021].

89 BNamericas.com. 2016. *SQM rejects Corfo's new arbitration request*. [online] Available at: ⟨https://www.bnamericas.com/en/news/sqm-rejects-corfos-new-arbitration-request1⟩ [Accessed 11 April 2021].

90 BNamericas.com. 2016. *Corfo launches 2nd arbitration process against SQM*. [online] Available at: ⟨https://www.bnamericas.com/en/news/corfo-launches-2nd-arbitration-process-against-sqm1⟩ [Accessed 11 April 2021].

91 Ibid.

92 BNamericas.com. 2016. *SQM hits back in dispute with state agency*. [online] Available at: ⟨https://www.bnamericas.com/en/news/sqm-hits-back-in-dispute-with-state-agency/?position=687864⟩ [Accessed 11 April 2021].

93 Roskill.com. 2018. *Lithium: Corfo and SQM settle differences, agree new Salar de Atacama license*.

[online] Available at: ⟨https://roskill.com/news/lithium-corfo-sqm-settle-differences-agree-new-salar-de-atacama-license/⟩ [Accessed 11 April 2021].

94   Ibid.

95   Lowry, J., Hersch, E. and Bitran, E., 2018. *Episode 27 "Man on a Mission"*. [podcast] Global Lithium Podcast. Available at: ⟨http://lithiumpodcast.com/podcast/e27-man-on-a-mission/⟩ [Accessed 15 March 2021].

96   Ibid.

97   Jamasmie, C., 2019. *EV sector will need 250% more copper by 2030 just for charging stations.* [online] MINING.COM. Available at: ⟨https://www.mining.com/ev-sector-will-need-250-more-copper-by-2030-just-for-charging-stations/#:~:text=While%20it%20is%20a%20known,growth%2C%20a%20new%20study%20shows.⟩ [Accessed 11 April 2021].

98   Lowry, J., Hersh, E., Galli, D., Galli, C. and Alvarado, D., 2018. *Episode 11: Lithium Family Values in Argentina.* [podcast] Global Lithium Podcast. Available at: ⟨http://lithiumpodcast.com/podcast/e11-lithium-family-values-in-argentina/⟩ [Accessed 15 March 2021].

99   Ibid.

100 Ibid.

101 Guzman, J., Faundez, P., Jara, J. and Retamal, C., 2021. ROLE OF LITHIUM MINING ON THE WATER STRESS OF THE SALAR DE ATACAMA BASIN.

102 Lowry, J., Hersh, E., Galli, D., Galli, C. and Alvarado, D., 2018. *Episode 11: Lithium Family Values in Argentina.* [podcast] Global Lithium Podcast. Available at: ⟨http://lithiumpodcast.com/podcast/e11-lithium-family-values-in-argentina/⟩ [Accessed 15 March 2021].

103 Ibid.

104 Ibid.

105 Ibid.

106 Ibid.

107 Ibid.

108 Ibid.

109 Ibid.

110 Iturrieta, F. and O'Brien, R., 2017. *Chile to invite bids on value-added lithium tech in April.* [online] Reuters.com. Available at: ⟨https://www.reuters.com/article/us-chile-corfo-idUSKBN15127u⟩ [Accessed 11 April 2021].

111 Lombrana, L., 2019. *Lithium-Rich Chile Seeks to Become Major Player in Battery Sector.* [online] Transport Topics. Available at: ⟨https://www.ttnews.com/articles/lithium-rich-chile-seeks-become-major-player-battery-sector⟩ [Accessed 11 April 2021].

112   Ibid.

113   Lombrana, L., 2019. *Lithium Giant's Landmark Deal Is Big Step to Battery 'Dream'.* [online]
      Bloomberg.com. Available at: 〈https://www.bloomberg.com/news/articles/2019-02-01/
      lithium-giant-s-landmark-deal-is-big-step-to-battery-hub-dream?sref=TtblOutp〉
      [Accessed 11 April 2021].

114   Sherwood, D., 2019. *Molymet drops plans for battery parts factory in Chile.* [online] Reuters.
      com. Available at: 〈https://www.reuters.com/article/chile-lithium/molymet-drops-plans-for-
      battery-parts-factory-in-chile-idUKL2N24E04t〉 [Accessed 11 April 2021].

115   Chung, J. and Sherwood, D., 2019. *South Korea's POSCO drops plans for Chilean battery ma-
      terial plant.* [online] Reuters.com. Available at: 〈https://www.reuters.com/article/us-chile-
      lithium-posco-idUSK CN1TM2Lr〉 [Accessed 11 April 2021].

116   Sherwood, D., 2019. *RPT-FOCUS-How lithium-rich Chile botched a plan to attract battery
      makers.* [online] Reuters.com. Available at: 〈https://www.reuters.com/article/chile-lithium-
      idUSL2N24H1W8〉 [Accessed 11 April 2021].

117   Cofré, V., 2019. *Ponce Lerou. Pinochet—el litio—las Cascadas—las platas políticas.* Santiago,
      Chile: Editorial Catalonia, p. 3475-3488 (Kindle edition).

118   Ibid.

119   Ibid.

120   Ibid. p. 3502.

121   Ibid.

122   Ibid. p. 3516.

123   Ober, J., 1995. *Lithium.* [online] S3-us-west-2.amazonaws.com. Available at: 〈https://
      s3-us-west-2.amazonaws.com/prd-wret/assets/palladium/production/mineral-pubs/
      lithium/450495.pdf〉 [Accessed 15 March 2021].

124   Maxwell, P., 2013. Analysing the lithium industry: Demand, supply, and emerging
      developments. *Mineral Economics,* 26(3), pp. 97-106.

125   Cofré, V., 2019. Ponce Lerou. Pinochet—el litio—las Cascadas—las platas políticas. Santiago,
      Chile: Editorial Catalonia, p. 3516

126   Ibid. pp. 3516-3544.

127   Lowry, J., Hersch, E. and Bitran, E., 2018. *Episode 27 "Man on a Mission".* [podcast] Global
      Lithium Podcast. Available at: 〈http://lithiumpodcast.com/podcast/e27-man-on-a-mission/〉
      [Accessed 15 March 2021].

128   Ibid.

129   Ibid.

130   Ibid.

131   Ibid.

132   Ibid.

133   Ibid.

134   Yáñez, D., 2016. *De Corfo a SQM: El evidente conflicto de interés de Rafael Guilisasti.* [online] El Ciudadano. Available at: ⟨https://www.elciudadano.com/economia/de-corfo-a-sqm-el-evidente-conflicto-de-interes-de-rafael-guilisasti/09/16/⟩ [Accessed 11 April 2021].

135   Lowry, J., Hersch, E. and Bitran, E., 2018. *Episode 27 "Man on a Mission".* [podcast] Global Lithium Podcast. Available at: ⟨http://lithiumpodcast.com/podcast/e27-man-on-a-mission/⟩ [Accessed 15 March 2021].

136   Ibid.

137   Ibid.

138   Ibid.

139   Steinbild, M., 2018. *SQM reached Agreement with CORFO: steinbildconsulting.com.* [online] Steinbildconsulting.com. Available at: ⟨http://www.steinbildconsulting.com/index.php/blog/sqm-reached-agreement-corfo⟩ [Accessed 11 April 2021].

140   Lowry, J., Hersch, E. and Bitran, E., 2018. *Episode 27 "Man on a Mission".* [podcast] Global Lithium Podcast. Available at: ⟨http://lithiumpodcast.com/podcast/e27-man-on-a-mission/⟩ [Accessed 15 March 2021].

141   Ibid.

142   Ibid.

143   Ibid.

144   Ibid.

145   SQM. n.d. *Our History.* [online] Available at: ⟨https://www.sqm.com/en/acerca-de-sqm/informacion-corporativa/nuestra-historia/⟩ [Accessed 12 April 2021].

6장 혼란한 정치와 흔들리는 리튬 산업

1   Jaskula, B., 2020. *Lithium.* [online] Pubs.usgs.gov. Available at: ⟨https://pubs.usgs.gov/periodicals/mcs2020/mcs2020-lithium.pdf⟩ [Accessed 8 April 2021].

2   Ibid.

3   Argusmedia.com. 2020. *Argentina hints at incentives for lithium investment.* [online] Available at: ⟨https://www.argusmedia.com/en/news/2160377-argentina-hints-at-incentives-for-lithium-investment#:~: text=Argentina%20has%20the%20world's% 20third, undergoing%

20a% 20preliminary% 20economic% 20assessment.⟩ [Accessed 12 April 2021].

4   Lowry, J., Hersh, E., Galli, D., Galli, C. and Alvarado, D., 2018. *Episode 11: Lithium Family Values in Argentina.* [podcast] Global Lithium Podcast. Available at: ⟨http://lithiumpodcast. com/podcast/e11-lithium-family-values-in-argentina/⟩ [Accessed 15 March 2021].

5   Ibid.

6   Talens Peiró, L., Villalba Méndez, G. and Ayres, R., 2013. 'Lithium: Sources, Production, Uses, and Recovery Outlook'. *JOM,* 65 (8), pp. 986-996.

7   Patents.google.com. 2013. *Process for producing lithium carbonate from concentrated lithium brine.* [online] Available at: ⟨https://patents. google.com/patent/WO2013036983A1/en⟩ [Accessed 12 April 2021].

8   Talens Peiró, L., Villalba Méndez, G. and Ayres, R., 2013. 'Lithium: Sources, Production, Uses, and Recovery Outlook'. *JOM,* 65 (8), pp. 986-996.

9   Peyrille, A., 2015. *Argentina's Mine Industry Doubles Down on Lithium.* [online] IndustryWeek. Available at: ⟨https://www.industryweek.com/the-economy/environment/article/21966108/ argentinas-mine-industry-doubles-down-on-lithium⟩ [Accessed 12 April 2021].

10   Lambert, F., 2017. *Tesla officials visit Argentina's Gorvernor of Salta for solar + storage projects and sourcing lithium.* [online] Electrek. Available at: ⟨https://electrek.co/2017/05/04/tesla-argentina-solar-storage-lithium/⟩ [Accessed 12 April 2021].

11   BNamericas.com. 2019. *Alberto Fernández meets miners to ease investment fears.* [online] Available at: ⟨https://www.bnamericas.com/en/features/alberto-fernandez-meets-miners-to-ease-investment-fears⟩ [Accessed 12 April 2021].

12   Eramet.com. 2012. *Transforming much more than ore.* [online] Available at: ⟨https://www. eramet.com/sites/default/files/2019-05/eramet_reference_document_2012.pdf⟩ [Accessed 12 April 2021].

13   Eramet.com. 2020. *Eramet: a leader in battery recycling in Europe?* [online] Available at: ⟨https:// www.eramet.com/en/eramet-leader-battery-recycling-europe⟩ [Accessed 12 April 2021].

14   BNamericas.com. 2020. *Eramet abandons US$600mn Argentina lithium project.* [online] Available at: ⟨https://www.bnamericas.com/en/news/eramet-abandons-us600mn-argentina-lithium-project⟩ [Accessed 12 April 2021].

15   Reuters.com. 2020. *France's Eramet freezes lithium mine project in Argentina.* [online] Available at: ⟨https://www.reuters.com/article/us-eramet-results-idUSKBN20D2Kp⟩ [Accessed 12 April 2021].

16   Marchegiani, P., Höglund, J., Gómez, H. and Gómez, L., 2019. *Lithium extraction in Argentina: a case study on the social and environmental impacts.* [online] Goodelectronics.org. Available

at: 〈https://goodelectronics.org/wp-content/uploads/sites/3/2019/05/DOC_ LITHIUM_ ENGLISH.pdf〉 [Accessed 12 April 2021].

17   Informacionminera.produccion.gob.ar. 2019. *Argentina Advanced Lithium Projects in Salares.* [online] Available at: 〈http://informacionminera.produccion.gob.ar/assets/ datasets/2019-07-15%20 Proyectos%20Avanzados%20de%20Litio%20en%20Argentina.pdf〉 [Accessed 12 April 2021].

18   Srk.com. n.d. *South America: Salar De Uyuni Brine Deposit.* [online] Available at: 〈https:// www.srk.com/en/publications/south-america-salar-de-uyuni-brine-deposit〉 [Accessed 12 April 2021].

19   Katwala, A., 2018. *The spiralling environmental cost of our lithium battery addiction.* [online] WIRED UK. Available at: 〈https://www.wired.co.uk/article/lithium-batteries-environment-impact〉 [Accessed 16 March 2021].

20   Obbekær, M. and Mortensen, N., 2019. *How much water is used to make the world's batteries?* [online] Danwatch.dk. Available at: 〈https://danwatch.dk/en/undersoegelse/how-much-water-is-used-to-make-the-worlds-batteries/〉 [Accessed 12 April 2021].

21   Marchegiani, P., Höglund, J., Gómez, H. and Gómez, L., 2019. *Lithium extraction in Argentina: a case study on the social and environmental impacts.* [online] Goodelectronics.org. Available at: 〈https://goodelectronics.org/wp-content/uploads/sites/3/2019/05/DOC_ LITHIUM_ ENGLISH.pdf〉 [Accessed 12 April 2021].

22   Ibid.

23   Un.org. n.d. *United Nations Declaration on the Rights of Indigenous Peoples.* [online] Available at: 〈https://www.un.org/development/desa/indigenouspeoples/wp-content/uploads/ sites/19/2019/01/UNDRIP_E_web.pdf〉 [Accessed 12 April 2021].

24   Marchegiani, P., Höglund, J., Gómez, H. and Gómez, L., 2019. *Lithium extraction in Argentina: a case study on the social and environmental impacts.* [online] Goodelectronics.org. Available at: 〈https://goodelectronics.org/wp-content/uploads/sites/3/2019/05/DOC_ LITHIUM_ ENGLISH.pdf〉 [Accessed 12 April 2021].

25   Ibid.

26   Ft.com. 2016. *Lunch with the FT: Ali al-Naimi on two decades as Saudi's oil king.* [online] Available at: 〈https://www.ft.com/content/348ce86c-ac19-11e6-ba7d-76378e4fef24〉 [Accessed 15 March 2021].

1 Refworld. 2012. *State of the World's Minorities and Indigenous Peoples 2012—Bolivia.* [online] Available at: 〈https://www.refworld.org/docid/4fedb407c.html〉 [Accessed 12 April 2021].

2 Dube, J., 2019. *Bolivian President Resigns After Re-Election Marred by Fraud Allegations.* [online] Wall Street Journal. Available at: 〈https://www.wsj.com/articles/bolivia-s-president-evo-morales-calls-for-new-presidential-elections-11573391449〉 [Accessed 12 April 2021].

3 Londoño, E., 2019. *Bolivian Leader Evo Morales Steps Down (Published 2019).* [online] Nytimes.com. Available at: 〈https://www.nytimes.com/2019/11/10/world/americas/evo-morales-bolivia.html〉 [Accessed 12 April 2021].

4 France 24. 2019. *Morales claims US orchestrated 'coup' to tap Bolivia's lithium.* [online] Available at: 〈https://www.france24.com/en/20191224-morales-claims-us-orchestrated-coup-to-tap-bolivia-s-lithium〉 [Accessed 12 April 2021].

5 Ibid.

6 Jaskula, B., 2020. [online] Pubs.usgs.gov. Available at: 〈https://pubs. usgs.gov/periodicals/mcs2020/mcs2020-lithium.pdf〉 [Accessed 18 March 2021].

7 Lithium Today. 2018. *Lithium supply in Bolivia.* [online] Available at: 〈http://lithium.today/lithium-supply-by-countries/lithium-supply-bolivia/〉 [Accessed 12 April 2021].

8 Greenfield, P., 2016. *Story of cities #6: how silver turned Potosí into 'the first city of capitalism'.* [online] The Guardian. Available at: 〈https://www.theguardian.com/cities/2016/mar/21/story-of-cities-6-potosi-bolivia-peru-inca-first-city-capitalism〉 [Accessed 12 April 2021].

9 Economist.com. 1999. *Tin Soldiers.* [online] Available at: 〈https://www.economist.com/the-americas/1999/01/07/tin-soldiers〉 [Accessed 12 April 2021].

10 Engdahl, F., 2009. *Russia and Bolivia to Launch Gas Joint Venture.* [online] Archive.globalpolicy. org. Available at: 〈https://archive.globalpolicy.org/challenges-to-the-us-empire/the-rise-of-competitors/48328-russia-and-bolivia-to-launch-gas-joint-venture. html〉 [Accessed 12 April 2021].

11 Fuentes, F., 2013. *Nationalization puts wealth in hands of the Bolivian people.* [online] Canadiandimension.com. Available at: 〈https://canadiandimension.com/articles/view/nationalisation-puts-wealth-in-hands-of-the-bolivian-people〉 [Accessed 12 April 2021].

12 Abelvik-Lawson, H., 2019. 'Indigenous Environmental Rights, Participation and Lithium Mining in Argentina and Bolivia: A Socio-Legal Analysis'. *PhD thesis, University of Essex,* [online] Available at: 〈http://repository.essex.ac.uk/25797/1/Helle%20A-L%20THESIS% 20FINAL. pdf〉 [Accessed 18 March 2021].

13   Wikileaks.org. 2009. *Cable: 09LAPAZ267_a.* [online] Available at: ⟨https://wikileaks.org/plusd/cables/09LAPAZ267_a.html⟩ [Accessed 18 March 2021].

14   Ibid.

15   Ibid.

16   Ibid.

17   Abelvik-Lawson, H., 2019. 'Indigenous Environmental Rights, Participation and Lithium Mining in Argentina and Bolivia: A Socio-Legal Analysis'. *PhD thesis, University of Essex,* [online] Available at: ⟨http://repository.essex.ac.uk/25797/1/Helle%20A-L%20THESIS% 20FINAL. pdf⟩ [Accessed 18 March 2021].

18   Lithium Today. 2018. *With experts on lithium (series)—JUAN CARLOS ZULETA.* [online] Available at: ⟨http://lithium.today/expert-lithium-series/⟩ [Accessed 18 March 2021].

19   Ibid.

20   Abelvik-Lawson, H., 2019. 'Indigenous Environmental Rights, Participation and Lithium Mining in Argentina and Bolivia: A Socio-Legal Analysis'. *PhD thesis, University of Essex,* [online] Available at: ⟨http://repository.essex.ac.uk/25797/1/Helle%20A-L%20THESIS%20 FINAL. pdf⟩ [Accessed 18 March 2021].

21   Ibid.

22   Vidal, J., 2009. *Evo Morales stuns Copenhagen with demand to limit temperature rise to 1C.* [online] The Guardian. Available at: ⟨https://www.theguardian.com/environment/2009/dec/16/evo-morales-hugo-chavez⟩ [Accessed 12 April 2021].

23   Kurmanaev, A. and Krauss, C., 2019. *Ethnic Rifts in Bolivia Burst Into View With Fall of Evo Morales (Published 2019).* [online] Nytimes.com. Available at: ⟨https://www.nytimes.com/2019/11/15/world/americas/morales-bolivia-Indigenous-racism.html⟩ [Accessed 12 April 2021].

24   Radhuber, I. and Andreucci, D., 2014. *Indigenous Bolivians are seething over mining reforms.* [online] The Conversation. Available at: ⟨https://theconversation.com/indigenous-bolivians-are-seething-over-mining-reforms-27085⟩ [Accessed 12 April 2021].

25   Telesurenglish.net. 2019. *Bolivia to Introduce First Domestically-Made Electric Vehicle.* [online] Available at: ⟨https://www.telesurenglish.net/news/Bolivia-to-Introduce-First-Domestically-Made-Electric-Vehicle--20191002-0015.html⟩ [Accessed 12 April 2021].

26   Garcia, E., 2009. *RPT-INTERVIEW-LG may seek to tap Bolivian lithium deposit.* [online] Reuters.com. Available at: ⟨https://www.reuters.com/article/bolivia-lithium/rpt-interview-lg-may-seek-to-tap-bolivian-lithium-deposit-idUKN0954338620090209⟩ [Accessed 12 April 2021].

27   Rfi.fr. 2009. *Be partners not predators, Morales warns French firms on Paris visit.* [online] Available at: 〈http://www1.rfi.fr/actuen/articles/110/article_2926.asp〉 [Accessed 12 April 2021].

28   Wikileaks.org. 2009. *Cable: 09LAPAZ267_a.* [online] Available at: 〈https://wikileaks.org/plusd/cables/09LAPAZ267_a.html〉 [Accessed 18 March 2021].

29   Ibid.

30   Metalbulletin.com. 2009. *Bolloré-Eramet lithium development partnership with Bolivia.* [online] Available at: 〈https://www.metalbulletin.com/Article/2164778/Bollor-Eramet-lithium-development-partnership-with-Bolivia.html〉 [Accessed 12 April 2021].

31   Francois, I., 2010. *Bolloré et Eramet vont chercher du lithium in Argentine.* [online] Les Echos. Available at: 〈https://www.lesechos.fr/2010/02/bollore-et-eramet-vont-chercher-du-lithium-en-argentine-418145〉 [Accessed 12 April 2021].

32   Wikileaks.org. 2009. *Cable: 09LAPAZ267_a.* [online] Available at: 〈https://wikileaks.org/plusd/cables/09LAPAZ267_a.html〉 [Accessed 18 March 2021].

33   Ibid.

34   Ibid.

35   Ibid.

36   Ibid.

37   Obayashi, Y., 2019. *Japan's SMM aims to double battery material capacity in nine years.* [online] Reuters.com. Available at: 〈https://www.reuters.com/article/us-sumitomo-mtl-min-metals-idUSKCN1SN0J6〉 [Accessed 12 April 2021].

38   Romero, S., 2009. *In Bolivia, Untapped Bounty Meets Nationalism (Published 2009).* [online] Nytimes.com. Available at: 〈https://www.nytimes.com/2009/02/03/world/americas/03lithium.html〉 [Accessed 12 April 2021].

39   Abelvik-Lawson, H., 2019. 'Indigenous Environmental Rights, Participation and Lithium Mining in Argentina and Bolivia: A Socio-Legal Analysis'. *PhD thesis, University of Essex,* [online] Available at: 〈http://repository.essex.ac.uk/25797/1/Helle%20A-L%20THESIS%20FINAL.pdf〉 [Accessed 18 March 2021].

40   Ibid.

41   Roy, F., 2016. *Bolivia's Comibol to commence lithium output from Salar de Uyuni deposit in Q4'18.* [online] Spglobal.com. Available at: 〈https://www.spglobal.com/marketintelligence/en/news-insights/trending/llq-ytkmjieymrx0ipcg1q2〉 [Accessed 12 April 2021].

42   Ylb.gob.bo. 2020. *Yacimientos de Litio Bolivianos, RENDICIÓN DE CUENTAS PÚBLICAS, 2019-2020.* [online] Available at: 〈https://www.ylb.gob.bo/archivos/notas_archivos/rendicion_de_cuentas_ publicas_c.pdf〉 [Accessed 12 April 2021].

43   Aljazeera.com. 2017. *The changing landscape of Bolivia's salt flats.* [online] Available at: ⟨https://www.aljazeera.com/gallery/2017/5/3/the-changing-landscape-of-bolivias-salt-flats⟩ [Accessed 12 April 2021].

44   McCrae, M., 2015. *Orocobre's lithium plant is up and running.* [online] MINING.COM. Available at: ⟨https://www.mining.com/orocobres-lithium-plant-is-up-and-running-32706/⟩ [Accessed 12 April 2021].

45   Ingram, T., 2017. *Olaroz: Orocobre's high-altitude lithium challenge.* [online] Australian Financial Review. Available at: ⟨https://www.afr.com/companies/mining/olaroz-orocobres-highaltitude-lithium-challenge-20171110-gzigx4⟩ [Accessed 12 April 2021].

46   ECM. n.d. *PV equipment manufacturer Industrial PV Furnaces.* [online] Available at: ⟨https://ecm-greentech.fr/⟩ [Accessed 12 April 2021].

47   Mitra Taj, M., 2019. *In the new lithium 'Great Game,' Germany edges out China in Bolivia.* [online] Reuters.com. Available at: ⟨https://www.reuters.com/article/bolivia-lithium-germany-idINKCN1PM1Q3⟩ [Accessed 12 April 2021].

48   Ibid.

49   Lawyer Monthly. 2019. *ACISA create joint venture to industrialize lithium.* [online] Available at: ⟨https://www.lawyer-monthly.com/2019/03/acisa-create-joint-venture-to-industrialize-lithium/⟩ [Accessed 12 April 2021].

50   Ibid.

51   Ramos, D., 2019. *Bolivia picks Chinese partner for $2.3 billion lithium projects.* [online] Reuters.com. Available at: ⟨https://www.reuters.com/article/us-bolivia-lithium-china-idUSKCN1PV2F7⟩ [Accessed 12 April 2021].

52   Reuters.com. 2019. *Bolivia's lithium partnership with Germany's ACI Systems hits snag.* [online] Available at: ⟨https://www.reuters.com/article/us-bolivia-germany-lithium-idUSKBN1XE01n⟩ [Accessed 12 April 2021].

53   Preuss, S., 2019. *So schnell geben die Schwaben das Lithium-Projekt nicht verloren.* [online] FAZ.NET. Available at: ⟨https://www.faz.net/aktuell/wirtschaft/unternehmen/so-schnell-gibt-aci-das-lithium-projekt-nicht-verloren-16470092.html⟩ [Accessed 12 April 2021].

54   DW.COM. 2019. *Bolivians protest over lithium deal with German company.* [online] Available at: ⟨https://www.dw.com/en/bolivians-protest-over-lithium-deal-with-german-company/a-50732216⟩ [Accessed 12 April 2021].

55   Preuss, S., 2019. *So schnell geben die Schwaben das Lithium-Projekt nicht verloren.* [online] FAZ.NET. Available at: ⟨https://www.faz.net/aktuell/wirtschaft/unternehmen/so-schnell-gibt-aci-das-lithium-projekt-nicht-verloren-16470092.html⟩ [Accessed 12 April 2021].

56   Belghaus, N. and Franke, F., 2020. *Lithiumgewinnung in Bolivien: Alles auf Weiß.* [online] Taz.
      de. Available at: 〈https://taz.de/Lithiumgewinnung-in-Bolivien/!5709257/〉 [Accessed 13
      April 2021].

57   M.eldiario.net. 2020. *Detener proyecto del litio sería "duro revés" para relaciones.* [online] Available
      at: 〈https://www.eldiario.net/movil/index. php?n=23&a=2020&m=01&d=23#closem〉
      [Accessed 13 April 2021].

58   Nienaber, M., 2020. *Germany to urge next Bolivian leaders to revive lithium deal.* [online]
      Reuters.com. Available at: 〈https://www.reuters.com/article/us-germany-bolivia-lithium-
      idUSKBN1ZM1Ip〉 [Accessed 13 April 2021].

59   Jemio, M., 2020. *Bolivia rethinks how to industrialise its lithium amid political transition.* [online]
      Dialogo Chino. Available at: 〈https://dialogochino.net/en/extractive-industries/35423-bolivia-
      rethinks-how-to-industrialize-its-lithium-amid-political-transition/〉 [Accessed 13 April
      2021].

60   Erbol. 2020. *Uyuni: Reciben con bloqueo a nuevo gerente de YLT Juan Carlos Zuleta.* [online]
      Available at: 〈https://erbol.com.bo/nacional/uyuni-reciben-con-bloqueo-nuevo-gerente-de-
      ylt-juan-carlos-zuleta〉 [Accessed 18 March 2021].

61   Blair, L. and Bercerra, C., 2020. *Is Bolivia's 'interim' president using the pandemic to outstay
      her welcome?.* [online] The Guardian. Available at: 〈https://www.theguardian.com/global-
      development/2020/jun/01/bolivia-president-jeanine-anez-coronavirus-elections〉 [Accessed
      18 March 2021].

62   *Yacimientos de Litio Bolivianos Corporación. 2021. AUDIENCIA PÚBLICA DE RENDICIÓN
      DE CUENTAS FINAL 2020.* [online] Available at: 〈https://www.ylb.gob.bo/resources/
      rendicion_cuentas/audiencia_publica_2020.pdf〉 [Accessed 13 April 2021].

63   Jemio, M., 2020. *Bolivia rethinks how to industrialise its lithium amid political transition.* [online]
      Dialogo Chino. Available at: 〈https://dialogochino.net/en/extractive-industries/35423-bolivia-
      rethinks-how-to-industrialize-its-lithium-amid-political-transition/〉 [Accessed 13 April
      2021].

64   Benchmark Mineral Intelligence. 2020. *Bolivia presidential candidate Luis Arce outlines Lithi-
      um First Industrial Strategy; Benchmark advising on commercial strategy.* [online] Available at:
      〈https://www.benchmarkminerals.com/membership/bolivia-presidential-candidate-luis-arce-
      outlines-lithium-first-industrial-strategy-benchmark-advising-on-commercial-strategy/〉
      [Accessed 13 April 2021].

65   Jemio, M., 2020. *Bolivia rethinks how to industrialise its lithium amid political transition.* [online]
      Dialogo Chino. Available at: 〈https://dialogochino.net/en/extractive-industries/35423-bolivia-

rethinks-how-to-industrialize-its-lithium-amid-political-transition/〉 [Accessed 13 April 2021].

1   Reuters.com. 2018. *Congo declares cobalt 'strategic', nearly tripling royalty rate.* [online] Available at: 〈https://www.reuters.com/article/us-congo-cobalt-idUSKBN1O220d〉 [Accessed 13 April 2021].

2   Shengo, M., Kime, M., Mambwe, M. and Nyembo, T., 2019. 'A review of the beneficiation of copper-cobalt-bearing minerals in the Democratic Republic of Congo'. *Journal of Sustainable Mining,* 18(4), pp. 226-246.

3   Comtrade.un.org. 2021. *Download trade data | UN Comtrade: International Trade Statistics.* [online] Available at: 〈https://comtrade. un.org/data〉 [Accessed 13 April 2021].

4   Ibid.

5   Argusmedia.com. 2020. *Cobalt giants back changes to DRC artisanal mining.* [online] Available at: 〈https://www.argusmedia.com/en/news/2135154-cobalt-giants-back-changes-to-drc-artisanal-mining〉 [Accessed 13 April 2021].

6   Amnesty.org. 2016. *"THIS IS WHAT WE DIE FOR" HUMAN RIGHTS ABUSES IN THE DEMOCRATIC REPUBLIC OF THE CONGO POWER THE GLOBAL TRADE IN COBALT.* [online] Available at: 〈https://www.amnesty.org/download/Documents/AFR 6231832016ENGLISH.pdf〉 [Accessed 18 March 2021].

7   Global Witness. 2019. *Why cutting off artisanal miners is not responsible sourcing.* [online] Available at: 〈https://www.globalwitness.org/en/blog/why-cutting-artisanal-miners-not-responsible-sourcing/〉 [Accessed 13 April 2021].

8   Amnesty.org. 2016. *"THIS IS WHAT WE DIE FOR" HUMAN RIGHTS ABUSES IN THE DEMOCRATIC REPUBLIC OF THE CONGO POWER THE GLOBAL TRADE IN COBALT.* [online] Available at: 〈https://www.amnesty.org/download/Documents/AFR 6231832016ENGLISH.pdf〉 [Accessed 18 March 2021].

9   Interbrand. n.d. *Four decades of growth for a global leader.* [online] Available at: 〈https:// interbrand.com/work/bmw-2/〉 [Accessed 13 April 2021].

10   MINING.COM. 2020. *Cobalt price: BMW avoids the Congo conundrum—for now.* [online] Available at: 〈https://www.mining.com/cobalt-price-bmw-avoids-the-congo-conundrum-for-now/〉 [Accessed 18 March 2021].

11   Shedd, K., 2020. *Cobalt Data Sheet—Mineral Commodity Summaries 2020.* [online] Pubs.usgs.

gov. Available at: ⟨https://pubs.usgs.gov/periodicals/mcs2020/mcs2020-cobalt.pdf⟩ [Accessed 19 March 2021].

12   France 24. 2019. *Fall in cobalt price pushes DR Congo to reform economy.* [online] Available at: ⟨https://www.france24.com/en/20190 616-fall-cobalt-price-pushes-dr-congo-reform-economy⟩ [Accessed 13 April 2021].

13   Lezhnev, S., 2016. *Why You Can't Call Congo a Failed State.* [online] Time. Available at: ⟨https://time.com/4545223/why-you-cant-call-congo-a-failed-state/⟩ [Accessed 13 April 2021].

14   Kisangani, N., 2000. 'Congo (Zaire): Corruption, Disintegration, and State Failure'. E. Wayne Nafziger, Frances Stewart and Raimo Väyrynen (eds), *War, Hunger, and Displacement, Volume 2.* Oxford, UK: Oxford University Press, pp. 261-294.

15   The Guardian 2001. *Revealed: how Africa's dictator died at the hands of his boy soldiers.* [online] Available at: ⟨https://www.theguardian.com/world/2001/feb/11/theobserver⟩ [Accessed 13 April 2021].

16   Wild, F., Kavanagh, M. and Clowes, W., 2020. *Sanctioned Billionaire Finds a Haven in Tiny Congolese Bank.* [online] Bloomberg.com. Available at: ⟨https://www.bloomberg.com/news/features/2020-07-02/sanctioned-billionaire-dan-gertler-s-haven-a-tiny-congolese-bank?sref=TtblOutp⟩ [Accessed 18 March 2021].

17   BBC News. n.d. *Dan Gertler—the man at the centre of DR Congo corruption allegations.* [online] Available at: ⟨https://www.bbc.com/news/world-africa-56444576⟩ [Accessed 13 April 2021].

18   Wilson, T., 2018. *DRC president Joseph Kabila defends Glencore and former partner Gertler.* [online] Ft.com. Available at: ⟨https://www.ft.com/content/8c9a416a-fc6e-11e8-aebf-99e208d3e521⟩ [Accessed 13 April 2021].

19   ReliefWeb. 2001. *Addendum to the report of the Panel of Experts on the Illegal Exploitation of Natural Resources and Other Forms of Wealth of DR Congo (S/2001/1072)—Angola.* [online] Available at: ⟨https://reliefweb.int/report/angola/addendum-report-panel-experts-illegal-exploitation-natural-resources-and-other-forms⟩ [Accessed 13 April 2021].

20   U.S. Department of the Treasury. 2018. *Treasury Sanctions Fourteen Entities Affiliated with Corrupt Businessman Dan Gertler Under Global Magnitsky.* [online] Available at: ⟨https://home.treasury.gov/news/press-releases/sm0417⟩ [Accessed 13 April 2021].

21   Wallis, W., Binham, C. and Sakoui, A., 2013. *Annan report blasts ENRC for costing Congo $725m.* [online] Ft.com. Available at: ⟨https://www.ft.com/content/e486f064-b8c0-11e2-869f-00144feabdc0?_i_location=http%3A%2F%2Fwww.ft.com%2Fcms%2Fs%2F0%2Fe486f064-b8c0-11e2-869f-00144feabdc0.html%3Fsiteedition% 3Duk&_i_

referer=&siteedition=uk⟩ [Accessed 13 April 2021].

22 Burgis, T., 2017. *Why Glencore bought Israeli tycoon out of Congo mines.* [online] Ft.com. Available at: ⟨https://www.ft.com/content/8c4de26e-0366-11e7-ace0-1ce02ef0def9⟩ [Accessed 13 April 2021].

23 Glencore. 2017. *Glencore purchases stakes in Mutanda and Katanga.* [online] Available at: ⟨https://www.glencore.com/media-and-insights/news/glencore-purchases-stakes-in-mutanda-and-katanga⟩ [Accessed 13 April 2021].

24 U.S. Department of the Treasury. 2017. *United States Sanctions Human Rights Abusers and Corrupt Actors Across the Globe.* [online] Available at: ⟨https://home.treasury.gov/news/press-releases/sm0243⟩ [Accessed 13 April 2021].

25 Statista. n.d. *Glencore total revenue 2020.* [online] Available at: ⟨https://www.statista.com/statistics/274687/total-revenue-of-glencore-xstrata/⟩ [Accessed 13 April 2021].

26 The Economist. 2013. *Marc Rich.* [online] Available at: ⟨https://www.economist.com/obituary/2013/07/06/marc-rich⟩ [Accessed 13 April 2021].

27 Benchmark Mineral Intelligence. 2019. *Glencore closes Mutanda mine, 20% of global cobalt supply comes offline.* [online] Available at: ⟨https://www.benchmarkminerals.com/glencore-closes-mutanda-mine-20-of-global-cobalt-supply-comes-offline/⟩ [Accessed 13 April 2021].

28 Grant, A., Hersh, E., Galli, C., Jimenez, D. and Brooker, M., 2020. *Is Lithium Brine Water?—Anti-Webinar Summary & Conclusions.* [online] Jade Cove Partners. Available at: ⟨https://www.jadecove.com/research/islithiumbrinewaterantiwebinar⟩ [Accessed 13 April 2021].

29 Sherwood, D., 2018. *Chilean regulators reject Albemarle's plans to boost lithium output.* [online] Reuters.com. Available at: ⟨https://www.reuters.com/article/uk-chile-lithium-albemarle-exclusive-idUKKCN1NI1Fd⟩ [Accessed 13 April 2021].

30 Sgs.com. 2010. *HARD ROCK LITHIUM PROCESSING.* [online] Available at: ⟨https://www.sgs.com/~/media/Global/Documents/Flyers%20and%20Leaflets/SGS-MIN-WA109-Hard-Rock-Lithium-Processing-EN-11.pdf⟩ [Accessed 19 March 2021].

31 Dunn, J., Gaines, L., Barnes, M., Wang, M. and Sullivan, J., 2012. 'Material and energy flows in the materials production, assembly, and end-of-life stages of the automotive lithium-ion battery life cycle'.

32 Grant, A., Deak, D. and Pell, R., 2020. *The CO2 Impact of the 2020s Battery Quality Lithium Hydroxide Supply Chain.* [online] Jade Cove Partners. Available at: ⟨https://www.jadecove.com/research/liohco2impact⟩ [Accessed 13 April 2021].

33 López, R., 2015. *Bolivia's lithium boom: dream or nightmare?.* [online] openDemocracy. Available at: ⟨https://www.opendemocracy.net/en/democraciaabierta/bolivia-s-lithium-boom-dream-

or-nightmare/⟩ [Accessed 13 April 2021].

34 Young, E., 2019. *Enormous lithium waste dump plan shows how shamefully backward we are.* [online] The Sydney Morning Herald. Available at: ⟨https://www.smh.com.au/national/enormous-lithium-waste-dump-plan-shows-how-shamefully-backward-we-are-20190621-p52054.html⟩ [Accessed 13 April 2021].

35 Dunn, J., Gaines, L., Barnes, M., Wang, M. and Sullivan, J., 2012. 'Material and energy flows in the materials production, assembly, and end-of-life stages of the automotive lithium-ion battery life cycle'.

36 News.metal.com. 2020. *Output data of Battery Materials in China in 2019: lithium hydroxide is expected to break out in the contradiction between supply and demand of Lithium Salt_ SMM | Shanghai Non ferrous Metals.* [online] Available at: ⟨https://news.metal.com/news content/101017564/%5Bsmm-analysis%5D-output-data-of-battery-materials-in-china-in-2019:-lithium-hydroxide-is-expected-to-break-out-in-the-contradiction-between-supply-and-demand-of-lithium-salt/⟩ [Accessed 13 April 2021].

37 McCarthy, N., 2018. *China Produces More Cement Than The Rest Of The World Combined [Infographic].* [online] Forbes. Available at: ⟨https://www.forbes.com/sites/niallmccarthy/2018/07/06/china-produces-more-cement-than-the-rest-of-the-world-combined-infographic/?sh=74122ff36881⟩ [Accessed 13 April 2021].

38 IEA. 2020. *Electricity mix in China, Q1 2020—Charts—Data & Statistics.* [online] Available at: ⟨https://www.iea.org/data-and-statistics/charts/electricity-mix-in-china-q1-2020⟩ [Accessed 13 April 2021].

39 Appunn, K., Haas, Y. and Wettengel, J., 2021. *Germany's energy consumption and power mix in charts.* [online] Clean Energy Wire. Available at: ⟨https://www.cleanenergywire.org/factsheets/germanys-energy-consumption-and-power-mix-charts⟩ [Accessed 13 April 2021].

40 Hickman, L., 2012. *Are electric cars bad for the environment? | Leo Hickman.* [online] The Guardian. Available at: ⟨https://www.theguardian.com/environment/blog/2012/oct/05/electric-cars-emissions-bad-environment⟩ [Accessed 13 April 2021].

41 Reichmuth, D., 2020. *Are Electric Vehicles Really Better for the Climate? Yes. Here's Why.* [online] Union of Concerned Scientists. Available at: ⟨https://blog.ucsusa.org/dave-reichmuth/are-electric-vehicles-really-better-for-the-climate-yes-heres-why⟩ [Accessed 19 March 2021].

42 Gerretsen, I., 2020. *Japan net zero emissions pledge puts coal in the spotlight.* [online] Climate Home News. Available at: ⟨https://www.climatechangenews.com/2020/10/26/japan-net-zero-emissions-pledge-puts-coal-spotlight/#:~:text=Japan%20is%20the%20world's%20fifth,third%20of%20its%20electricity%20generation.⟩ [Accessed 13 April 2021].

43   Tabuchi, H., 2020. *Japan Races to Build New Coal-Burning Power Plants, Despite the Climate Risks (Published 2020)*. [online] Nytimes.com. Available at: 〈https://www.nytimes.com/2020/02/03/climate/japan-coal-fukushima.html〉 [Accessed 13 April 2021].

44   InsideEVs. 2020. *According To Tesla CEO Elon Musk, This Metal Is The New Gold*. [online] Available at: 〈https://insideevs.com/news/440582/elon-musk-lithium-ion-battery-nickel-is-new-gold/〉 [Accessed 13 April 2021].

45   Desjardins, J., 2017. *Nickel: The Secret Driver of the Battery Revolution*. [online] Visual Capitalist. Available at: 〈https://www.visualcapitalist.com/nickel-secret-driver-battery-revolution/〉 [Accessed 19 March 2021].

46   Verne, S. and Williams, J., 2021. *Natural Graphite Active Anode Material (AAM) for Global Electric Vehicle Demand*. [online] Syrahresources.com.au. Available at: 〈http://www.syrahresources.com.au/application/third_party/ckfinder/userfiles/files/20210120%20Advanced%20Automotive%20Battery%20Conference%20Presentation(1).pdf〉 [Accessed 13 April 2021].

47   Whoriskey, P., Robinson Chavez, M. and Ribas, J., 2016. *IN YOUR PHONE, IN THEIR AIR. A trace of graphite is in consumer tech. In these Chinese villages, it's everywhere*. [online] Available at: 〈https://www.washingtonpost.com/graphics/business/batteries/graphite-mining-pollution-in-china/〉 [Accessed 18 March 2021].

48   Ibid.

49   Norris, F., 2014. *In China, Detecting Fraud Riskier Than Doing It (Published 2014)*. [online] Nytimes.com. Available at: 〈https://www.nytimes.com/2014/08/29/business/in-china-detecting-fraud-riskier-than-doing-it.html〉 [Accessed 14 April 2021].

50   Luhn, A., 2016. *Where the river runs red: can Norilsk, Russia's most polluted city, come clean?*. [online] The Guardian. Available at: 〈https://www.theguardian.com/cities/2016/sep/15/norilsk-red-river-russias-most-polluted-city-clean〉 [Accessed 19 March 2021].

51   Ibid.

52   Reuters.com. 2019. *Indonesia hopes for environmental nod soon for battery-grade nickel plants*. [online] Available at: 〈https://www.reuters.com/article/us-indonesia-nickel-environment-idUSKBN1XS1Sq〉 [Accessed 14 April 2021].

53   Cruz, E., 2017. *Philippines' Duterte warns miners: 'I will tax you to death'*. [online] Reuters.com. Available at: 〈https://www.reuters.com/article/us-philippines-duterte-mining-idUSKBN1A90Xd〉 [Accessed 14 April 2021].

54   Almendral, A., 2017. *Philippines Moves to Shut Mines Accused of Polluting (Published 2017)*. [online] Nytimes.com. Available at: 〈https://www.nytimes.com/2017/04/27/world/asia/philippines-mining-environment.html〉 [Accessed 18 March 2021].

55 Morse, I., 2020. *Indonesian miners eyeing EV nickel boom seek to dump waste into the sea.* [online] Mongabay Environmental News. Available at: ⟨https://news.mongabay.com/2020/05/indonesian-miners-eyeing-ev-nickel-boom-seek-to-dump-waste-into-the-sea/⟩ [Accessed 18 March 2021].

56 Morse, I., 2019. *In Indonesia, a tourism village holds off a nickel mine—for now.* [online] Mongabay Environmental News. Available at: ⟨https://news.mongabay.com/2019/12/in-indonesia-a-tourism-village-holds-off-a-nickel-mine-for-now/⟩ [Accessed 18 March 2021].

9장 두 번째 기회가 된 배터리 재활용 산업

1 Jacobs, J., 1970. *The economy of cities.* New York: Vintage Books, pp. 110-112.

2 Zhang, H., 2020. *Challenges to Making Lithium-ion Batteries and Electric Vehicles Environmentally Friendly.* [online] Center for Integrated Catalysis. Available at: ⟨https://cicchemistry.com/2020/12/01/challenges-to-making-lithium-ion-batteries-and-electric-vehicles-environmentally-friendly/⟩ [Accessed 14 April 2021].

3 Eckart, J., 2017. *Batteries can be part of the fight against climate change—if we do these five things.* [online] World Economic Forum. Available at: ⟨https://www.weforum.org/agenda/2017/11/battery-batteries-electric-cars-carbon-sustainable-power-energy/⟩ [Accessed 14 April 2021].

4 Yumae, S., 2020. *Resource-poor Japan unearths metal riches in its trash.* [online] Nikkei Asia. Available at: ⟨https://asia.nikkei.com/Business/Markets/Commodities/Resource-poor-Japan-unearths-metal-riches-in-its-trash⟩ [Accessed 19 March 2021].

5 Szymkowski, S., 2019. *Toyota will use Tokyo Olympics to debut solid-state battery electric vehicle.* [online] Roadshow. Available at: ⟨https://www.cnet.com/roadshow/news/toyota-solid-state-battery-electric-olympics/⟩ [Accessed 14 April 2021].

6 Stoklosa, A., 2019. *Toyota Has a Curious Justification for Not Selling Any EVs (Yet).* [online] Car and Driver. Available at: ⟨https://www.caranddriver.com/news/a26703778/toyota-why-not-selling-electric-cars/⟩ [Accessed 14 April 2021].

7 JX Nippon Mining & Metals. 2020. *Corporate History | Corporate Overview.* [online] Available at: ⟨https://www.nmm.jx-group.co.jp/english/company/history.html⟩ [Accessed 14 April 2021].

8 Haga, Y., Saito, K. and Hatano, K., 2018. Waste Lithium-Ion Battery Recycling in JX Nippon Mining & Metals Corporation. *The Minerals, Metals & Materials Series*, pp. 143-147.

9 JX Nippon Mining & Metals. 2020. *Corporate History | Corporate Overview.* [online] Available

at: ⟨https://www.nmm.jx-group.co.jp/english/company/history.html⟩ [Accessed 14 April 2021].

10   Statista. n.d. *China: new energy vehicle sales by type 2020.* [online] Available at: ⟨https://www.statista.com/statistics/425466/china-annual-new-energy-vehicle-sales-by-type/⟩ [Accessed 14 April 2021].

11   Geman, B., 2020. *Global electric vehicle sales topped 2 million in 2019.* [online] Axios. Available at: ⟨https://www.axios.com/electric-vehicles-worldwide-sales-2fea9c70-411f-47d3-9ec6-487c7075482c.html⟩ [Accessed 14 April 2021].

12   Gu, T., 2019. *Newzoo's Global Mobile Market Report: Insights into the World's 3.2 Billion Smartphone Users, the Devices They Use & the Mobile Games They Play.* [online] Newzoo. Available at: ⟨https://newzoo.com/insights/articles/newzoos-global-mobile-market-report-insights-into-the-worlds-3-2-billion-smartphone-users-the-devices-they-use-the-mobile-games-they-play/⟩ [Accessed 14 April 2021].

13   Chinavitae.com. n.d. *China Vitae: Biography of Xiao Yaqing.* [online] Available at: ⟨https://www.chinavitae.com/biography/Xiao_Yaqing⟩ [Accessed 19 March 2021].

14   Batteryuniversity.com. n.d. *Types of Battery Cells; Cylindrical Cell, Button Cell, Pouch Cell.* [online] Available at: ⟨https://batteryuniversity.com/learn/article/types_of_battery_cells⟩ [Accessed 19 March 2021].

15   Oberhaus, D., 2020. *Where Was the Battery at Tesla's Battery Day?.* [online] Wired. Available at: ⟨https://www.wired.com/story/where-was-the-battery-at-teslas-battery-day/⟩ [Accessed 14 April 2021].

16   Fleming, W., 2019. *Cats vs Dogs—Part 1—92.8% Accuracy—Binary Image Classification with Keras and Deep Learning.* [online] Will Fleming's Software blog. Available at: ⟨https://wtfleming.github.io/2019/05/07/keras-cats-vs-dogs-part-1/⟩ [Accessed 19 March 2021].

17   Mint. 2019. *Meet Daisy, the new Apple robot who can disassemble 200 iPhones per hour.* [online] Available at: ⟨https://www.livemint.com/technology/tech-news/meet-daisy-the-new-apple-robot-who-can-disassemble-200-iphones-per-hour-1555654439509.html⟩ [Accessed 19 March 2021].

18   Wiens, K., 2016. *Apple's Recycling Robot Needs Your Help to Save the World.* [online] Wired. Available at: ⟨https://www.wired.com/2016/03/apple-liam-robot/⟩ [Accessed 19 March 2021].

19   Mint. 2019. *Meet Daisy, the new Apple robot who can disassemble 200 iPhones per hour.* [online] Available at: ⟨https://www.livemint.com/technology/tech-news/meet-daisy-the-new-apple-robot-who-can-disassemble-200-iphones-per-hour-1555654439509.html⟩ [Accessed 19

March 2021].

20   Trend Tracker. 2020. *IMI CEO and President issue an open letter on the electric vehicle repair skills gap.* [online] Available at: 〈https://www.trendtracker.co.uk/imi-ceo-and-president-issue-an-open-letter-on-the-electric-vehicle-repair-skills-gap/〉 [Accessed 19 March 2021].

21   En.gem.com.cn. n.d. *GEM Co., Ltd.* [online] Available at: 〈http://en.gem.com.cn/en/AboutTheGroup/index.html〉 [Accessed 14 April 2021].

22   Ibid.

23   Ellenmacarthurfoundation.org. n.d. 節約材料開啟移動變革新篇章. [online] Available at: 〈https://www.ellenmacarthurfoundation.org/cn/%E6%A1%88%E4%BE%8B%E5%88%86%E6%9E%90/%E8%8A%82%E7%BA%A6%E6%9D%90%E6%96%99%E5%BC%80%E5%90%AF%E7%A7%BB%E5%8A%A8%E5%8F%98%E9%9D%A9%E6%96%B0%E7%AF%87%E7%AB%A0〉 [Accessed 14 April 2021].

24   Jacoby, M., 2019. *It's time to get serious about recycling lithium-ion batteries.* [online] Cen.acs.org. Available at: 〈https://cen.acs.org/materials/energy-storage/time-serious-recycling-lithium/97/i28〉 [Accessed 19 March 2021].

25   Csm.umicore.com. n.d. *Our recycling process.* [online] Available at: 〈https://csm.umicore.com/en/battery-recycling/our-recycling-process/〉 [Accessed 15 April 2021].

26   Offshore Energy. 2020. *Misdeclared Lithium Battery Cargo Caused Cosco Pacific's Fire—Offshore Energy.* [online] Available at: 〈https://www.offshore-energy.biz/misdeclared-lithium-battery-cargo-caused-cosco-pacifics-fire/〉 [Accessed 19 March 2021].

27   Warwick.ac.uk. 2020. *Automotive Lithium ion Battery Recycling in the UK.* [online] Available at: 〈https://warwick.ac.uk/fac/sci/wmg/business/transportelec/22350m_wmg_battery_recycling_report_v7.pdf〉 [Accessed 15 April 2021].

28   Roskill. 2019. *Batteries: GEM signs agreement to supply 170kt of raw materials to ECOPRO.* [online] Available at: 〈https://roskill.com/news/batteries-gem-signs-agreement-to-supply-170kt-of-raw-materials-to-ecopro/〉 [Accessed 19 March 2021].

29   Reuters.com. 2021. *China's GEM seeks to double stake, take control of Indonesia nickel project.* [online] Available at: 〈https://www.reuters.com/article/gem-indonesia-nickel-cobalt-idUSL4N2JF0Ug〉 [Accessed 15 April 2021].

30   Radford, C., 2020. *Glencore, GEM extend cobalt supply deal until 2029.* [online] Metalbulletin.com. Available at: 〈https://www.metalbulletin.com/Article/3964964/Glencore-GEM-extend-cobalt-supply-deal-until-2029.html〉 [Accessed 15 April 2021].

31   South China Morning Post. 2019. *Meet the former professor behind GEM, the world's biggest battery recycler.* [online] Available at: 〈https://www.scmp.com/tech/big-tech/article/3039452/

chinas-gem-worlds-biggest-battery-recycler-helping-fuel-future-cars⟩ [Accessed 19 March 2021].

32 En.gem.com.cn. n.d. *GEM Co., Ltd.* [online] Available at: ⟨http://en.gem.com.cn/en/UsedBatteryRecycling/index.html⟩ [Accessed 15 April 2021].

33 Farchy, J. and Warren, H., 2018. *China Has a Secret Weapon in the Race to Dominate Electric Cars.* [online] Bloomberg.com. Available at: ⟨https://www.bloomberg.com/graphics/2018-china-cobalt/?sref=TtblOutp⟩ [Accessed 15 April 2021].

34 Ibid.

35 Deign, J., 2019. *How China Is Cornering the Lithium-Ion Cell Recycling Market.* [online] Greentechmedia.com. Available at: ⟨https://www.greentechmedia.com/articles/read/how-china-is-cornering-the-lithium-ion-cell-recycling-market⟩ [Accessed 19 March 2021].

36 Zhang, J., 2020. *China on track to hit target of building 500,000 5G base stations this year.* [online] South China Morning Post. Available at: ⟨https://www.scmp.com/tech/gear/article/3100491/china-has-reached-about-96-cent-its-target-build-500000-5g-base-stations⟩ [Accessed 15 April 2021].

10장 가장 확실한 미래

1 Atag.org. n.d. *Facts & figures.* [online] Available at: ⟨https://www.atag.org/facts-figures.html#:~:text=The%20global%20aviation%20industry%20produces,carbon%20dioxide%20(CO2)%20emissions.&text=Aviation%20is%20responsible%20for%2012,to%2074%25%20from%20road%20transport.⟩ [Accessed 15 April 2021].

2 Transportenvironment.org. 2019. *Shipping and climate change.* [online] Available at: ⟨https://www.transportenvironment.org/what-we-do/shipping-and-environment/shipping-and-climate-change#:~:text=The%20Third%20IMO%20GHG%20Study,of%20annual%20global%20CO2%20emissions.&text=Shipping%20also%20contributes%20to%20climate,by%20combustion%20of%20marine%20fuel.⟩ [Accessed 22 March 2021].

3 Thomson, R., 2020. *Electric propulsion is finally on the map.* [online] Roland Berger. Available at: ⟨https://www.rolandberger.com/en/Insights/Publications/Electric-propulsion-is-finally-on-the-map. html⟩ [Accessed 15 April 2021].

4 Kane, M., 2020. *China: In Some BEVs, Battery Cell Energy Density Now Reaches 250-280 Wh/kg.* [online] InsideEVs. Available at: ⟨https://insideevs.com/news/428511/china-battery-energy-density-280-wh-kg/⟩ [Accessed 15 April 2021].

5 Anderson, D. and Patiño-Echeverri, D., 2009. 'An Evaluation of Current and Future Costs for

Lithium-Ion Batteries for Use in Electrified Vehicle Powertrains'. *Nicholas School of the Environment of Duke University.*

6   Burke, A. and Miller, M., 2010. *The UC Davis Emerging Lithium Battery Test Project.* [online] Escholarship.org. Available at: ⟨https://escholarship.org/uc/item/4xn6n3xf⟩ [Accessed 15 April 2021].

7   Writer, B., 2019. *Lithium-Ion Batteries A Machine-Generated Summary of Current Research.* Cham, Switzerland: Springer, pp. 1-10.

8   Airbus. 2019. *Thermal engines vs. electric motors.* [online] Available at: ⟨https://www.airbus.com/newsroom/stories/airbus-pursues-hybrid-propulsion-solutions-for-future-air-vehicles.html⟩ [Accessed 15 April 2021].

9   Aeromontreal.ca. n.d. *Omer Bar-Yohay.* [online] Available at: ⟨https://www.aeromontreal.ca/fiche-omer-bar-yohay-574.html⟩ [Accessed 15 April 2021].

10   Eviation.co. n.d. *Aircraft—Eviation.* [online] Available at: ⟨https://www.eviation.co/aircraft/#Alice-Specifications⟩ [Accessed 15 April 2021].

11   Cantu, M., 2021. *Charging Speed Race: Tesla Model 3 Vs Audi E-Tron.* [online] InsideEVs. Available at: ⟨https://insideevs.com/news/494787/charging-speed-race-model-3-audi-etron/⟩ [Accessed 15 April 2021].

12   Randall, C., 2018. *Eviation Aircraft sets sights on Kokam batteries.* [online] Electrive.com. Available at: ⟨https://www.electrive.com/2018/02/15/eviation-aircraft-sets-sights-kokam-batteries/⟩ [Accessed 23 March 2021].

13   Ibid.

14   Jasper, C., 2019. *Eviation Lands More Customers as Electric Plane Orders Top 150.* [online] Bloomberg.com. Available at: ⟨https://www.bloomberg.com/news/articles/2019-10-24/eviation-lands-more-customers-as-electric-plane-orders-top-150?sref=TtblOutp⟩ [Accessed 15 April 2021].

15   Bellamy III, W., 2019. *Eviation CEO: Alice to Start Electric Powered Flights by 2021.* [online] Aviation Today. Available at: ⟨https://www.aviationtoday.com/2019/01/25/eviation-ceo-alice-start-electric-powered-flights-2021/⟩ [Accessed 23 March 2021].

16   Alcock, C., 2020. *Eviation's Electric Alice Aircraft Catches Fire During Ground Tests.* [online] Aviation International News. Available at: ⟨https://www.ainonline.com/aviation-news/business-aviation/2020-01-24/eviations-electric-alice-aircraft-catches-fire-during-ground-tests#:~:text=A%20fire%20broke%20out%20during,a%20ground%2Dbased%20battery%20system.&text=Eviation%20pushed%20back%20plans%20to,in%20late%202019%20into%202020.⟩ [Accessed 23 March 2021].

17   Airbus. 2017. *Airbus, Rolls-Royce, and Siemens team up for electric future Partnership launches E-Fan X hybrid-electric flight demonstrator.* [online] Available at: ⟨https://www.airbus.com/newsroom/press-releases/en/2017/11/airbus--rolls-royce--and-siemens-team-up-for-electric-future-par.html⟩ [Accessed 15 April 2021].

18   Rochesteravionicarchives.co.uk. n.d. *BAe 146.* [online] Available at: ⟨https://rochesteravionicarchives.co.uk/platforms/bae-146#:~:text=With%20387%20aircraft%20produced%2C%20the,has%20retractable%20tricycle%20landing%20gear.⟩ [Accessed 15 April 2021].

19   Aerospace-technology.com. n.d. *E-Fan X Hybrid-Electric Propulsion Aircraft, France.* [online] Available at: ⟨https://www.aerospace-technology.com/projects/e-fan-x-hybrid-electric-aircraft/⟩ [Accessed 15 April 2021].

20   Excell, J., 2020. *Rolls-Royce and Airbus cancel E-Fan X project.* [online] The Engineer. Available at: ⟨https://www.theengineer.co.uk/e-fan-x-project-cancelled/#:~:text=E%2DFan%20X%2C%20a%20joint,it's%20maiden%20flight%20in%202021.⟩ [Accessed 23 March 2021].

21   BBC News. 2019. *'World's first' fully-electric commercial flight takes off.* [online] Available at: ⟨https://www.bbc.com/news/business-50738983⟩ [Accessed 15 April 2021].

22   Morris, C., 2020. *Electric Cessna Grand Caravan makes historic maiden flight.* [online] Charged EVs. Available at: ⟨https://chargedevs.com/newswire/electric-cessna-grand-caravan-makes-historic-maiden-flight/⟩ [Accessed 23 March 2021].

23   Quanlin, Q., 2017. *Fully electric cargo ship launched in Guangzhou—Business.* [online] Chinadaily.com.cn. Available at: ⟨https://www.chinadaily.com.cn/business/2017-11/14/content_34511312.htm⟩ [Accessed 22 March 2021].

24   McFadden, C., 2020. *The Countries With the Most Electric Vehicle Owners.* [online] Interestingengineering.com. Available at: ⟨https://interestingengineering.com/the-countries-with-the-most-electric-vehicle-owners#:~:text=Which%20country%20has%20the%20most%20EVs%20per%20population%3F,according%20to%20figures%20from%202018.⟩ [Accessed 15 April 2021].

25   Kongsberg.com. 2017. *YARA and KONGSBERG enter into partnership to build world's first autonomous and zero emissions ship.* [online] Available at: ⟨https://www.kongsberg.com/maritime/about-us/news-and-media/news-archive/2017/yara-and-kongsberg-enter-into-partnership-to-build-worlds-first-autonomous-and/⟩ [Accessed 15 April 2021].

26   The Maritime Executive. 2020. *Construction of Yara Birkeland Paused.* [online] Available at: ⟨https://www.maritime-executive.com/article/construction-of-yara-birkeland-paused#:~:text=Due%20to%20the%20 Covid%2D19,steps%20together%20with%20its%20

partners.〉 [Accessed 15 April 2021].

27 Rodrigue, J., n.d. *Fuel Consumption by Containership Size and Speed | The Geography of Transport Systems.* [online] Transportgeography.org. Available at: 〈https://transportgeography.org/contents/chapter4/transportation-and-energy/fuel-consumption-containerships/#:~:text=Fuel%20consumption%20by%20a%20containership,per%20day%20at%2024%20knots.〉 [Accessed 15 April 2021].

28 Boloor, M., Valderrama, P., Statler, A. and Garcia, S., 2019. *Electric Vehicles 101.* [online] NRDC. Available at: 〈https://www.nrdc.org/experts/madhur-boloor/electric-vehicles-101〉 [Accessed 15 April 2021].

29 Spbes.com. n.d. *Lithium NMC Marine Batteries.* [online] Available at: 〈https://spbes.com/products/〉 [Accessed 15 April 2021].

30 MIT Club of Northern California, 2019. *The Future of Energy Storage—Professor Yet-Ming Chiang, MIT.* [video] Available at: 〈https://www.youtube.com/watch?v=E76q-9q7ZDg〉 [Accessed 22 March 2021].

31 Google Tech Talks, 2018. *Post and Beyond Lithium-Ion Materials and Cells for Electrochemical Energy Storage.* [video] Available at: 〈https://www.youtube.com/watch?v=pxC2pciLl04&t=2304s〉 [Accessed 22 March 2021].

32 Crider, J., 2020. *Tesla Air? Elon Musk Hints Tesla Could Mass Produce 400 Wh/kg Batteries In 3-4 Years.* [online] CleanTechnica. Available at: 〈https://cleantechnica.com/2020/08/25/tesla-air-elon-musk-hints-tesla-could-mass-produce-400-wh-kg-batteries-in-3-4-years/〉 [Accessed 15 April 2021].

33 Energystorage.pnnl.gov. n.d. *PNNL: Energy Storage: Battery500.* [online] Available at: 〈https://energystorage.pnnl.gov/battery500.asp〉 [Accessed 15 April 2021].

34 Hall, M., 2020. *Energy density advances and faster charging would unlock EV revolution.* [online] pv magazine. Available at: 〈https://www.pv-magazine.com/2020/02/11/energy-density-advances-and-faster-charging-would-unlock-ev-revolution/〉 [Accessed 15 April 2021].

35 BloombergNEF. 2020. *Battery Pack Prices Cited Below $100/kWh for the First Time in 2020, While Market Average Sits at $137/kWh.* [online] Available at: 〈https://about.bnef.com/blog/battery-pack-prices-cited-below-100-kwh-for-the-first-time-in-2020-while-market-average-sits-at-137-kwh/〉 [Accessed 15 April 2021].

36 Keen, K., 2020. *As battery costs plummet, lithium-ion innovation hits limits, experts say.* [online] Spglobal.com. Available at: 〈https://www.spglobal.com/marketintelligence/en/news-insights/latest-news-headlines/as-battery-costs-plummet-lithium-ion-innovation-hits-limits-experts-say-58613238〉 [Accessed 15 April 2021].

37   The Limiting Factor, 2020. *Professor Shirley Meng: The Future of the Anode (C, Si, Li).* [video] Available at: 〈https://www.youtube.com/watch?v=0ktsgwzUh3a〉 [Accessed 15 April 2021].

38   Ibid.

39   Evarts, E., 2015. 'Lithium batteries: To the limits of lithium'. *Nature*, 526(7575), pp. S93–S95.

찾아보기

ㅌ

ㅎ

ㅍ

옮긴이 안혜림

카이스트 산업공학과를 졸업하고 연세대학교 문헌정보학과에서 석사학위를 받았다. 축구 전문기자로 기사를 썼고, 중공업 회사와 공공기관에서도 일했다. 지금은 카이스트 문술미래전략대학원 박사과정을 밟고 있다. 글밥아카데미 수료 후 바른번역 소속 번역가로 활동하며 우리 삶과 연결된 다양한 과학기술을 소개하는 책들을 주로 옮기고 있다. 근간으로는《후쿠시마》와《체르노빌》이 있다.

배터리 전쟁

리튬부터 2차 전지까지, 누가 새로운 경제 영토를 차지할 것인가

초판 1쇄 발행 2023년 1월 2일
초판 3쇄 발행 2023년 2월 1일

지은이 루카스 베드나르스키
옮긴이 안혜림
펴낸이 이승현

출판2 본부장 박태근
지적인 독자 팀장 송두나
편집 김광연
디자인 조은덕

펴낸곳 ㈜위즈덤하우스   **출판등록** 2000년 5월 23일 제13-1071호
주소 서울특별시 마포구 양화로 19 합정오피스빌딩 17층
전화 02) 2179-5600   **홈페이지** www.wisdomhouse.co.kr

ISBN 979-11-6812-535-3 03320

**BATTERY
WAR**